A REFORMING PEOPLE

Puritanism and the Transformation of
PUBLIC LIFE in New England

改革中的人民

清教与新英格兰公共生活的转型

[美] 戴维 · D. 霍尔 著
张媛 译

译林出版社

图书在版编目(CIP)数据

改革中的人民：清教与新英格兰公共生活的转型 / （美）霍尔（Hall, D. D.）著；张媛译. —南京：译林出版社，2016. 4

书名原文：A Refoming people: Puritanism and the Transformation of PUBLIC LIFE in New England

ISBN 978-7-5447-6180-2

Ⅰ. ①改… Ⅱ. ①霍… ②张… Ⅲ. ①基督教徒-研究-新英格兰地区 Ⅳ. ①B979.712

中国版本图书馆CIP数据核字（2016）第015862号

书　名	改革中的人民：清教与新英格兰公共生活的转型
作　者	[美国] 戴维·D. 霍尔
译　者	张　媛
责任编辑	宋　旸
原文出版	Alfred A. Knopf, 2011
出版发行	凤凰出版传媒股份有限公司 译林出版社
出版社地址	南京市湖南路1号A楼，邮编：210009
电子邮箱	yilin@yilin.com
出版社网址	http://www.yilin.com
经　销	凤凰出版传媒股份有限公司
印　刷	江苏凤凰新华印务有限公司
开　本	718毫米×1000毫米　1/32
印　张	16.5
插　页	4
字　数	191千
版　次	2016年4月第1版　2016年4月第1次印刷
书　号	ISBN 978-7-5447-6180-2
定　价	39.00元

译林版图书若有印装错误可向出版社调换
（电话：025-83658316）

我们最初尝试改革我们的教会制度时,难道不是冒着来自国内外的极大风险?难道我们的英国朋友在我们离开之前没有预先警告我们?难道没有人在我们离开之后又写信阻止我们?难道我们中的部分人(远不止一两个)不是反复告诫我们:这么多人被摒弃在教会之外,不能担任公职,之前的公民自由必将带来不可避免的内部危机?但我们还是笃信上帝(虽然看上去没有任何保障可言),毅然踏上了改革之路……

——约翰·温斯洛普(1643)

目 录

前 言……………………………………………………………………………………1

导 论……………………………………………………………………………………1

第一章 “专制”还是“民主”?

创建殖民地政府…………………………………………………………………24

第二章 土地、税收与公众参与

创建市镇政府……………………………………………………………………56

第三章 圣徒之治

授权给圣徒……………………………………………………………………107

第四章 公正社会

伦理、法律与权威……………………………………………………………142

第五章 “已入天堂”?

马萨诸塞坎布里奇的教会与社区………………………………………178

结 论…………………………………………………………………………………212

缩写对照表……………………………………………………………………………219

索 引…………………………………………………………………………………222

译后记…………………………………………………………………………………239

前　言

好书名就像泥鳅一样，你刚伸手去抓，它就倏地滑走了。这本书在我的脑海里开始成形的时候，一个泥鳅般的题目出现，又倏地消失了："为什么他们这么重要。"回想那一瞬间，我意识到这是因为我想要改变我们对那些"英国人"——那些清教徒的看法，正是他们创建了本书中所描写的社会制度和实践。我是否该把他们描绘成美国革命的先驱，19 世纪的民主主义爱国者？我知道这种题目一定会得到约翰·亚当斯的认可，他自己就曾做过类似的工作，于 1765 年出版了《论宗教法规及封建法律》；有些 19 世纪的演讲家也会赞同，其中一个是亨利·戴维·梭罗，他赞美狂热的废奴主义者约翰·布朗（1859）的方式就是把他和奥利弗·克伦威尔以及清教徒联系起来。尽管我对这种联系方式也甚为着迷，但最终我还是决定以自己的方式来讲述这个 17 世纪的故事，因为这才是我的初衷所在，尤其强调了殖民地人的思维和实践方式前自由主义时代的一面，但是，我的确允许自己在结语部分稍稍做了一些前瞻。

本书的论点十分简明：17 世纪早期建立了新英格兰殖民地的人创立了教会、世俗政府以及一套法律体系，所有这些使他们成为整个英国及其殖民地范围内最先进的改革者。1640 年至 1660 年间的英国历史常

xi 被称为“英国革命”，它为英国和新英格兰打开了变革的可能性，但只有在新英格兰，而不是英国，才导致了这一结果。我们很多人都不愿承认，实际上在1630年代，也就是类似的改革在英国开始前好几年，公共生活的转变早已开始，我希望我能使殖民地人的成就显得更为突出和令人信服。

为了支持这一论点，我抵制诱惑，不把殖民地人描绘成19世纪的自由主义者，也不把他们说成是20世纪的社会传福音者或是民主主义者。在他们的思想中，没有任何地方是赞同自由主义和民主理论主张的，虽然在他们的作为和著述中能找到一些类似二者的东西。有一点是他们与二者基本的不同之处，那就是殖民地人认定正确的行事方式只有一种。任何现代读者如果留意我在“导论”中所引用的约翰·科顿的话，都会立刻注意到这种设定，约翰·科顿在那段话中想要唤起殖民地人确立“纯正”的决心。纯正就是绝对正确，纯正就是上帝的律法，这个基本前提被科顿转译为以下论点：《圣经》明确说明了真正的教会的组成方式，《圣经》上也明确指出了信仰实践的具体方式。处于这种精神状态的人不可能采用全民公决的方式来决定上帝是否正确；也没人会在投票站为了投票给谁而踌躇不决，因为根本没有什么备选方案，除了绝对神圣就是极其荒谬的偶像崇拜和反基督。

科顿的同时代人也不能容忍个人的自主权或是好好先生亚当·斯密和阿列克西·德·托克维尔认为是自由政治基石的“正确理解的自利”，相反，社会道德最核心的任务是确保基督的绝对统治。当然自由也是有的，还颇为不少，但这些自由只保留给那些抛弃了敌基督，只认基督为王的圣徒。因此，在下文屡次提及的自由不应该被理解为把个人从习俗、责任和环境等封闭的网络中解放出来的自主权，同样，马萨诸塞《自由权利法案》（1641）中所列举之“自由”，多半都是防止未经授权的和
xii 不公正的世俗政府的作为，而不是开向个人自由的通道。

我的论点的第二个思路是关于日常政治活动的运作。我要感谢一

些历史学家帮我形成了这一观点，他们中的大部分是研究都铎—斯图亚特王朝历史的英国历史学家，这一时期本身的一些特征，尤其是限制王权的尝试也给了我很多启示。当然，从英国历史中发现理解殖民地问题的答案，这是老生常谈了。我的工作的独特性在于我支持修正派历史学家的观点，他们在近几十年间形成了一个不同于“辉格党”式的对 17 世纪英国历史的解读，两派争论的焦点是，辉格派认为 1642 年爆发的英国内战是长期发展的宪政危机的结果。1642 年前的英国政治界是否就一些明显的意识形态分歧进行了反复斟酌？人们是否对王室的统治抱有强烈敌意？修正派历史学家对这两个问题的答案都是否定的。

我的观点将在“导论”部分做更详细的阐明，但有两点我想在此说明。一个是对政治和社会权威较为温和的理解——温和是因为国王、主教、行政司法长官和其他人的权力运用都必须依赖当地官员和地方机构的配合；第二个是对参与教会和世俗行政事务的可能性更全面的考虑。官方地看，英格兰是一个从上至下的社会，但实际上，它既是从上至下的，但同时也颇有出入。对有的读者来说，第二章中有关早期新英格兰公众参与的可能性的部分可能会比较意外，但是对大部分研究 17 世纪早期英国历史的历史学家来说，也许就颇为熟悉了。

我对斯图亚特王朝时代的社会和文化还解读出一种类似主动推拒的反感，不愿意在政治和宗教制度方面做重大的调整。导致这种保守主义的有各种原因，其中包括对地方利益的近乎本能的偏袒，社会特权阶级的传统权利，还有（正如长期议会的政治活动充分显示的那样）对王室和囊括所有人的中央集权的英国国教会的传统尊重。正因为如此，殖民地人进一步改革的尝试才显得不同寻常，他们所建立的教会、世俗机 xii
构和法律体系限制了少数人的权利和特权，并以公正和正义的道德规范为标准来校准政治和社会生活。

本书也不可避免地会论及被称为“清教主义”的宗教和社会运动，在“美国清教研究”中总是使用大写的“P”，但是在英国学术界则不使用大写，这是为了避免使“清教”这一术语带有前后一致和始终如一的运动的含义。命运的骰子把一些人而不是另一些人带到了新英格兰，使得这个术语在美国更容易使用大写的P，这是因为殖民的过程降低了该运动本身高度的多样性以及内部的争论。在英国，清教运动一方面包含了那些教会中具有改革思想的主教，另一方面，又包括那些分离主义者，他们就连这些有改革思想的主教也反对，并退出英国国教会，建立自己的宗教团体。在和其他历史学家讨论本书中的部分观点之时，我发现本书中的清教主义和人们头脑中固有的观念并不一致，它们并不是专制的，也不是“神权统治”。对于持有这种固有观念的人来说，我的故事中最具有“清教”意味的部分也许是移民们对“圣徒”的信任，以及他们建立“圣徒之治”（第三章）的努力。但是与那些在阐释清教运动时更强调社会规范或压制异见的人不同，我在本书中引入了现在我们已经了解的清教运动的其他方面：当时流行的或“反叛的”宗教流派在清教社会是存在的，因为怕别人批评他们是“专制”统治和宗教“暴政”；对公众参与的强调，以及人们对社会赞同的重视。我从不认为清教运动包含某种特定的政治思想意识，我也不认为这种意识形态被转化为社会控制或是自上而下的独裁统治，具体原因我将在“导论”中阐明，并在稍后的几章中详细讨论。

并且，为了和最近的学术界保持一致，我认为争论、妥协、实验、失败和不满，这些都是清教运动一贯的特征，这一点是无需特别说明的；而且，就这一点而言，所有在这一时期尝试的社会、宗教和政治的规划也是如此。当公众对改革的期望升温，或是某些不可企及的事情突然伸手可得的时候，宗教运动往往恰逢其时；而在其他时期，热望会缓和，折中方案会出现。有关清教运动的这一看法得到了一些非常优秀的历史学家
xiv 的赞同，其中包括斯蒂芬·福斯特的《长久的争论：英国清教和新英格兰文化的形成，1570—1700》（1991）、帕特里克·柯林森的《伊丽莎白时代的清教运动》（1967）、马克·A. 彼得森的《救赎的代价：清教新英格

兰的信仰经济学》(1997)。我对社会实践中存在的相互矛盾或含混不清之处的兴趣还得益于其他的研究,特别是亚历山德拉·沃尔沙姆的《仁慈的憎恨:英格兰的宽容与不宽容,1500—1700》(2006)。

本书讨论的是相对较短的一段时期内,20 年间(1630 年到 1650 年)的社会实践和政治活动,虽然为了做些铺垫,我也冒险跨出这段时期,另一方面,这也是为了和英国历史的对比更为充分,或是为了提供一些更为显明的例证。1630 年代和 1640 年代早期的一些革新在 1650 年代和 1660 年代受到了压力,全殖民地范围的选举中,参加投票的比例下降,经济不平等加深,启示性的对自由的召唤让位于对“世风日下”的哀叹。虽然在结论部分,我也接触到这些改变的方方面面,但我还是希望读者注意某些连续性。在当下的美国,似乎任何针对这完全失控的资本主义的认真、果决的改革都是不可能的;而一个如此强调责任、义务和公正的总统(奥巴马)却遭到一些国民的谩骂,在这样的时刻,写作 17 世纪早期人们对改革的热望,使我对殖民地人的抱负格外激赏。当然,正如我时常指出的那样,并不是所有在 1630 年代和 1640 年代抵达新英格兰的人都同意或是完全参与了当时公共生活的转型。尽管如此,我还是选择主要讨论那些为大部分殖民地人所赞同的制度和实践,尤其是那些事实证明具有明显持续性的制度。

历史往往出人预料。我的惊奇,甚或着迷,在书中随处可见——“公正”等词对殖民地人的吸引力,请愿在他们的政治生活中的地位,尤其是1630 年代的新英格兰和内战时期的英国的复杂的相似和相异性。也许 xv
最让我吃惊的是,当我意识到殖民地人多么接近完成了英国平等派的理想,而平等派可以说是当时英国追求政治、社会改革的团体中最重要、最具民主精神的。也许本书的大部分读者不习惯看到平等派排在殖民地人的后面,但也许第四章中对法制改革的描述以及第一章的结语部分将会说服他们这种比较是值得的,这使我们更容易理解殖民地人当时正在进行的“进一步改革”。同样,第五章有关马萨诸塞殖民地的坎布里奇镇的个案研究也是以一个意外开始的，我希望在有限的证据范围内解读它。

我想在此感谢那些帮助我写作本书的人和机构。本书的主要研究是2004至2005学年，我在美国古文物研究协会作梅隆高级研究员时期完成的。我很感激约翰·亨奇和该协会的其他高级成员给我这个研究员职位，我也感谢协会的读者服务部的工作人员，他们对所有使用协会收藏品的人都提供了训练有素的帮助。我曾工作过的任何地方的图书馆都比不上他们以如此慷慨的条件，提供如此多的服务。

我还要感谢那些把我的书稿提供给具有相关知识的读者的人。第五章的初稿在1999年11月提交给康涅狄格大学的奥莫亨德罗学院一次有关“小历史”的研讨会。本书观点的某些方面在2005年哥伦比亚大学早期美国历史与文化的研讨会上进行讨论，在2006年也曾与多位研究美国文化的日本学者交流，在与他们的非正式意见交流中，我受益良多，尤其要感谢尾西直树、增井悉和、小仓出美和佐佐木弘道。最近，加州大学伯克利分校的英国研究中心、南加州大学和亨廷顿图书馆现代
xvi 早期研究学会的成员对本书论点的其他方面进行了批评性研究。在我工作的哈佛神学院，北美宗教研究讨论会的成员一如既往地对第四章的终稿做出了积极的回应。

我要特别感谢以下各位，我和他们交流观点，也请他们评读了本书的各个章节。我要特别感谢丹尼尔·W.豪、艾伦·泰勒、戴维·汉普顿和罗杰·汤普森。理查德·W.福克斯和詹姆斯·辛普森将在接下来的几页中看到他们对“导论”的意见的反应；比尔·斯托特帮我润色了一个章节的文字；戴维·利特尔是我讨论清教运动的性质时的最佳搭档。我得到了这些朋友和历史学家最好的支持和帮助。我的助理研究员，埃玛·安德森和珍妮·威利·莱格斯提供了部分成为第五章基础的研究；我还要感谢格洛丽亚·克斯曼作为图书馆资料员的卓越能力，感谢她对

本书以及此前其他项目的帮助；在尾注中我还提到了其他更多的人，他们的作品使得本书的成书成为可能；简·加勒特坚定的支持也是不可或缺的。如果有任何事实或阐释方面的错误，都是我自己的责任。

在引文方面，我扩展了引用符号，去掉了斜体字，在拼写方面稍微做了一些改动，大部分地方我尽可能遵从原文。对《圣经》的引用遵照的
是詹姆士国王的英王钦定版《圣经》。① xvii

① 中译本中所用的《圣经》原文全部引自《和合本圣经》。——译注

导　论

就在查理一世接受并同意了1628年的《权利请愿书》的条款后不久，他又改变了心意，在下议院的议事录中插入了一段为王室特权辩护的讲话。1632年的波士顿，道路泥泞，未完工的建筑随处可见，很明显这还是个新兴的城镇，马萨诸塞政府的一位官员听说“人民”想要限制像他这样的官员的权力，不禁勃然大怒，他说：“那还不如我们干脆不要政府，而是……任何人想干什么就干什么。”5年之后，当“自由民”聚集在坎布里奇公地投票的时候，一位牧师站在一棵树上，对公众谆谆训导“反律法主义”[①]的危害。1641年5月，当查理一世的主要顾问斯特拉福德伯爵托马斯·温特沃斯因叛国罪被判死刑的时候，成千上万的人拥上街头，包围了国会，高喊：“正义和处决。”[②]

---

① “Antinomianism”一词既可译为“反律法主义”也可译为“唯信仰论”，因为在此处作者强调的是“律法”，所以译为“反律法主义”更为合适，而在后文中则更多地译为“唯信仰论”。——译注

② George Yerby, *People and Parliament: Representative Rights and the English Revolution* (Basinstoke: Palgrave Macmillan, 2008), p. 140; Winthrop, *Journal,* p. 66; Thomas Hutchinson, *The History of the Colony and Province of Massachusetts-Bay,* ed. Thomas Shaw Mayo, 3 vols. (Cambridge, Mass.: Harvard University Press, 1936), 1:54n; Brian Manning, *The English People and the English Revolution, 1640—1649* (London: Heinemann, 1976), pp. 11—13. 关于查理一世对《权利请愿书》的批评，详见凯尼恩：《斯图亚特宪法》，第72页。约翰·威尔逊在树枝上具体说了些什么尚不明确，但他显然是在促成温斯洛普当选，他在波士顿教会的同盟分成了赞同和反对“反律法主义”的两派。

在这样的时刻，人们不分贵贱，不论是在大都会伦敦还是新英格兰殖民地，都积极参与、斟酌权衡他们时代的两大核心问题。人们面临着双重挑战：如何在“限权”的前提下把人民的“自由”融入政治制度的运转中去，以及选择哪种新教教义使之通行于全英格兰：是那些被蔑称为“清教徒”的人选择的版本呢，还是国王和他的大部分主教们选择的、更具“天主教”意味的版本呢？或是一种为大多数人（他们对任何改革都不感兴趣）所接受的折中版（事实上，当时正使用的就是一个充满了各种漏洞的折中版）呢？在 1640 年代中期出版的一本关于教会管理的专
3 著的导论中，两位牧师对第一种挑战做出了简要的说明，把它称为“为了权力和针对权力而产生并持续的”极大“骚乱”以及“治者和被治者的自由权利及其相应的界限”。大概就在同一时期，新英格兰的一位牧师把该问题描述为“平衡……人民的自由和权利……与官员们的权威”。在这位牧师前几年的布道中，他也对两种宗教进行了对比，认为一种体现为罗马天主教的“暴政”，而另一种则表现为以“自由”为基础的教会政府形式。[1] 难怪在 17 世纪最初的几十年中，许多东西都危如累卵，或者说这种危机感推动了成千上万的人在 1630 年代移民到新英格兰。还有更多的人虽然不喜欢查理一世的统治，但选择留在了英国，没想到却在 1640 年代卷入了内战。

本书讲述的是 1630 年至 1650 年间发生在新英格兰的改革的方方面面，这个改革进程的动力是殖民地人对英国国教会、君主制，以及英国社会其他方面的不满。改革的另一个动力来自人们对《圣经》以及基督教会史的某种特定的解读。为了理解这一改革的重要性，我们必须跨越大西洋，把殖民地人的成就与“英国内战”（1640—1660）时期的英国历史相比较。这些成就包括：对教会政治的大胆改革，消除了任何中央集

① Larzer Ziff, *John Cotton on the Churches of New England* (Cambridge, Mass.: Harvard University Press, 1968), pp. 71, 101; John Cotton, *An Exposition upon the Thirteenth Chapter of the Revelation* (London, 1655).

权；彻底更新了法律和司法程序，抛弃了大部分英国制度中猖獗肆行的残忍和凌虐；改造了世俗政府，其限制中央政府权力的方式被一些殖民地人称为“民主的”。虽然在社会伦理方面他们没有什么实质性的创新，但是殖民地人特别重视公正观念，并尝试建立一种特殊的人际关系，一种新型社区。

在新英格兰发生了如此多的变化，而在英国变化却很少。英国革命既无系统性又没结果，受地方利益的牵制，大部分主张重大改革的团体内部出现了分歧，而因为害怕“教皇制度”而在 1640 年到 1641 年期间 4
短暂凑合在一起的保守派联盟在更大胆的行动被提议或付诸实践之时即告解体。[①] 长期议会的确限制了国王的权力，也对英国国教会进行了改革，但都是行动犹疑又缺乏持续效果。宗教统一让位于混乱，各个清教运动的分支争执不休，而像浸礼会这样的团体更是容易导致分歧，最后是贵格会更加深了裂痕。在政治事务方面，军队中的一个派系在 1649 年 1 月批准了对查理一世的处决，这一形势的变化导致奥利弗·克伦威尔在一个形式上还是共和国的国家成为护国公。在 1650 年代的政权更迭期，几次议会都以失败或无效而告终，它们中几乎没有一个得到公众的支持，此后，1660 年王权复辟，查理二世登上了他的父亲被赶下去的王位。再一次，新英格兰的情况与此不同。在 1630 年代和 1640 年代早期创建的制度和社会实践虽然在某些方面略有改动，但大部分都保留在适当的位置。

以下几章描述殖民地人的计划并跟进他们计划实施的过程。说他们成功了并不等于说改革很容易，或是故事中的主要演员对他们的成果感到满意。只需一点点常识和对历史的一点回顾，就可以使我们认识到改革不论何时何地总是一项复杂的过程——比方说，让我们想想美国内战前的反奴隶制的历史。改革者总是得和历史的嘲弄做斗争，因为他们

① John Morrill, *The Revolt of the Provinces: Conservatives and Radicals in the English Civil War, 1630—1650* (London: Longman, 1980), p. 47 及各处。

的计划很可能（几乎必然地）会产生意料不到的后果，他们必然苦于应付改革同道中的各种分歧：有的人犹豫不前，有的人却要求彻底转变。清教运动在16世纪的英格兰兴起的时候，情况也是如此，清教主义从来就不是铁板一块。那些质疑查理一世的政策和他的主教们的清教徒并没有采用一个前后一致的规划，更不用说一个使他们致力于推翻君主制度或是国家教会的规划了，在1640年之前，任何胆敢妄想瓦解英国国教
5 会和用某种自愿的教会形式来代替它的人都有生命危险。

所有这些事实使得我们密切注意殖民地人如何做出决定显得尤为重要，我们必须尽可能仔细地研究历史记录。谁应该拥有投票权？他们又想要什么样的统治者？财产继承应该如何安排？什么样的批评和异见表述才是可以接受的？世俗政府在宗教问题上应该扮演何种角色？反之亦然。土地应该如何分配？这是每个市镇会议讨论最激烈的问题。初看上去似乎枯燥无趣，但是市镇、教会和殖民地的记录提供了非常有趣的证据，说明殖民地人是如何尝试回答这些问题的。尤其要感谢一位表达能力突出的牧师，马萨诸塞坎布里奇的托马斯·谢泼德，我们可以详细地看到改革是如何在一个特定的社区展开的。

因此，这是一本关于政治的书，最广义的政治，一种关于什么是正确、什么是美好的强烈情感所激发的政治，或如我在第四章中所强调的那样，是关于公正的强烈情感所激发的政治。这也是由当时的英国历史背景所推动的政治，我将在下文更仔细地论及；这也是殖民地人在新世界建立的社会的政治；也是由自利、地方主义和公众参与等因素推动的政治。我对政治伦理背景和公众参与的可能性的强调也许有些异乎寻常，这么做的部分原因是我认为此前学界的研究虽然非常杰出，我的研究也是建立在此基础之上的，但是他们对请愿的历史作用，或对诸如公正等道义原则的认识还不够。故事开始于第一章，建立殖民地政府，紧接着的一章是建立市镇；后面的一章是建立教会，然后是教会和政府的关系；再有一章是关于殖民地人的社会伦理道德、殖民地法律；最后是对

谢泼德的教会和城镇的深入研究。

所有这些章节的出发点是1620和1630年代斯图亚特王朝时代英
格兰的政治文化，虽然殖民地人从这种文化中蜕变出来，但他们也保留
了一些它的特征。从这种文化中他们习得了这样一种语言，既时时提及
《圣经·旧约》的国王们和道德律法，又掺混着对习惯法和《大宪章》的
引用，从这种文化中他们也吸收了对查理一世及其政策的反感，这种反
感如此强烈，以至于它促使马萨诸塞的一位年轻牧师把查理一世描绘成
敌基督的代理人。[①] 虽然殖民地人受他们在英格兰时所体验的政治权
威的影响很深，但是在新世界创建世俗和宗教社会仍然受到当时特定的
环境和偶发事件的影响。任何希望忠实于殖民地人对教会、政府和社会 6
的决定的历史叙述都有赖于把他们对英国文化的继承和殖民地特殊环
境结合起来考虑，并认识到宗教和世俗思考的相互作用，如果仅从这一
方面考虑，殖民地人的政治文化和我们现在的文化颇有不同。

一

当我们回顾历史之时，没有人是白纸一张。因为我们从历史中看到的，或是我们选择去强调的部分总是受那些早已存在的故事的影响，有英雄，也有恶棍；有改革者，也有他们的敌人；有胜仗，也有败绩。这种情况同样适用于早期新英格兰，适用于17世纪到达那里的人们，他们有着一个很复杂的称谓——“清教徒”。我在讲述有关他们的故事时和其他人一样，也受我所继承的故事的影响——本质上，在下文中，它们是两个相互抵牾的强有力的故事。两个故事都开始于17世纪，但是故事的传播却要归功于在19世纪和20世纪有关清教徒的说法。

根据其中一个故事，殖民地人，尤其是他们的宗教和世俗领袖建立了一个运转严密的专制政体，压制（或企图压制）任何不同意见的表达。

① Winthrop, *Journal,* p. 107.

据推测，这个政体把政治权力委托给相对来说极少数的人，他们是教会成员，而绝大部分人从未能参与其中。当时偶有抱怨说，那些世俗政府的官员运用他们的权力“独断专行”，未能保持英国传统的“自由”。[1]

第二个版本把整个故事颠倒过来，或接近于此。斯图亚特王朝的前两位国王都把所有清教徒看作是反权威、心怀不满、惯于参与煽动性行为的人，因为他们拒不遵守英国国教会的规章；他们抱怨“教皇制度”（专制统治的代名词）；他们强调道德律比国王的命令更有约束力。[2] 一旦新英格兰成立，殖民地人的反权威主义让英格兰的稳健派清教徒惊慌
7 失措，他们指责这些移民走得太远。在新英格兰内部，一位当地的牧师也回应这种抱怨，在 1639 年对约翰·温斯洛普说，“人们的情绪高涨”，而且认为“共同体和教会的地位都已下降”。一年之后，萨伊和塞莱勋爵决定不移民新英格兰，他警告温斯洛普说，新英格兰人正在过分夸大“自由”的重要性，他颇为讲究修辞地问，什么样的“聪明人”会愿意“生活在每个人都是主人的地方”或“聪明人提议而愚人做决定的地方”？[3]

一方面被指责为专制和独裁，另一方面又被指责为过分民主或破坏权威——这就形成了一直延续至今的两种解读，每一种都有它的支持者，也有批评者。19 世纪中期，一些古文物历史学家坚持认为新英格兰的市镇，更总体地来说，清教徒顽固的反权威主义是 19 世纪民主思想意识和实践的源头。这种观点被阿列克西·德·托克维尔接受，他把这种观点编织进了《论美国的民主》（1835—1840）一书，该书是对美国这个新兴国家的社会、政治和文化生活颇具先见之明的研究。[4] 但同时，其他人也指出，像 1692 年塞勒姆的驱巫事件和对一些反叛团体，例如浸礼会

---

① “A Remonstrance and Petition of Robert Child, and Others,” in *Hutchinson Papers,* 2 vols. (Albany: Prince Society, 1865), 1:216, 217.

② Gardiner, *Constitutional Documents,* pp. 100—101.

③ *Winthrop Papers,* 4:162, 266—267.

④ 乔治·威尔逊·皮尔森在《托克维尔与美国的博蒙特镇》(New York: Oxford University Press,1938）第 397 页至 416 页中指出，托克维尔的这一选题要感谢波士顿的古文物研究者贾里德·斯帕克斯牧师。

和贵格会的镇压，是一个由加尔文神学的独裁主义所认可的“神权政治体制”滥用权力的明证。[①] 顺着这种逻辑，一些批评家认为一种以权利和自由为中心的政治只能在和铁板一块的清教政体的长期**斗争**[②]之后才能出现。[③] 在20世纪众多反复重申这一观点的人中，我挑选了富于文学气质的历史学家弗农·L. 帕林顿，他很喜欢引用约翰·温斯洛普和约翰·科顿的话——在他们显得和“民主”有一点距离的任何时候。[④] 虽然在许多方面都惊人地具有原创性，20世纪中期的学者佩里·米勒却附和了帕林顿的这一主张，把马萨诸塞的领袖（以及所有的清教徒）描述成爱好“一致”的人，并把他们创建的教会—政治体制称为“寡头政治”。[⑤] 最近几年，殖民地人的“正统观念”受到批评，说他们是家长制的、帝国主义式的。不管怎样，清教徒过分专制的形象和观念一直很好地保持了 8
下来，并得到了现代观念的支持，因为人们现在对多样性的期望更高了，而对于自帕林顿以来的阐释者来说，他们更期望不论世俗还是神学的自由主义更强调每个个人的权利。

当然事情并不如此简单。殖民地人从未认为他们正在实践美国人将在19世纪尝试的民主政治，没有一个殖民地人（而且，在这件事上，没有一个早期现代的欧洲人）会同意乔治·班克罗夫特在1836年的断言，认为人民的声音就是上帝的声音。没有一个殖民地人会同意（更说不上

---

① 19世纪的唯一神论者把“加尔文主义”贬低为残忍、专制和迷信的，这种做法在《约翰·加尔文的美国遗产》一书中有约略的补充，文见戴维·D. 霍尔的“19世纪美国公理会及唯一神论文章中的加尔文及加尔文主义”。Thomas J. Davis ed. (New York: Oxford University Press, 2010), pp. 147—164. 作为1960年代修正主义历史学派（美国学派）的一部分，我在《忠实的牧羊人》的第六章中尝试论证所谓“神权政治”解读的严格的局限性。

② 黑体为本书作者所加。——译注

③ Brooks Adams, *The Emancipation of Massachusetts* (Boston, 1887).

④ Vernon Louis Parrington, *Main Currents in American Thought,* 3 vols., vol. 1: *The Colonial Mind* (New York: Harcourt, Brace, 1927), 23—46.

⑤ Perry Miller, *Orthodoxy in Massachusetts, 1630—1650* (Cambridge, Mass.: Harvard University Press, 1933), pp. 150, 175—176. 另一位远不及米勒渊博的历史学家托马斯·J. 沃滕贝克直接把“寡头政治”放在他关于早期新英格兰的研究报告的题目上：《清教寡头政治》（New York: Scribner, 1947）。

理解）爱默生式的"自立"的伦理，或是任何超越社会地位、种族和性别的自然权利理论。[1] 虽然在有的方面颇具前瞻性，但在别的方面殖民地人和他们的同时代人没有什么不同。时代背景至为重要。我们必须记住17世纪欧洲的政治思想和实践都是趋向于寡头政治和专制主义的，而且，在英国的政治和宗教历史上，对宗教异见压制最严苛的时代就是查理二世复辟时期，1660年代至1670年代早期。[2]

因此，我们最好改变问题，拓宽理解殖民地政治的可能性的范围。我们要同时看到17世纪早期英格兰政治文化和实践的四个方面，而这四个方面，虽然有的部分稍有改动，但都在大西洋的另一边被复制出来。

1. 四个中的第一个就是日常体验，你必须接受那些比你地位高的人的权威。没有人可以逃脱这种体验，甚至那些斯图亚特王朝的国王们，他们也常常被告诫（有时候他们自己也说），他们是上帝的仆人。关于家庭管理的专著，关于主次关系的重要性的系列布道，还有各种教义问答手册，都谆谆告诫要乐于接受权威，论证依赖他人所产生的种种好处，其中最主要的好处就是社会各阶层的团结或是一个和平、统一的真正的共
9 同体或王国的利益。评论家们常常把国家比作大海上的一艘船，他们特别强调领航员的决定性的地位；他们引用《马太福音》第12章第25节，警告说"一家自相纷争，必站立不住"。没有中心，没有对上一级权威的服从，没有"绝对权威"，一个社会不可能有维持公共利益的道德伦理。正如一位英国牧师指出，如果缺乏了权威，就会唤起"通奸、乱伦……抢劫……和野蛮的暴行""泛滥于世"。也正如约翰·温斯洛普1645年在

---

① George Bancroft, *An Oration Delivered Before the Democracy of Springfield and Neighboring Towns, July 4, 1836* (Springfield, Mass., 1836). 当然，殖民地人肯定了其他的一些"权利"，详见第一章和第四章。宗教改革（加尔文主义）的传统是殖民地人采用的权利话语的一个来源，这一观点在小约翰·威特的书中多有论述（其准确性各处不一）。John Witte, Jr., *The Reformation of Rights: Law, Religion, and Human Rights in Early Modern Calvinism* (Cambridge: Cambridge University Press, 2007). 我对该观点的参考要感谢戴维·利特尔。

② 吉尔伯特·谢尔登做坎特伯雷大主教时的压制政策及其导致的死亡人数（很可能比玛丽·都铎统治时期的死亡人数还多）在J. R. 琼斯的书中有相关描述。J. R. Jones, *Country and Court: England, 1658—1714* (Cambridge, Mass.: Harvard University Press, 1978), pp. 145—150.

他的“关于自由的小演讲”中所坚持的，他在文中把人类的“自然自由”，也就是人们像动物一样处于自私自利的混乱状态，和“文明自由”相对比，而后者只有通过等级观念和服从才可能达到。[①]

文明社会的实际运作和社会生活处处都证明了这一原则。议会承认国王的权威，英国国教会的牧师承认主教们的权威，有贵族头衔的人和更多绅士阶层的人认为郡县和王室政府重要的职位理所当然是属于他们的。[②] 丈夫们自认是一家之主，孩子们被教育要服从，而井然有序的家庭作为一个小共同体被公认为是整个社会的秩序、和平和顺从的基础。至于文化现实方面，只有屈指可数的几个作家掌握了文艺复兴人文主义的风格和文体，大部分人都是三种意义上的文盲，也就是既不懂拉丁文，又不会读和写他们自己的语言。直到 17 世纪末，一位新英格兰的年轻牧师还援引这种等级观念来说明一位砖瓦匠写作的故事的文体特征：“有他自己的风格……使瓦刀的手的风格。”等级制度内置于文化、政治、宗教和社会之中，服从和顺从是基本的行为规范。[③]

2. 但是，在 17 世纪的英格兰，权力总是，而且是在任何地方，都受到限制，它影响或控制人们思考或行动的能力的确受到结构、实践和设想的损害。一位深思如何界定 20 世纪意大利和德国的法西斯极权主义的历史学家指出，在墨索里尼的意大利，由于许多传统的政治社会因素与 10
独裁政权的创新结构并存，结果使法西斯的权力受到了极大遏制。[④] 斯

---

① Robert Bolton, quoted in William M. Lamont, *Godly Rule: Politics and Religion, 1603—1660* (London: Macmillan, 1969), p. 49; Winthrop, *Journal,* p. 587. 温斯洛普的“小演讲”和伊弗雷姆·于特关于失控的自由的评论多有类同，这也说明温斯洛普在说这个话的时候是很符合传统的。(Huit, *The whole Prophecie of Daniel Explained* [London, 1643], p. 116.)

② 马克·A. 凯什岚斯基的书中强调了他们占用了本应选举得到的职位。Mark A. Kishlansky, *Parliamentary Selection: Social and Political Choice in Early Modern England* (Cambridge: Cambridge University Press, 1986).

③ Cotton Mather, *Memorable Providences, Relating to Witchcrafts and Possessions* (Boston, 1689), p. 45.

④ Robert O. Paxton, *The Anatomy of Fascism* (New York: Alfred A. Knopf, 2004). 相反，在希特勒的德国，传统社会的调节因素却受到了压制。

图亚特时代的英格兰也是如此，应该说更是如此。詹姆士一世和查理一世虽然对他们的统治权力洋洋自得，但是他们也不得不依赖中间人（或者，按照一位历史学家对这种人的称谓，“掮客”）来贯彻王室政策。大家巨室、地方权贵、治安官、同业公会、特许法人、像伦敦这样的地方政府、侍臣、国王的心腹和教会的主教们，他们都会把自己的利益偏好掺加到统治的实际运作中去。权势的地形学也同样重要。正如一位研究斯图亚特时代英格兰行政的历史学家强调的，“斯图亚特时代的地方行政官被夹在指派他们的王室政权和英国乡村和集镇的老百姓之间”。这种状况导致了“许多阻碍经济发展的因素”，仅仅是为了遵照从很远的王室规定的法律和社会政策。在论及1631年查理一世政府颁布的《制度汇编》时，同一位历史学家认为它是一个失败之作，“因为它没有得到实实在在的执行”。中央缺乏一致性，阵发性的狂热紧跟着的是一阵阵的漠不关心或心神涣散，这使得地方的执行很容易或更可能左右摇摆。对于1620年代议会的很多成员来说，这种弛缓的一个很好的例子就是对英国天主教的时断时续的限制，按照法律他们应该被罚款，而神父也应该被逮捕。日积月累，这些行政的方方面面影响了王室和议会统治的有效性，那些心怀不满的精英分子中出现的联盟也是如此。[①]

---

① Anthony Fletcher, *Reform in the Provinces: The Government of Stuart England* (New Haven: Yale University Press, 1986), pp. 62, 57, 52—53; Clive Holmes, *Seventeenth-Century Lincolnshire,* vol. 7 of *History of Lincolnshire,* ed. Maurice Barley (Lincoln, U.K.: History of Lincolnshire Committee, 1980), chaps. 5, “The Brokers: The Professions,” and 6, “The Brokers: The Gentry”; Ann Hughes, *Politics, Society and Civil War in Warwickshire, 1620—1660* (Cambridge: Cambridge University Press, 1987), p. 61. 辛西娅·B. 赫拉普的书中描述了民事和刑事司法方面的日常妥协方式。Cynthia B. Herrup, *The Common Peace: Participation and the Criminal Law in Seventeenth-Century England* (Cambridge: Cambridge University Press, 1987); see also Herrup, “The Counties and the Country: Some Thoughts on Seventeenth-Century Historiography,” in *Reviving the English Revolution: Reflections & Elaborations on the Work of Christopher Hill,* ed. Geoff Eley and William Hunt (London: Verso, 1988), pp. 289—304. 另一位历史学家指出：“到1641年底……劳德大主教周围都是反对他的强大的反对派，包括一些普通法律师、民法律师……还有很多贵族和绅士，他们被那些决心要宣扬其新的信仰秘密的神职人员所侮慢。”(Julian Davies, *The Caroline Captivity of the Church: Charles I and the Remoulding of Anglicanism, 1625—1641* [Oxford:

英国社会的一大矛盾很大程度上解释了这一混乱，那就是在忠诚或顺从与严重的断裂之间的巨大鸿沟——宗教的、社会的、文化的、地区的、经济的——这些断裂分裂了英国人。在所有这些断裂中，对当时的人来说最明显的是宗教断裂。虽然很多人在尝试比英国国教会权威认可的还更严格、更明确的“改革后的”新教，但天主教仍然是一些团体或地区的特选宗教。从教会中的一个教区到另一个教区，主教、牧师和教会执事都各行其是，差别很大，甚至一些在1630年代移民到新英格兰的牧师从未遵奉1604年的教会法规，或是威廉·劳德在1630年代任坎特 11
伯雷大主教时企图强制推行的规章。有几个教区的会众干脆和教会完全脱离，在1620年代和1630年代，好几个牧师布道“唯信仰论”神学来测试正统观念的范围界线。[①] 此外，在爱尔兰和苏格兰两国，英国国教会是次于天主教和长老会的第三选择。除了这些不同，还存在经济生活导致的断裂。港口城市希望一种税收和外交政策；农业郡县希望另一种；在一些郡县，工业至上论者又和地产利益者发生了冲突。[②] 而王室的财政需要是所有这把牌中最疯狂的一张，因为政府的税收无法满足它的开支，而每次士兵被派到海外去打仗或是扩充海军，这个收支的差距就变得更大。给某种产品或服务授予专卖权是一种获取额外资金的方法，但是正因如此斯图亚特王朝激起了民愤，人们公开反对“压榨”。在伦敦，各种对立的团体为了经济优势而角逐，环绕着国王、充斥着他的内阁的廷臣们也都是为了经济利益相互较量的对手。[③]

Clarendon], 1992, p. 86.)

① Stephen Brachlow, *The Communion of Saints: Radical Puritan and Separatist Ecclesiology, 1570—1625* (Oxford: Oxford University Press, 1988); Murray Tolmie, *The Triumph of the Saints: The Separate Churches of London, 1616—1649* (Cambridge: Cambridge University Press, 1977); David R. Como, *Blown by the Spirit: Puritanism and the Emergence of an Antinomian Underground in Pre-Civil War England* (Stanford: Stanford University Press, 2004).

② Herrup, *Common Peace,* chap. 2.

③ Valerie Pearl, *London and the Outbreak of the Puritan Revolution: City Government and National Politics, 1625—1643* (Oxford: Oxford University Press, 1961).

更糟的是，矛盾的迹象和声音被印刷的书籍、小册子和手抄本放大了。原则上，政府对书籍出版的监管是通过颁发许可证的机制，再加上对那些批评当局的印刷商和作者采取严厉措施的方法来加强控制的，但所有这些措施，尤其是许可证制度，都未能控制住言论。17世纪早期在伦敦出版的书籍有三分之一从未登记或得到许可证，而许可证制度本身就是一个充满了漏洞的过程。[①] 而在其他地方出版的书籍根本无视任何规定（比方说，在后来被称为"朝圣者"的威廉·布鲁斯特在莱顿的印刷厂），这也是另一种规避政府管理的办法。演讲也要遵守规定，但是谣言和流言胜过任何控制手段。[②]

3. 地方代理人、不同的利益集团和分裂的英国国教会，这些都使中
12 央权力受限，而一个不统一的出版界也是被种种原则制约的权威。斯图亚特王朝的国王们很乐于承认其中的一个，那就是上帝是**他们的**王，也常常承认另外两个："古老自由"的存在和有必要让议会"同意"授权拨款。对许多英国人来说，感受最深的政治原则应该是法治，这是爱德华·柯克极力赞美的"古老自由"的一个方面，他是当时伟大的法理学家，在17世纪前几十年任议会议员，柯克声名鹊起是因为他坚称有一种不受时间限制的习惯法保护英国不受王权专制主义的侵害。[③] 大部分他的同时代人都认为法律会保护他们的身体和财产不受侵犯，除非政府得到法律的许可和议会的同意才能对他们征税或抓他们入狱。在议会两院提交给查理一世的《权利请愿书》上，正是如此宣称的；在1604年

---

① Anthony Milton, "Licensing, Censorship, and Religious Orthodoxy in Early Stuart England," *The Historical Journal* 41 (1998): 625—651.

② Harold Love, *Scribal Publication in Seventeenth-Century England* (Oxford: Clarendon, 1993), pp. 13—22; Adam Fox, *Oral and Literate Culture in England, 1500—1700* (Oxford: Clarendon, 2000), chap. 7.

③ J. G. A. Pocock, *The Ancient Constitution and the Feudal Law: A Study of English Historical Thought in the Seventeenth Century* (Cambridge: Cambridge University Press, 1957); Glenn Burgess, *The Politics of the Ancient Constitution: An Introduction to English Political Thought, 1603—1643* (University Park: Pennsylvania State University Press, 1992). 我这短短的几句话无法涵盖普通法所代表的复杂内容，如伯吉斯书中所述。

以“道歉和补偿的形式”提交给他的父亲詹姆士的也是一样。传达给詹姆士的信息是议会认为它的权利是“亘古不变的”，而且是和“您的全英格兰的平民的权利和自由”相一致的。给查理一世的信息更直截了当：不能强迫任何人“制造或产生任何礼物、贷款、恩税、税收或其他类似的收费，除非得到议会法令的一致同意”。① 虽然没有哪个国王严格地遵守这些原则，但他们都时常承认这些原则，而且再三强调他们权力的合法性是以他们为国家服务为条件的——保护它不受敌害，照顾穷人和有困难的人，维护正义。地方行政官也以同样的方式为自己说话，把正义或“公正”作为指导他们履行法律的原则。② 权力本身很少被描述为目的，相反，权力被委托给统治者以便于他们以父亲的身份模仿《旧约》列王中的比如亚撒王，这样他们就可以打击偶像崇拜并且为那些依赖他们的人做其他的好事。③

4. 在这样的政治文化中没有什么空间来探讨明确的主权理论和理
想的政府形式。当然，从威尼斯共和国以及冲突不断的佛罗伦萨可以 13
学到很多，可以透过他们研究欧洲大陆人文主义思想关于自由、秩序和政府的许多看法。其中一点是自由的价值以及它是多么的不稳固；另外一点是中央政权的重要性，因此也就是“共和政体”的危险性。16 世纪法国的宗教战争提供了其他教训，正如古希腊和罗马的历史，还有亚里士多德、波里比阿和西塞罗的著作一样。但是对任何一个英国人来说，为共和政体辩护，或是代表议会反对国王，或（如 16 世纪中期在法国发生的那样）提议一个不道德的国王可以被罢免或杀死，这些都是不可能的。④ 但反过来，赞颂君主统治的极端形式，正如在 1620 年代在英格兰

① Kenyon, *Stuart Constitution,* pp. 31, 70.

② J. H. Gleason, *The Justices of the Peace in England, 1558—1640* (Oxford: Clarendon, 1969), p. 13; Herrup, *Common Peace,* pp. 54—55.

③ 这是父权制理论的一个核心观点，如戈登 · J. 朔克特的书中所示。Gordon J. Schochet, *Patriarchalism in Political Thought: The Authoritarian Family and Political Speculation and Attitudes, Especially in Seventeenth-Century England* (New York: Basic Books, 1975).

④ Quentin Skinner, *The Foundations of Modern Political Thought,* 2 vols. (Cambridge:

开始发生的那样，也引起了强烈的批评。长期议会的一个派别提出要对英国国教会的结构进行重大改动，并对王室权力进行更多限制时，很多乡绅都畏缩了。重大计划很少，之间相隔又很久，直到1642年，“独立印刷的政治手册”才成为辩论的手段。① 相反，政治修辞还是老一套：讽刺、挖苦、陈腐观念——清教徒是暴民煽动者；耶稣会教士是残酷的阴谋家；教会的主教们则是贪婪的寄生虫。

当“每个人都说同样的语言”时②，关键词和分类很灵活，这是对创建明确理论的一个极大制约。像“人民利益是最高的法律”（salus populi suprema lex）这样的格言，现代读者听上去会觉得是民主至上论的，但在当时却被政治谱系上几乎所有人引用，从国王们、长期议会的支持者到被称为平等派的更大胆的改革团体。“复合”政府的形象和观念也是如此。③“民主”一词可以被狭义地解释，指的是复合政府的经典理论中的三要素中的一个（另外两个是“贵族”和“君主”）；但同样也可以暗指主权“在民”的主张，应授予他们限制政府官员的权力。同样，它还

Cambridge University Press, 1998); J. H. M. Salmon, *The French Religious Wars in English Political Thought* (Oxford: Clarendon, 1959), esp. chaps. 2, 4, and 5; Conrad Russell, *Unrevolutionary England, 1603—1642* (London: Hambledon, 1990), p. xiii. 该书中的观点与罗素在他的另一本书中以更长的篇幅论证的观点相同：*Parliaments and English Politics, 1621—1629* (Oxford: Clarendon, 1979)。 我在这个段落中简短概述的“修正主义”历史观在理查德·卡斯特和安·休斯的书中有更详细的阐述。Richard Cust and Ann Hughes, “Introduction: After Revisionism,” in *Conflict in Early Stuart England: Studies in Religion and Politics, 1603—1642,* ed. Cust and Hughes (London: Longman, 1989). 一个相反的例子，在这一时期产生的关于政治问题的“根本性分歧”参见J. P. 萨默维尔的研究（还有许多人也做过类似的研究）。J. P. Sommerville, *Politics and Ideology in England, 1603—1640* (London: Longman, 1986), and Yerby, *People and Parliament.*

① Michael Mendle, *Henry Parker and the English Civil War: The Political Thought of the Public's "Privado"* (Cambridge: Cambridge University Press, 1995), p. 32. 在此之前，“政治思考”首选的传播方式是手抄本。

② Kenyon, *Stuart Constitution,* p. 9.

③ Richard Tuck, *Philosophy and Government, 1572—1651* (Cambridge: Cambridge University Press, 1993), p. 223; Mendle, *Henry Parker,* p. 43; Pauline Gregg, *Free-Born John: A Biography of John Lilburne* (London: J. M. Dent, 1961), p. 207. 英国的清教牧师约翰·怀特又赋予这句话一种道德意义，详见 *Winthrop Papers*, 3:322。

是流行辩论术中的一个术语，指的是群众中的不安定的“情绪”，或是一
个“全都做主人”的世界。① 对于议会中的一些成员，同意代表了一种
参与决策的特权；而对另一些议员来说，同意却更像是一种消极接受。② 14
共和制一定是帝制的对立面吗？在有的想法中，不是。③ 关于“自由”的
典故比比皆是，部分原因是英国的新教徒从《新约》的章节中借用了这
一概念，《新约》中圣保罗把遵守犹太律法的义务和基督徒“蒙召得自由”
（《加拉太书》5:13）相对照。该词在此处和在任何别处一样，意味着责
任和服从，而不是无法无天的自由——这种自由会导致放荡或反律法主
义，是抛弃任何规则的粗野的同义词。对于现代读者的认识而言，也许
千禧年对新自由的召唤是和基督即将到来的新王国联系在一起的，也即
意味着世俗政府的终结；但是对于这个主题的政治解读却部分地被否定
了，一方面是由于它在 17 世纪广为传播，另一方面也由于它明确主张只

---

① 这些含义可以分别在约翰·科顿的书中：John Cotton, *The Keyes of the Kingdom of Heaven* (London, 1644), p. 36；与创建罗得岛相关的文件中（见第一章）；在温斯洛普的日记中：Winthrop, *Journal,* p. 453；在约翰·科顿致萨伊和塞莱勋爵的信件中：*The Correspondence of John Cotton,* ed. Sargent Bush, Jr. (Chapel Hill: University of North Carolina Press, 2001), p. 245；以及新英格兰一位不知名的作者在托马斯·爱德华的书中所录的文章中找到：Thomas Edwards, *The Second Part of Gangraena* (London, 1646), p. 166。

② Joel Hurstfield, *Freedom, Corruption and Government in Elizabethan England* (Cambridge, Mass.: Harvard University Press, 1973), pp. 13—14, 23—49.

③ Conal Condren, *The Language of Politics in Seventeenth-Century England* (New York: St. Martin's, 1994), p. 45; Martin Dzelzainis, "Republicanism," in *A Companion to Milton,* ed. Thomas N. Corns (Oxford: Blackwell, 2001), pp. 294—308. 英格兰最早关于“共和主义”理论的公开表述可以追溯到我在本书中讲述的新英格兰时期的末期。殖民地人可以得知人文主义者对共和政体的看法，如塔克在他的书中所指出：Tuck, *Philosophy and Government* (p. 222)，他还提出在学术界还有许多地方“尚不明确，主要是关于共和主义在 17 世纪中期的背景下究竟是什么意思”。想要在 1640 年代之前的政治思想中分辨出共和主义的成分，这种倾向受到格伦·伯吉斯和布莱尔·沃登的质疑。Glenn Burgess, *British Political Thought, 1550—1660* (New York: Palgrave Macmillan, 2009), pp. 324—326, and in Blair Worden,"Republicanism, Regicide and Republic: The English Experience," in *Republicanism: A Shared European Heritage,* ed. Martin van Gelderen and Quentin Skinner, 2 vols. (Cambridge: Cambridge University Press, 2002), 1:307—327. 迈克尔·P. 温希普的一篇论文和我的论点部分相同，他也把这个词用在殖民地人身上，只不过他把这个词和另一类词（神圣的）合并使用，而我则更倾向于把它们分开。(Winship, "Godly Republicanism and the Origins of the Massachusetts Polity," *WMQ,* 3rd ser., 54 [2006]: 427—462.)

和教会相关。[①]

虽然如此，那些使用这些术语的骚动还是产生了政治后果，比如对“教皇制度”的公开反对。真实的、想象出来的，抑或只是对王室和教会的某些政策便利的批评方式，反教皇制度言论和未来王国的言辞有着非常重要的共同主题。二者都谴责不受限制的、滥用的权力；都赞美基督教自由；都暗示教会和共同体如果由遵循《圣经》的“圣徒”领导，情况将会好得多，并且，在这些框架之内，最高权力通常被认为属于基督，而世俗官员都为他服务。这些思想并不等同于政治规划，当然更不是针对废除帝制甚至推翻主教制度的计划。但他们却是通向1638年苏格兰国家公约接近革命的主题的桥梁；他们也导致了《大抗议书》的种种要求，《大抗议书》由好几千人签名并于1641年呈递给议会。我相信，这些事件对殖民地人的影响将会在下面显现出来。[②]

---

① Leo Damrosch, *The Sorrows of the Quaker Jesus: James Naylor and the Puritan Crackdown on the Free Spirit* (Cambridge, Mass.: Harvard University Press, 1996). A. S. P. 伍德豪斯在《清教主义与自由权利》(*Puritanism and Liberty*, Chicago: University of Chicago Press, 1951)一书的前言部分建构的“自由权利”一词的含义受到了多方批评，其中包括：Hurstfield, *Freedom, Corruption and Government,* pp. 56—58; William Lamont, “Puritanism, Liberty and the Putney Debates,” in *The Putney Debates of 1647: The Army, the Levellers and the English State,* ed. Michael Mendle (Cambridge: Cambridge University Press, 2001), pp. 241—255; and J. S. Davis, “Religion and the Struggle for Freedom in the English Revolution,” *The Historical Journal* 35 (1992): 507—530。科纳尔·孔德恩对于现代历史学家常犯的语言和分类混淆的问题的广泛批评也影响了这些言论。拉蒙特和B. S. 卡普则指出，千禧年主义已经被非常广泛地使用，不可能再把它和某一个特定的政治规划结合在一起。Lamont, *Godly Rule,* and B. S. Capp, *The Fifth Monarchy Men: A Study in Seventeenth-Century English Millenarianism* (London: Faber and Faber, 1972), chap. 1.

② Kenyon, *Stuart Constitution,* pp. 207—217. 我们可以在此处回顾一下迈克尔·沃尔泽的观点，他认为清教主义创造了“一种新人，他们是公民、积极分子、意识形态坚定的激进分子”。Michael Walzer, *The Revolution of the Saints: A Study in the Origins of Radical Politics* (Cambridge, Mass.: Harvard University Press, 1965). 对于此观点的批判性回应，见 David Little, “Max Weber Revisited: The ‘Protestant Ethic’ and the Puritan Experience of Order,” *Harvard Theological Review* 59 (1966): 416—428, and Patrick Collinson, “Magistracy and Ministry: A Suffolk Miniature,” in Collinson, *Godly People: Essays on English Protestantism and Puritanism* (London: Hambledon, 1983), pp. 445—466. But see Stephen Baskerville, *Not Peace but a Sword: The Political Theology of the English Revolution* (London: Routledge, 1993), introduction (quotation, p.8)。

宗教在这个故事中的另一主要方面占据重要位置。围绕着清教运
动打转的有许多分裂性和排他性的主题：如果教会和共同体不能遵循上
帝的意旨，那么就必须对抗它们，哪怕付出战斗的代价；如果群众不能接 15
受基督的统治，那么那些自称圣徒的人要么退回到他们自己组成的宗教
团体中，要么把基督的统治强加于他人。这些颇为不同的可能性为殖民
地社会探索一种“圣徒之治”方式及其后果打开了道路，殖民地和斯图
亚特时代的英格兰不同，一种特定的清教徒掌握了权力。虽然本书整体
都涉及新英格兰的圣徒们是否从事了这一事业，但第二、第三和第五章
的论述更为详细。①

斯图亚特时代英格兰的政治语言（夸张、二元对立的术语；赞美一个，打压另一个，就好像所有的政治都是建立在极端对立的不同的类别之中的）是延缓了某种阐释体系的另一个原因，包括所谓“激进的”派别。② 否则，我们就可能冒着用现代用法替代 17 世纪的意思和用法的细微区别的风险。正是这些细微的区别，尤其是他们未能抛弃君主政体和王室最高统治权的思维定式，使得我们不能把 1620 年代的议会和他们 1640 年代早期的代言人认定为是最早的自由主义者和具有民主精神的人。③ 重回 17 世纪，我们必须得对即兴发挥、不确定性和修辞过度有

---

① 帕特里克·柯林森直接和间接地提出了这些问题。Patrick Collinson,“The Cohabitation of the Faithful with the Unfaithful,” in *From Persecution to Toleration:The Glorious Revolution and Religion in England,* ed. Ole Peter Grell et al. (Oxford: Oxford University Press, 1991), pp. 51—76. 在这篇文章中柯林森看待托马斯·谢泼德的方式与我自己的观点不同，参见第五章。

② 在《17 世纪英格兰的恐惧与论战：理查德·巴克斯特和唯信仰论》的前言中，蒂姆·库珀总结了最近学术界关于政治话语的修辞性质的研究成果。正如孔德恩和其他人所指出的，所谓“激进分子”是一种 19 世纪才发明出来的分类，我在本书中尽量避免使用该词。Tim Cooper, *Fear and Polemic in Seventeenth-Century England: Richard Baxter and Antinomianism* (Aldershot: Ashgate, 2001).

③ 戴维·伍顿关于平等派的这一观点很有说服力。David Wootton in “Leveller Democracy and the Puritan Revolution,” in *The Cambridge History of Political Thought, 1450—1700,* ed. J. H. Burns (Cambridge: Cambridge University Press, 1991), pp. 412—442. 关于长期议会的议会党人及其发言人，作家亨利·帕克是一个恰当的例子，如门德尔所说，他“是议会党人，也是一个绝对论者，是自封的捍卫自由权利和财产所有权的代言人，也是野蛮地轻视、

所准备。

二

殖民地人也把这种政治文化的一些成分带到了新英格兰，但是只有一些，不仅他们的宗教志趣和英国国教会的组织方式相左，而且他们对王权及其推行的政策也保持警惕。由于受环境的影响，在殖民地形成的政治文化在一些方面特别大胆，而在另一些方面则明显地带有延续性。

有关这个文化最核心的问题是权力的意义和行使方式。得知纠纷和争执几乎导致英属弗吉尼亚殖民地自我毁灭，马萨诸塞的领袖们对他们中间任何不敬的迹象反应特别迅速，1634 年开始在“自由民”中强
16 制推行忠诚宣誓，几个月之后，把这项要求推广至所有 16 岁及以上的男性。[①] 1630 年的“大移民”带来大约 1000 人到马萨诸塞，并促进了两本书的出版，这两本书都强调把整体利益放在个人需求之上的重要性，一本是约翰·怀特的《种植园主的辩护》(1630)，温斯洛普的布道“基督仁爱之典范”也写于 1630 年。在“仁爱”布道文的开首语中，温斯洛普呼吁权威的另一个方面，一种神圣授命的等级制度，在这种制度中，少数被授权的领袖预期得到大多数人的遵从。父权制的各种特征都毫发未伤地从旧英格兰照搬到新英格兰，正如批评的典型用语很容易地从煽动叛乱和过分自由变成了放荡淫冶。事实上，约翰·怀特的确警告新殖民地的领袖们要预防秩序崩坏，他在 1637 年提醒温斯洛普“正因为自由很甜美（就像人们喜吃甜肉一样），所以它很容易诱惑人过量”。[②]

批评古老宪法的人”。(Mendle, *Henry Parker,* p. xv) 关于弥尔顿的研究，参见 Dzelzainis, “Republicanism”。要想在某一具体的问题上澄清平等派的立场是非常复杂和困难的，因为它不是一个前后连贯、统一而有系统的运动。

① *Recs. Mass.,* 1:115, 117, 139.

② [John White], *The Planters Plea: Or, The grounds of plantations examined and usuall objections answered* (London, 1630), reprinted in *The Founding of Massachusetts: A Selection from the Sources* (Boston: Massachusetts Historical Society, 1930), pp. 168, 197—198;

怀特也可能意识到，改革进程一旦开始就可能失控。1630年代的一次关键性的情况可能促进这一过程，威廉·劳德力图连根拔掉清教式的不信奉国教者，作为回应，英格兰反对教会和王权的大爆发变得更加剧烈，当时，在合法及不合法的出版物上，威廉·普林、亨利·伯顿和约翰·巴斯特维克把教会的主教们置于“令人发指的”可笑境地。在向某位温斯洛普描述1637年对这些人的公开刑罚——烙刑和其他酷刑时，一位英国通信者特别强调“看到在此三人身上体现了极大的勇气和安慰”“人们鼓掌……称赞、欢呼”“好几千人”在现场观看。在英格兰、苏格兰和殖民地，都有预兆有事要发生。就在那一年，查理一世想要把英国国教会的整个体制强加给苏格兰人，在爱丁堡，一名妇女在教会仪式上把一张凳子猛掷向一位位阶很高的神职人员。几个月后，一次群众起义横扫了苏格兰东南部低地，起义的宣言“国家公约”是一份“声明”，宣称那些签署它的人要保卫“真正的基督教信仰和宗教”，反抗国王企图把主教制度引入苏格兰。①

查理缺乏他父亲的智慧，詹姆士意识到英国的稳定有赖于允许不同的宗教活动，只要这些持异见的宗教团体不质疑他的统治的合法性就 17
好；而查理和他宠爱的主教们却决心要强制推行宗教一致。这项运动开展起来以后，一些心怀不满的牧师和信众在英格兰勉强生存下来，而其他人则决定移民，一些移民到了荷兰，更多的则到了新英格兰。人们对英国国教会以及任何与天主教有关的东西敌意激增，在这种情绪的推动之下，移民们于1630年代中期一致同意，用约翰·科顿的话说，已经到了“享受自由，不仅要遵奉上帝的部分律法，而是享有全部、所有纯粹的上帝的律令”的时候了。妥协的时代已经过去。清教牧师约翰·达

Winthrop, “Modell of Christian Charitie,” in *Winthrop Papers,* 2:282; 同上，3:335。在更早一些时候，清教牧师理查德·库什曼在参观了普利茅斯之后，在布道中特意注明把社区放在个人之前的重要性。Richard Cushman, *A Sermon Preached at Plimmoth in New-England* (London, 1621).

① *Winthrop Papers,* 3:486; Gardiner, *Constitutional Documents,* pp. 124—134（引文在第124页）。

文波特向一位英国朋友说明他自己思想的转变，他再也不能"像以前一样""履行"教会的仪式了，他还引用了《罗马书》第14章中的诗歌，日内瓦《圣经》对这一章的注释为对"软弱的人"的警告，警告他们不要"亵渎福音"。科顿也经历了对改革的重要性和方向的内心转变，还有许多牧师也都经历了转变，在致英国温和派约翰·鲍尔的一封信中，他们说第一次有了"开往自由的一扇门"，可以实现福音。[①] 就这样，在整个新英格兰，牧师和教众一起欢迎对全体牧师、教会和政治结构的彻底改革，不再有"专制"政府，不再有"教皇制度"，不再有对信仰自由的限制——怀着这些目标，殖民地人接受了建立世俗政府框架和教会体系的任务。

如果殖民地人没有来到新英格兰，没有从教会和王权中不同寻常地解脱出来，要达成这些任务是绝不可能的。这种自由在1630年代中期短暂地受到威胁，当时英国政府开始重新考虑马萨诸塞的特许状，并讨论要派总督去治理殖民地。因为国王在本国的政治麻烦，这些尝试都暂停了，殖民地人开始自行其是，虽然他们一直都需要英国商人的供货，也需要泛大西洋世界的市场。与此同时，他们正经历着因为殖民地和母国
18 的社会结构不同而产生的另一种自由。没有多少郡县贵族移民到新英格兰，最多只有几个乡绅[②]，既没有贵族，又没有一个赐派特权、分封财富和权力的国王，殖民地的政治结构从本质上改变了。其他根深蒂固的习俗和机构也消逝无踪——律师的特权地位、英国国教会主教制度的权力不平等、国王们用来犒赏宠臣或是为政府敛财的经济垄断权、少数人控制的地方政府（比如伦敦）、宗教法庭，还有大法官法庭。至关重要的

---

① Bush, ed., *Correspondence of John Cotton,* p. 184; Isabel M. Calder, ed., *Letters of John Davenport* (New Haven: Yale University Press, 1937), p. 39; John Ball, *A Tryall of the New-Church Way in New-England and in Old* (London, 1644), sig. [a4r]; Hall, *Faithful Shepherd,* chap. 4. 斯蒂芬·福斯特书中的主题就是移民们，尤其是平信徒们加速的激进主义。Stephen Foster, *The Long Argument: English Puritanism and the Shaping of New England Culture, 1570—1700* (Chapel Hill: University of North Carolina Press, 1991), chap. 4.

② Ronald G. Walters, "New England Society and the *Laws and Liberties of Massachusetts,* 1648," *Essex Institute Historical Collections* 106 (1970): 145—168.

是，1640 年代中期，长期议会企图排斥任何与政教合一传统决裂的宗教团体，殖民地人逃过了这一劫。

正由于这些条件，新英格兰移民建立的教会管理制度非常独特，正如他们的批评者生气地抱怨的，他们把权力从神职人员手中转移到教区的普通信众手中，使得教会成员资格出于自愿和精心选择。他们的独特性还体现在他们完成了对法律制度的彻底改革，这是英格兰一些人很想做却永远也做不到的。[①] 他们在建立各级政府时都特别注重公众的参与，这使得他们的确是独一无二，从市镇到教区，从各个殖民地到殖民地联盟，无不如此。他们的土地分配制度也很独特，他们以永久产权的方式把土地分配给每个家庭，也就是私人所有制。颇为引人注目的是，一些殖民地人与英国政治文化的规范决裂，把他们的政府形式称为“民主制”。[②] 其他人与英国政治文化的规范决裂的方式是把政治权力交托给“圣徒们”，作为圣徒之治总体规划的一部分。[③]

这些成就在进度和性质方面都和英国革命期间的改革形成鲜明对照。[④] 在长期议会的早期历史中，它曾削减了国王的权力并为自己在政治统治中争取了更高的地位，1643 年，长期议会废除了英国国教会的主教制度并委托威斯敏斯特会议负责建立一个更好的制度。由于清洗掉了那些更保守的成员，或者说是在克伦威尔手下进行了重组，议会在道
德和社会改革方面做了一些尝试。由于克伦威尔的同情以及国家中央 19

① Donald Veall, *The Popular Movement for Law Reform, 1640—1660* (Oxford: Clarendon, 1970).

② 详见第一章。

③ 第三章摹写了其整个过程。

④ 长期议会优柔寡断，从长远来讲，尤其是它的守旧性和新英格兰的情况大相径庭。安·休斯对英格兰情况的观察正好可以对照说明殖民地人的情况：“如果说在英格兰大部分人倾向于和平……少数贵族愿意为了信仰拿起武器，只有几人——尽管是一个更小的团体——愿意在这个等级分明、惯于顺从的社会中与当地的最高权威作战。”（Hughes, *Politics, Society, and Civil War,* p. 167.）这句话不应该被理解为暗示着“英国革命”注定要成就更伟大的事业，“革命”这个词原本就是为了划分历史时期而生造出来的，不能因为该“革命”受到挫折，就认为其必然的目的一定是宏大的。尽管如此，这一时期的特殊情况的确使得不同的社会团体可以主张对政治和宗教结构进行彻底重建。

权力的极大削弱，一种实质上的宗教宽容（但是并不包括对天主教的宽容）出现了，但是由清教运动一派主张的“进一步改革”既没有变为法律也没有得到全面实施。1640年代中期出现的平等派主张一个包括政治、法律和社会改革的野心勃勃的计划，将在本书的后面几章更充分地描述，但是他们的主张也没有一样成为法律，克伦威尔政府在重塑民事法庭、议会和教会方面也未获成功。虽然查理一世在1649年1月被送上了断头台，但是君主制、贵族制和主教制又在1660年全部卷土重来。

在1640年代英国扰攘的大众政治舞台上，殖民地人演出了他们自己的“英国革命”。[①] 以下几章探寻这些成就和转变的过程，从组织殖民地政府开始，然后是市镇政府的建立和民众参与的方面，接下来是建立“公理会方式”以及圣徒之治的其他方面。第五章是对马萨诸塞殖民地坎布里奇镇的一个个案研究，它提供了对这个有争议的政治实践的进一步观察，主要是关于教会成员享有特权以及这一事实对该社区的影响，因为还有一些人不能成为教会成员。殖民地人的改革从来不是简单容易的；那些最热切的改革者也从未能实现他们想干的每件事；当然也不是每一个人都被包括进去。政治文化中新的或创新性的成分与其他完全传统的成分同时并存，比如那些维持政权的必要的手段，更为显著的是，改革因为新的和旧的矛盾而受到损害。经济、政治和宗教力量的差异，以及市镇和地区间的差异（这种差异在1650年代变得更为明显），被证明是很难和相亲相爱、团结一致等理想融洽共存的。授权给圣徒以及把教会成员限定在可见圣徒的范围之内是令人兴奋的成就，但是这些圣徒是否总是，而且在任何情况下都可以被信任会做正确的事呢？声称真理在握并支持世俗政府有权镇压“异端”，地方行政官、牧师和整个社区

① 殖民地人同情长期议会进行的改革，在内战期间站在议会一边（约翰·温斯洛普的一个儿子在新模范军做军官，还有许多从殖民地返回英国的人也加入了新模范军），他们高度评价奥利弗·克伦威尔。参见 James O'Toole, "New England Reactions to the English Civil Wars," *NEHGR* 129 (1975): 238—249; Timothy J. Sehr, *Colony and Commonwealth: Massachusetts Bay, 1649—1660* (New York: Garland, 1989), chap. 1。

必须决定这样做的代价是不是太高。哪怕是在新英格兰，政治也是谈判
和妥协的事务。20

因此，我的著作不是关于一个形成中的早期民主社会的故事，虽然这种制度的许多成分显然存在于本书描述的转型之中。更要强调的是，这也不是一个专制独裁通过清教主义的透镜而得到修正复活的故事。清教运动及其雄心壮志在这个故事中扮演了关键的角色，但我相信，这
个角色比我们通常所理解的更广泛、更吸引人，也更复杂。21

第一章 “专制”还是“民主”？
创建殖民地政府

1630 年 6 月，在到达马萨诸塞两个月之后，马萨诸塞海湾公司的官员们以殖民地管理者的新身份召开了一次“法庭会议”。那天必须解决的问题是怎么给公司招募来的牧师付酬以及如何应对快速飙升的物价和仆人的工资，到这一年年底，这个小团队一直在颁布法令以确保商业合同的有效性以及分配那些去世了的人的财产。同样重要的是，这个团队还要安排分配土地以便农民开始耕作，要和当地的印第安人谈判，要制定法令禁止言语出格、乱性和滥酒。所有这些都是治国之道的热身运动，是制定那些具有更深远意义、决定世俗政府的结构和实践的决定的前奏。①

这个过程的一个方面，也即“圣徒之治”的实施将在第三章论及。本章的重心是五个不同的殖民地一级的政府的创建；市镇政府的创建将在第二章论述。有关马萨诸塞的文档记录是最完善的，故事开始于 1630 年代早期，当时已经开始了关于行政管理的争论，故事延续到 1640 年代

① Winthrop, *Journal,* p. 38; John Noble and John F. Cronin, eds., *Records of the Court of Assistants of the Colony of the Massachusetts Bay, 1630—1692,* 3 vols. (Boston: Suffolk County, 1901—1928), 2:1—2.

中期，当时这些争论达到了一个高潮。而在其他地方，人们更迅速地决定了要做什么——普利茅斯殖民地建于 1636 年至 1639 年间，康涅狄格创建于 1638 年至 1639 年间，纽黑文是 1638 年至 1643 年间，罗得岛的城镇建于 1639 年至 1647 年间，那一年这些城镇由议会授予特许状联合 22
成为一个殖民地。

在以上的每一个地方，建立殖民地的过程都面临了如何治理国家的难题，这些难题在英国很难解决，以至于在 1642 年爆发了内战。对很多英国人来说（当然，如果殖民地人还停留在老家的话，也会一样）1640 年代初期最大的困难就是查理一世对他作为君主的权力的坚持，以及他由此论点得出的推论："议会完全隶属于我"，（正如他对 1626 年的议会所说）"我有权召集议会、主持议会和解散议会"，他通过把议会比作一个"顾问团"来扩展他的这一主张，"因此"议会的权力只能限制在它所能承担的范围。让许多人感到沮丧的是，查理一世还把他的保护罩延展至那些为君权神授辩护的神职人员，并利用这一论断来证明未经议会同意征税是合法的。[1] 1620 年代晚期的英格兰，但凡是同情清教徒的人没有一个是喜欢查理一世的，虽然在 1630 年乘船去往马萨诸塞的人们不可能预见他会长达 11 年拒绝召集议会（1629—1640），但是他们都赞同《权利请愿书》（1628）的条款，其中有一条明确规定："未经议会的一致同意"，国王不得征收"税、地租、捐助或任何类似的收费"。国王对此的回应是指责这些条款纯属"捏造"，因为它们打破了"所有对政府的尊敬和纽带，并建立了一种全方位的、一边倒的权力"以将其赋予议会，而这种权力本来"只属于我们而不属于他们"。[2] 和查理一世在 1640 年 12 月终于召集的议会中的大部分成员一样，殖民地人希望有机构和章程来保护

① Gardiner, *Constitutional Documents,* pp. 6, 4; Francis Oakley, "Jacobean Political Theology: The Absolute and Ordinary Powers of the King," *Journal of the History of Ideas* 29 (1968): 323—346; Roger Mainwaring, *Religion and Allegiance: In Two Sermons Preached Before the Kings Majestie* (London, 1627).

② Kenyon, *Stuart Constitution,* pp. 68, 72.

他们不受统治者的侵害，这个统治者声称，他作为国王，对于那些有关正义的，甚至只有上帝才能主宰的事具有“绝对权力”。[①]

在长期议会尝试用宪法手段来限制国王的权力之前很久，殖民地人就已经着手设计一种政府形式，这种形式不仅领先，而且在很大程度上远远超出他们的英国同胞所能成就的。但是，和他们在长期议会中的同
23 行一样，殖民地人面临着一系列的问题，这些问题英国内战期间的历届政权都未能解决：最高主权究竟何在？政府权力和公民自由之间如何保持最佳平衡？这些问题产生了共振，部分原因是欧洲大陆人文主义内部的辩论，威尼斯共和国、高贵的佛罗伦萨，以及16世纪法国的宗教战争的历史范例，但是最直接的来源还是早期现代英国的政治文化。

一

马萨诸塞海湾建立政府的过程充满了反复争论，因为像约翰·温斯洛普那样的人想通过政府达成的期望让许多其他人不满。1632年爆发了抗议，在1634年达到短暂的高峰，当时温斯洛普被投票解除了总督职位，但在1630年代后期和1640年代早期，他又重掌政权。有时候一项具体的政策或是裁决会导致民众动员起来寻求改变，例如温斯洛普对法庭限制的抵制就引起了一场近于偏执狂的恐慌，担心他想要“搞专制政府”，这和查理一世的政策所引发的焦虑是一样。[②] 作为英国政治的延续，其潜在的问题是关于政府结构的，或更抽象地说，即是把自由和权威结合起来而避免其中的任何一方变得过度：自由不能变成无政府状态，权威也不能成为专制或暴政。对于马萨诸塞殖民地的大部分人来说，建立政府最重要的就是防止专制统治。对于温斯洛普以及那些和他想法

---

① Gardiner, *Constitutional Documents,* p. 60.

② Winthrop, *Journal,* p. 381. 另一个令人不安的说辞是启示论，它可能导致人们反对政府，或者如宗教激进分子塞缪尔·戈顿所认为的，要反对一切世俗政府，参见注①第362页。

相似的人来说，最重要的目标是保持那些担任总督和地方行政官（技术上来讲，在马萨诸塞，这些人被称为“助理”）职务的人的权威。温斯洛普坚持不懈地推行一种对“职务”的理解，这种对“职务”的解释使得它不需要直接依赖任何同意。在常设法院中代表的数量多于地方行政官，因此他很小心避免在常设法院中采用多数决定原则，而坚持对其行使“否决权”。他常用来吓人的东西是“民主政治”，他把这个词等同于缺乏权威。他很可能会同意有时会和他站在一起的同盟约翰·科顿的说法：
“我不认为上帝曾经命令说民主是一种合适的政府形式，不论是对教会 24
还是对世俗共同体。如果民众都是统治者，那么谁又是被统治者呢？”[①]但是对于其他生活在新英格兰的人，这个词带有更多的正面色彩。

让殖民地人搅扰不安的管理国家的具体问题正是产生于这样的背景。最早是关于征税的问题，而这个问题正好和民众对温斯洛普的抱怨一起产生，他们认为温斯洛普作为总督集中了太多的权力。到1634年，殖民地人已经开始讨论政府的立法权是应该完全属于总督和地方行政官还是应该和代表们分享，此时的代表已经开始在常设法院代表各个城镇。同年还发生了最早的抗议事件，抗议是针对地方行政官要求的否决权，同时还发生了关于“自由民”是否可以选举所有殖民地官员，还是只能选举部分官员的争论。几年以后，一些代表和地方行政官联合起来抵制温斯洛普的主张，温斯洛普坚决主张建立一个“长期委员会”在常设法院不开庭期间履行职务。与此同时，另一个由牧师、地方行政官和其他民众组成的团体呼吁颁布一套成文法，一部名副其实的“大宪章”，以此来对抗温斯洛普赞同的司法自由裁量权。对有的人来说，更深刻的挑战在于明晰共同体中每一个人都享有的“自由”并且为这些“基本”的自由权立法，也就是说，使其永远对统治者和被统治者都具有约束力。从

① Sargent Bush, Jr., ed., *The Correspondence of John Cotton* (Chapel Hill: University of North Carolina Press, 2001), p. 245. 我要感谢 T. H. 布林，此处强调的是“自由裁量权”和权威的有限形式。T. H. Breen, *The Character of the Good Ruler: A Study of Puritan Political Ideas in New England, 1630—1730* (New Haven: Yale University Press, 1970).

始至终都有人坚持政府职位要轮换。

所有这些争论的始发点是马萨诸塞海湾公司的特许状。特许状安排了一个基本政府结构，其基础是由自由民（公司的持股人，在1629年大约为125人）组成的一个“常设法院”；由自由民选举出来的18个“助理”组成的小团体；一个总督和副总督。和其他典型的特许状一样，它明确要求常设法院每年召开四次，其中一次是为了选举官员，其他几次处理公司事务，在法院休会期间，由助理和其他官员组成的“委员会”负责。1629年底，人们决定把公司的管理迁往马萨诸塞，并于1630年进行了大
25 移民，新殖民地的实际领导人是1629年10月成为总督的温斯洛普、在船队起航前不久刚任命的副总督托马斯·达德利，以及同行的7位公司持股人（现在作为助理）。1630年10月，这个小团体违背了特许状，承认116人具有自由民身份，而他们没有一个是公司持股人。没有人告知这些新的自由民根据特许状他们所有的权利，他们中也没有一个人真正看到过特许状。

大概16个月以后，沃特敦的“人民”抗议委员会向每个城镇征收的一项税收。他们申诉的核心是同意的原则，这是1620年代每届英国议会都坚持要求的原则，而他们抗议所使用的修辞［“（未经同意就）付钱是不安全的，因为这可能会使自己以及子孙后代陷入奴役”］也回应了英国议会党人在抗议查理一世强征特殊税收时使用的话语。温斯洛普和地方行政官对此做出了强硬回应，坚持要求抗议的领导人道歉，并要求他们向镇民宣读一份“撤回抗议并表示服从”的声明。温斯洛普可能对声明内容做了明确要求，那就是他和委员会，而不是所有自由民，拥有“立法和征税的权力”，他支持这一论点的依据是把总督和行政官的小团队比作英国议会，这一类比在他看来又支持了自由民（或民众）权利仅止于选举行政官的这一做法。可能是作为补偿的一点甜头，他又补充说任何有不满的人都可以在常设法院的任何一次开庭期间提出。①

① Winthrop, *Journal*, p. 63.

3个月以后，在法庭的5月会议上，温斯洛普不得不从他占据的有利形势中做出让步。鉴于征税的权力再次受到质疑，委员会同意每个镇可以送两名代表“至下次法庭向总督和助理建议有关征收公债券事宜”。就在这次5月法庭会议上，委员会还准予自由民直接选举总督的权利，而不再是由行政官选举总督。到8月，关于权力集中于少数人的担忧影响了像副总督达德利那样身居高位的人，他“要求”温斯洛普详细说明 26
“他的权力的基础和范围，不论是基于特许状还是别的什么”。两个人就总督权力的范围进行了充满激情的来回讨论——担任总督职务的人是否如达德利所断言，“并不比每个助理有更多权力（除了召集法庭的权力以及在荣誉和顺序上居于首位）”——讨论在达德利指责温斯洛普“总督想要受欢迎，他想获取绝对权力，把所有助理置于他的统治之下”中达到高潮。①

这种嫉妒（温斯洛普这么说）延展至远远超出托马斯·达德利个人的范围。1634年5月常设法院开庭之前几周，新一轮选举将决定谁担任殖民地的高级职务，自由民们组织了一次各镇代表的郑重集会来“考虑开庭以后他们将要处理的事宜”。他们坚持要求温斯洛普给他们看特许状，从特许状中他们得知立法权属于自由民、行政官和总督组成的整个团体。温斯洛普同意妥协，他断言要把所有自由民每年召集起来四次是不现实的，但他同意让来自每个镇的代表“复审全部法律……但不能制定新法”，但有关征税的立法例外，因为他也接受“没有一个相应的委员会就不能对该地区评定税收”的观点。他还同意了另一项对行政权的限制，那就是未经类似程序的批准，不得“分配”任何土地。② 但是自由民想要的更多，在5月的常设法院会议上，温斯洛普被暂停总督职务，代之以达德利。在叙述以后发生的事情时，温斯洛普不带任何感情色彩地记录道：新的法庭立刻授权各镇的代表们或“助理们”，同意他们参与“制

① Winthrop, *Journal*, pp.68, 74, 77.

② 同上，第77，113—114页。

定法律”和“分配土地等等”。和以前一样，常设法院的代表人数超过行政官人数，但不同的是，一夜之间二者同样拥有立法权了。[①]

温斯洛普和那些同意他观点的人很快开始坚持其他形式的权威，他
27 们回到特许状，把特许状解释为：除非得到委员会大部分人的同意，法庭不能通过任何规定。1634 年秋天，一次新的危机再次恢复了行政官被多数票否决的可能性，当时代表和行政官都在会场，法庭发现在是否同意住在纽敦（1638 年改名为坎布里奇）的人迁移到康涅狄格的问题上不能达成一致。大部分代表和几个行政官同意让他们离开，因此其他的行政官要求行使否决权或否决任何类似措施的特权，[②] 后来因为纽敦人撤销了他们的请求，矛盾得以暂时避免，但是行政官们对否决权的强调使得对权力和政府管理的两种理解之间的分歧更明显了。一些人，尤其是温斯洛普，继续争辩说他们的权力比自由民和代表的权力要大，或是不同；代表和自由民可以表示同意，但是只有行政官可以立法并担任法官或治安法官。而大部分的代表反击说每一个公务人员都享有同等的立法权。

温斯洛普的反对派还有一个进一步的论点。那年秋天的晚些时候或是冬天，多切斯特镇的伊斯雷尔·斯托顿反对任何基于长期存在的差异的否决权（这个论点常被用来讨论基督的最高权威和那些为他服务的神职人员的权力之间的关系），比如说“绝对权威”和“行政权力”这两种不同权威之间的差异。在一份他可能已经在常设法院中散发的论文中，斯托顿声明，根据特许状，总督和助理的权力属于两个权威中较弱的一种，即“行政权力”，这个权力是由“常设法院的多数投票”授予他们的，“而不是可以根据他们自己的决断就可以自行其是的绝对权威”。温斯洛普对这种论点的理解是：“这是对我们地方行政官职的全盘否认。”从某种角度来说，他是对的，因为对行政权力的强调也就意味着世俗政府

---

① Winthrop, *Journal*, p.116.

② 同上，第 127 页。这一时期英国政治中常见的一个词：“否决权”（或否决票）已经被用于该世纪最初几十年就开始的关于教会管理的争论之中了。

权力的基础在于民众。斯托顿还建议代表们拥有和行政官一样的否决权，虽然他明显更倾向多数统治，[①] 如果他的建议被采纳，许多使行政官和代表分化的东西都会消失。 28

一年以后，尤其是在1636年，大部分行政官找到了另一种保卫他们仍然认为是本质不同的权力的方法。一开始他们声称自己是一个常委会，被授权在常设法院休会期间工作，在1636年又为他们中的3个人（温斯洛普、达德利和年轻的贵族小亨利・韦恩）宣称了一个更重要的职位，出任"终身委员会"。代表们对这些一个也不买账，虽然常委会保持了下来，但终身委员会胎死腹中。同时，行政官们还面临一项指责，即他们在民事和刑事诉讼案件中作为法官对错误行为收取罚金的权力被认为过于宽泛，十分危险。由于这些对司法随意性的抱怨，产生了一次修订成文法的运动，这推动产生了常设法院于1641年正式采用的"自由权利法案"。[②]

虽然有这些对抗性的场景，但在许多其他方面还是达成了一致。约

---

① Everett Emerson, ed., *Letters from New England: The Massachusetts Bay Colony, 1629—1638* (Amherst: University of Massachusetts Press, 1976), pp. 149, 145, 148; Winthrop, *Journal,* p. 142. 斯托顿"论文"的内容未能留存，但是可以从他写给他的兄弟约翰・斯托顿的信中，以及温斯洛普对这件事的记述中推测出来。J. S. 马洛伊在他的书中指出，一个政治社区作为一个整体认为"行政官"只不过是最高权威的"管家"而已，这种理解可以追溯到帕里斯的约翰或索邦神学家，他们把"牧师的权力"和"完全所有权"区分开来。J. S. Maloy, *The Colonial American Origins of Modern Democratic Theory,* p. 35 (Cambridge: Cambridge University Press, 2008). 这一派的理论可以扩大到宗教改革传统中把牧师拥有的权力描述为"行政"或是授权的，以区别于真正的绝对权威。参见 W. J. Torrance Kirby, *The Zurich Connection and Tudor Political Theology,* Studies in the History of Christian Traditions vol. 131 (Leiden and Boston: Brill, 2007)。至于牧师们所使用的区别，参见 John Cotton, *The Keyes of the Kingdome* (London, 1644), reprinted in Larzer Ziff, *John Cotton on the Churches of New England* (Cambridge, Mass.: Harvard University Press, 1968), p. 88。马洛伊（第四章）还曾引用分离主义牧师约翰・罗宾逊关于教会管理的推理，他认为教会管理是对教会职务"行政性"理解的来源。托马斯・谢泼德认为"绝对权威"就是可以"为所欲为"，并且暗示这是一种"反基督的不受限制的权力"（Shepard, *Works,* 3:333)。显然，流放尼德兰的分离主义者和清教徒谈论政府管理时使用的语言在很多方面和马萨诸塞的世俗政治语言是一样的，虽然前者对后者的影响究竟有多明显还值得探讨。

② Winthrop, *Journal,* p. 146.

翰·科顿把这些起草成一份手稿，1642年这份手稿在伦敦出版的时候使用了一个误导性的标题：“新英格兰法律摘要，以其目前已制定之状态”。在常设法院的一次会议上，科顿详细说明是法院“选举了总督（因此总督应对法院负责）”，而且所有类似选举产生的官员都应对“违背任何现有的法律”负责。另外，法院的责任还有“制定和废除法律”、“分配土地”和“为了共同体的公共服务”征税。科顿赞成设立一个终身委员会，他还提议除非得到行政官以及代表的多数同意，否则不能通过新的法律，和之前的斯托顿一样，科顿在总结部分看来是认为最终的权力归于人民。[①]

但是任何清晰的，尤其是世俗的主权观念在当时还远远谈不上。因为对于马萨诸塞人来说，正如对于他们1630年代的英格兰同时代的人一样，政治语汇的分类还很不确定，语义含混并充满了由于斯图亚特统
29 治而产生的紧张和压力。否决权之所以如此敏感，大部分原因是由于查理一世也声称拥有这一特权。当温斯洛普宣称行政官是“神圣的”（《圣经·旧约》和加尔文传统都支持他的说法）之时，很多人都很不耐烦，这主要是因为在1610年向议会发言的时候，查理一世用了一模一样的话。而当温斯洛普赞颂公众的同意之时，殖民地人也许又联想起詹姆士也做过同样的事情，在1610年，他通过一个中间人承认说：“如果没有取得他的三个委托人（上议院、下议院和人民）的同意，他无权自己制定法律……”但是他说的同意和温斯洛普所说的同意，和代表们以及自由民要求的同意又是否是同一个意思呢？[②]

---

① [John Cotton], *An Abstract of the Lawes of New-England, as They Are Now Established* (London, 1641), pp. 3—4, 2. 几乎就在同时，科顿宣称，在教会，牧师“只能在教众在场的情况下才能处理公共事务，并应得到教众的同意”。([Cotton], *A Coppy of a Letter of Mr. Cotton ... Sent in Answer to Certaine Objections* [London, 1641], pp. 3—4.) 又见温斯洛普对科顿的某次调解布道的记录（Winthrop, *Journal,* p. 128）。

② Kenyon, *Stuart Constitution,* pp. 12, 11; *Winthrop Papers,* 4:476 (referencing judges); John Calvin, *The Institutes of the Christian Religion,* trans. Ford Lewis Battles, 2 vols. (Philadelphia: Westminster, 1960), 2:1489.

答案是否定的。因为温斯洛普所说的同意含义十分有限，不能满足像斯托顿那样的殖民地人，他们认为任何对行政官权力的偏重都可能导向专制统治。一种表示他们不满的方式是把人民的“自由”表述为“基本权利”；另一种方法则是像斯托顿在1634年做的那样，重申权力的不同性质。在这一点上，斯托顿在第一主权理论方面的后继者是小亨利·韦恩，他是查理一世政府高级官员的儿子，因此也是马萨诸塞唯一一个在身份上毫无疑问高过温斯洛普等乡绅的人，韦恩在政治上也是倾向神权统治的。他在1637年因为批评一条授权行政官禁止某些移民入境的法律和温斯洛普分道扬镳，[1] 根据韦恩的观点，这条法律给了行政官太多的自由裁量权，感觉他好像回到了斯图亚特统治下的英国，韦恩警告说，给他们“不受限制”的权力存在着固有的“危险”。他还警告说，这种自由裁量权违反了标准的政治神学规定，那就是在一个基督教共同体中，
世俗权力总是，并且在任何地方都次于基督的最高权威。鉴于此前提， 30
韦恩可以很容易地得出结论：行政官的权力应被恰当地（也只能）称为“行政权力”，也就是说“不论教会还是共同体都没有从基督那里授予他们除了行政权之外的任何权力，只有基督才是教会的首脑，是地上所有国王的王子”。除了以上概述，韦恩没有明确说出这个论点的实际操作方式，也没有详细说明“行政官应该遵守的规则”（其他人已经尝试这样做了），但是他的基本论点是无可置疑的，那就是：统治者和人民一样都是基督的仆人，他们都应服从基督设立的道德原则。[2]

除了打国家理由牌（国家必须保卫自己），温斯洛普的回应最多是坚持他自己的政治—神学权力论：行政官的就职宣誓以及他们对人民“福

---

① *Recs. Mass.*, 1:196. 在第三章中还将讲述韦恩在圣徒之治运动中的地位。

② Henry Vane, “A briefe Answer to a certaine declaration, made of the intent and equitye of the order of court, that none should be received to inhabite within this jurisdiction but such as should be allowed by some of the magistrates,” in [Thomas Hutchinson], *A Collection of Original Papers Relative to the History of Massachusetts-Bay* (Boston, 1769), pp. 84, 86 (emphasis added).

利”的忠诚就足以避免他们专制擅权。[①] 但也许韦恩的观点在殖民地更能引起共鸣，和之前的斯托顿一样，他也想要缩减行政官职位的权力，因此他尝试用“行政权力”来替代“真正权威”一词。他这么做就暗示了最高权威不是在行政官手中，而是在别处——当然最高权威属于基督，也可能属于人民或整个常设法院，行政权的含义则很不一样，指的是某个职位或职务的固有权力。

至于“自由权”（在这些争论中，总是和权力、“特权”或政府管理的必要性相抗衡），则是由行政官、代表、牧师和人民组成的广泛的联盟促进设立对自由权的书面记录，这个记录，名为“自由权利法案”，罗列了它认为是“基本权利”的各种规定。“基本权利”这个词，马萨诸塞政府早在 1636 年就开始使用，当时它要求一个由行政官和牧师组成的小团体“起草一份这个共同体的基本权利”，这个词也出现在康涅狄格的“基本权利决议”（1639）和普利茅斯殖民地的法律中，总是代表着基本的规定和原则。每当 1620 年代英格兰的议会党人说英国人拥有“这个国家法律中与生俱来的权利”时，他们指的是同样的基本权利或自由权。普利茅斯法典的开首语明确地表达了这种思想：“以上决议和基本法对于本殖民地的合理权利、自由权、共同利益和特殊目标具有如此核心而根本的意义，因此他们应该也必须被不可侵犯地保存。”[②] 永久性是《大宪章》
31 的神圣光环，而对于那些努力促成《自由权利法案》的人来说，它和《大宪章》的地位是一样的。当这部法典最终为新英格兰的其他殖民地采用之时，它以一个严正的声明开始：“每个人都拥有自由权、豁免权和其他权利，国家不能介入并剥夺这些权利；保障个人的这些权利是保持教会和共同体的安宁和稳定最好的手段。”[③]

这显然是借鉴过《权利请愿书》以及英国政坛关于同意的权利争论

① *Hutchinson Papers,* 2 vols. (Albany: Prince Society, 1865), 1:100, 111.

② *Recs. Mass.,* 1:174; *The Book of the General Laws of the Inhabitants of the Juris-diction of New-Plimouth* (Cambridge, Mass., 1672), p. 3; Kenyon, *Stuart Constitution,* p. 100.

③ Whitmore, *Colonial Laws,* p. 33.

的措辞。1635 年，马萨诸塞的牧师们声明：“在一个自由国家，未经同意，任何官员对自由的人民的人身、财产、土地和自由权没有任何权力。”在此，同意的重要性得到了特别强调。《自由权利法案》的第 7 条把这一点也用在常委会（总督和行政官）上，明确指出常委会不得擅自行动，而只能遵照“常设法院的同意，或是由常设法院产生的权威机构的同意”。这种理解和阐释与温斯洛普的立场完全对立，他认为特许状（或者如果不是特许状，也是别的什么，但肯定不是人民）才是政治权力的来源。因此，适用范围广泛的《自由权利法案》在两方面感受到对专制权力的忧虑：第一，它的规定必须是基本权利；第二，官员的活动必须要得到一个更广泛的团体的同意。①

但是对于实际的官员职务的运作方式还未能达成一致意见。1640 年代早期的各次常设法院会议变得越来越充满争议，有时候是因为情况使然，有时候则是因为对专制权力的持续忧虑。其中一次是因为行政官们企图减少各镇选出的代表人数；另一次是行政官内部出现了派系斗争，因为其中一些人变得对温斯洛普不满。在 1642 年 5 月的常设法院会议上，一位来自伊普斯威奇的行政官理查德·索顿斯托尔发布了他写的一份对常委会的批评，该文件未能流传，但是温斯洛普认为其中“多页”是“非常靠不住的、指责性的，又很危险”，他劝说法庭征询牧师的意 32
见。② 在同一次会议上，“为了一件小事引发了很大争议”，一只走失母猪的所有权争议演变成了“大事件”（用温斯洛普恰当的措辞来说），这是因为公众对 1640 年后影响马萨诸塞经济的通货紧缩普遍不满。从政治上看，这个案子说明行政官和代表们就正义是否得到伸张的问题有意见分歧。鉴于新一轮关于专制统治的抱怨四起，否决权的问题又重新出现了。一年以后，1643 年秋，温斯洛普仍然在为行政官们争取坚持这一

① *CW Williams,* 3:254; Whitmore, *Colonial Laws,* p. 35.

② Winthrop, *Journal,* pp. 390—391, 395; *Winthrop Papers,* 4:359—361. 1643 年 10 月，“所有的长老”准备了一份回应，按照温斯洛普的总结，回应拒绝“拥有过分权威的”理事会的概念，但是，出于必要的考虑，同意组建这样一个团体（*Journal,* pp. 418—420）。

特权。[①]

温斯洛普在1642年、1643年和1644年间反反复复所说的话，行政官员中一个离经叛道者理查德·贝林厄姆的话（现已不存），牧师说的话，还有一本由神职人员集体写作的文集——所有这些所围绕的中心是一系列耳熟能详的措辞，以及代表们坚持声称“总督和助理们没有超越法院的权力，只有常设法院所赋予他们的权力”。该断言引得温斯洛普对人民主权观念进行了清晰的反击，或如他所说，对“主要的普遍权力和行政权归于人民”的断言进行反击。温斯洛普指责这种论点会导向“民主”，反驳说代表们“只不过是顾问而已”，并第一次采用了“混合”政府的语言。而混合政府的说法正好是查理一世在几乎同时对英国议会的一份文件的回应中所用的措辞。这份文件旨在限制他的特权，也就是1642年6月的“19条建议”，在他的答复中，查理把自己描述为由三部分组成的政府的一部分——“君主制”、“贵族制”和“民主制”。[②]

虽然温斯洛普和查理一世的政治观点在其他任何方面都大相径庭，但他们转向这一模式的原因却是一样的：它既保证了少数人的统治地位，同时又向人民（或者对查理来说，议会所代表的人民）保证那些分配给君主和贵族的权力不会变成“暴政”。这一模式之所以特别有吸引力
33 是因为它阉割了民主的意义，消除了任何与人民主权相关的内涵，而把它变成了混合政府三部分中的一个，实际上，是最不重要的一个。应温斯洛普的请求支持他的工作，一位牧师，可能是伊普斯威奇的约翰·诺顿，勉强用这些术语写作了一篇简短的文章来维护否决权，在这篇短短几页的文章中，诺顿企图把“贵族制”和“民主制”在结构上和社会意义上联系起来。他对民主制显然比贵族制要清楚，他把前者描述为公民国家，在这种国家“最高公民权力是由人民授权或是委托给他人来执行的”，而后者也是公民国家，其“最高公民权力”属于“少数领袖”，他把这

---

① Winthrop, *Journal,* pp. 395, 398.

② *Winthrop Papers,* 4:382—383; Kenyon, *Stuart Constitution,* pp. 18—20.

些少数领袖与贵族和绅士们联系在一起，虽然他顺带地承认，其实这样的贵族和绅士们很少出现在马萨诸塞。温斯洛普对人们不再尊敬社会等级很担忧，为了和他保持一致，诺顿警告说，没有哪个“民主国家”在历史上幸存下来，并敦促那些反对否决权的人要尊敬共同体的“眼睛”，或是最优秀的人；几乎只是顺便提到，诺顿认为“每年选举”和一部法典就足以防止权力的不当集中了。从长远来看，他也许是对的，但在1643年，没有人给他太多关注。[①]

这场拉锯战在1644年向和解的努力让步，并实际上重组了常设法院。应常设法院的要求，牧师们就法院提交的问题给出了一系列提案，给了斗争双方一些各自想要的东西。牧师们不顾索顿斯托尔等人的反对，保留了常委会，但是又用“成文法”来限制常委会的自由裁量权，如果没有相关的成文法，那么就依靠“上帝的话”作为指导来限制其权力。在代表和自由民是否可以设定任何官职的权限这一关键问题上，牧师们也打破了双方的界线，他们承认这的确是他们的特权之一，但是这一特权却仅限于“特定事件”，而把“日常的”行政事务还是交给官员们自行判断处理，其他的差异也这样被包括进了牧师们对权力的解析之中。代表们追问是否整个常设法院既包含司法权又具有“最高权威”，这个问题的目的是取消那种对温斯洛普来说如此重要的官职，但牧师们的回答使 34
情况更为复杂。他们把“最高权威”又再细分为三种不同的权力：第一是“立法权”，显然属于自由民、代表和官员；“协商权”也是如此；另一方面，“司法权”却是有时候仅仅属于行政官员，有时候又是和其他人分享的。在他们的审议意见的末尾，牧师们得出了整个事件的核心结论，虽然他们同意代表们的观点，任何从“人民的协商自由权”中分离出来的“权力”都是和其他统治理论相背离的，但是他们提供了一个偏向温斯洛普方面的妥协方案。不错，常设法院的确是“共同体的最高权力机构”，因此可以“说明行政官有哪些权力”，但是特许状又给了“总督等官员行

① [John Norton?], “The Negative Vote, 1643,” *Proc. MHS* 46 (1913): 276—285.

政权”，因此实际上，马萨诸塞政府是一个“混合”政府，司法权主要属于行政官，以实现“贵族制式的执行”。[1]

还有一次矛盾的爆发随后发生。一些代表企图让温斯洛普因为插手欣厄姆镇的民兵连队的选举而受到责难，但是另一个妥协方案平息了这种混乱状态，决定结束代表和行政官一起开会的方式，而是分别举行会议，但是同意双方都对对方的提议有否决权。这一做法被采用；并采用了另一项“自由权”（在1640年代中期得以阐明），即在任何一次选举法庭上，自由民可以“免除”某人的职务而“无需提供理由”；1641年还通过了一项决定：“未经该团体的大部分人同意，任何法庭都不得被解散和休会”（这是对长期议会的骚动的回应）；此三项举措帮助降低了争论的声音。[2] 温斯洛普不再警告民主的危险，而那些反对他的行政官和代表们也不再大叫专制统治。1646年，斗争双方都同意驳回一次新的请愿，这次请愿要求给予更多人参与殖民地选举的权利。

究竟是什么促使殖民地人想要加强自由民和代表在常设法院的作用并限制行政官的权力呢？没有哪个单一的原因可以充分地说明，主要是因为让代表、自由民，有时候还有人民为权力感到忧虑的原因总是在
35 变化。1632年是因为税收；1634年是因为常设法院关于丢失的猪的决定；1642年是因为一桩看上去有利于某个不受欢迎的商人的官司——只举几个直接导致抗议的例子。那些身居高位的人（斯托顿、韦恩、索顿斯托尔、威廉·哈索恩还有贝林厄姆），他们虽然挑战温斯洛普，但是很可能不会想要完全消除等级制度。他们嘴里最常说的词——“专制”，从词义上来讲可以是无穷无尽的，在最有力的情况下，它指的是未经公众同意而任命官员，而这些官员的权力又不受“法律”约束；[3] 但在最宽泛的情况下，它可以指扩大了总督和行政官权力、削弱了代表和自由民

① *Recs. Mass.*, 2:90—96; Winthrop, *Journal*, p. 561.

② *Lawes and Liberties*, pp. 21, 24.

③ *Winthrop Papers*, 4:468.

权力的任何原则和实践。不论身份贵贱，发起运动反对否决权、常委会和司法自由裁量权的“人民”都希望能有明确的保障来防止权力的滥用。斯图亚特王朝统治的实例和长期议会限制国王特权的尝试肯定给了他们很深的影响，英国国教会的“暴政”也是一样，当牧师们建立以人民为中心的“公理会方式”的教会结构之时，一直抨击的就是教会的基政。从所有这些不同的来源产生了人民主权论，坚持主张行政官职位只具有“行政权力”的阐释，相应地，也产生了“所有权力，包括立法权、协商权和司法权都必须由人民产生的代表团体来实施”的主张，正因如此才产生了围绕否决权的种种骚动，因为它违背了以上两大原则。

这些年马萨诸塞的政治还体现了市镇和中央政府之间的拉锯战。[①]这种拉锯战在英国也存在，和英国政治一样，地区利益牵涉其中。索顿斯托尔和哈索恩住在波士顿以北的埃塞克斯县，他们害怕温斯洛普介入法国殖民地政治（这是使常设法院情况恶化的另一个情况），是因为当地人害怕受到法国人攻击。还有其他一些地方情况（多切斯特的发生在1630年代早期，纽敦的发生在1634年到1635年，欣厄姆镇的发生在1640年代）都产生了各自的影响。[②]

对于温斯洛普及其同盟者来说，最关键的挑战是创建并维持政府。 36
当然不是一个专制政府，因为温斯洛普和他的批评者一样，都认为不遵守一定规则的权力是没有合法性的。在他看来，三大规则就足够了：马萨诸塞特许状所说明的政府结构；一些“基本原则”（同意就是其中之一）；还有就是上帝的意愿。[③]他和他的批评者的分歧在于他想要把行

---

① Winthrop, *Journal*, p. 589. 这段话也说明温斯洛普的反对派也求助于“人民利益是最高法律”（*salus populi suprema lex*）这句话。达雷塔·B. 拉特曼很敏锐地指出权力向地方转移（为了免除“清教主义”）。Darrett B. Rutman, “The Mirror of Puritan Authority,” in *Law and Authority in Colonial America: Selected Essays,* ed. George A. Billias (Barre, Mass.: Barre Publishing Company, 1965), pp. 149—167.

② 地方主义的出现是罗伯特·E. 沃尔书中的主题。Robert E. Wall, *Massachusetts Bay: The Crucial Decade, 1640—1650* (New Haven: Yale University Press, 1972).

③ *Winthrop Papers,* 4:468—472.

政官职务和任何一种人民主权论分离开来，因此，在1644年他把“人民的自由”和属于总督和行政官的“政府权力”区别开来。非常巧合的是，约翰·科顿在1640年代用了完全一样的分类来保持牧师“职务”的独立性不受教会成员的“自由”的影响。温斯洛普通过指出错误的做法来强调这一论点，而这种错误的做法就是“所有人都是总督或行政官，而没人是被统治的对象”。①

温斯洛普思想的另一个方面勉强算是社会学方面的，那就是他对“人民”的蔑视。1629年，在说明他参与马萨诸塞殖民的原因时，温斯洛普或是其他什么人指出其他建立殖民地的尝试都失败了，是因为“他们使用了错误的工具，一群粗鲁、不服管教的人，完全是人渣”。他一到马萨诸塞，就坚持“普通阶层”的人决不能和“最睿智、最重要的行政官们”“相提并论”。私下在日记中，他多次表达了对他的对手们煽动“人民”反对他的政策的愤懑之情。1639年自由法案正在拟订之时，他可能和纳撒尼尔·沃德一样担心情况已经完全失控。沃德虽然起草了文件，却不愿意在各镇传播它，因为他担心，如他在一封写给温斯洛普的信中所说，“它会过度夸大常设法院的权力”，而“以这种方式来做决定”，沃德怀疑“是否是上帝的意愿让下等人来接手本应由行政官管理的事务”。②显然他觉得温斯洛普和他的想法是一样的。

但在一个主要方面，温斯洛普总督也欢迎在马萨诸塞海湾殖民地对
37 权力结构进行改革。当几个英国贵族告知温斯洛普他们想到新英格兰来的时候，温斯洛普通过一个中间人告诉他们，他们的贵族头衔并不能

① *Winthrop Papers*, 4:469; Ziff, *Cotton on the Churches of New England,* p. 130; 和他的牧师同事们一样，科顿也使用了“混合”政府这种说法。

② 引文的最后部分为拉丁语。——译注
Winthrop Papers, 2:114, 3:162; Winthrop, *Journal,* 280. 引文中的拉丁语可以被翻译为请求保护行政官的权力不受下等人的侵犯。温斯洛普倾向于保密的做法在霍尔的书中有进一步说明。David D. Hall, *Ways of Writing: The Practice and Politics of Text-Making in Seventeenth-Century New England* (Philadelphia: University of Pennsylvania Press, 2008), chap. 5.

使他们在马萨诸塞得到高级行政职务。他委托科顿去传达这个消息，科顿也不负使命，他告知萨伊和塞莱勋爵，就像杰思罗和摩西，在马萨诸塞“选择最高行政官的法则”约束殖民地人必须挑选那些“正直的”敬畏上帝的人。科顿避而不谈萨伊和塞莱勋爵的抱怨，他认为把自由民身份和教会成员身份捆绑在一起，殖民地人实际上把“所有事务都置于教会的决定之下”。因此当萨伊和塞莱勋爵以及其他清教徒要员们在加勒比海地区建立了普罗维登斯岛殖民地之后，他们走上了和马萨诸塞方向完全相反的路。温斯洛普在1640年的一则日记中是这样记录他们的意图的，他们“声明反对马萨诸塞的政府形式”，“他们赞同的是贵族统治，将世袭统治权授予一些了不起的人物”。很明显，这种事情不会发生在马萨诸塞使他感到很宽慰，他评论说普罗维登斯岛不能吸引那些“优秀人才”是因为那种人希望有一个政府结构能允许他们“按自己的心愿来选择总督”，这就说明温斯洛普是赞同基于民众同意、选举以及其他对行政权力的限制的政治体系的，他厌恶在英格兰所经历的过度的贵族特权。但是在一个倾向于过度修辞的政治文化中，他可能听上去比他实际上要保守。[①]

二

当马萨诸塞上演这些斗争之时，其他四个殖民地正在创建，或更准确地说，其中一个是在修正它们的政府形式。也许和马萨诸塞的争论明显不同的是，普利茅斯、康涅狄格和1647年组成罗得岛的那些城镇省掉了大部分温斯洛普和他的同僚们明确声明是他们的职位的权力。因为 38
是全新的开始，没有特许状作为基准点，在普利茅斯也没有绅士阶层指望成为领袖，这几个殖民地的人们把政治权利赋予自由民，而官员的权力全凭民众授权。对于一些罗得岛的殖民地人来说，他们的体制的关键

① Bush, ed., *Correspondence of John Cotton,* p. 245; Winthrop, *Journal,* p. 324.

词就是“民主”，而这对于温斯洛普和很多同时代的英格兰人来说还是令人惊恐的范畴。

1638年韦琴斯菲尔德、哈特福德和温莎三个镇的代表同意设定一套基本法令的时候，这个词还没有在康涅狄格使用。① 但是批准了这个法令的人们和罗得岛人在其他方面的想法是一样的，这两个团体都是从马萨诸塞分离出来的移民，团体中都包括了反对温斯洛普统治思想的人，特别是在1630年脱离了马萨诸塞海湾公司创建了多切斯特的那个团体。当多切斯特的伊斯雷尔·斯托顿因为反对否决权被常设法院申斥并判3年不得担任公职时，“很多”镇民向法庭上诉要求撤销处罚。到1636年，大部分多切斯特的家庭都动身前往康涅狄格河谷，定居在他们称为温莎的一个地方。② 那些抛弃了纽敦（坎布里奇）后建立了哈特福德的人们也是和温斯洛普有过节的人，1634年，温斯洛普从总督职位上落选，他的继任者约翰·海恩斯就是一个纽敦人。托马斯·胡克在新世界的牧师任职开始于纽敦，后来又在哈特福德，他将继续在同意、权威以及政府职务的意义上和温斯洛普针锋相对。

在早期，根据马萨诸塞政府的安排，到达康涅狄格的人们采用的是权宜之计，把部分责任委托给从三个镇选出来的8个人。③ 佩科特战争（1637年5—6月）一结束，战争开销就被分摊到各个镇，人们开始认真
39 着手建立政府，基本法令的核心前提关注的是权力的范围和归属。法令一开始就规定权力总体属于常设法院，而不是把行政官从代表和自由民中区分开来，规定一年召集两次法庭会议，第一次的目的是选举官员，第二次制定法律。他们警惕地注视着英格兰的情形，自从1629年以来，英国就没有召开过议会，因此法令准许自由民召集会议开庭（如果总督和

① 究竟是谁草拟了基本法令一直未有定论，我把草拟日期定在1638年，是因为法令的正式文件于1639年1月正式通过。

② Winthrop, *Journal,* pp. 145—146.

③ Charles M. Andrews, *The Colonial Period of American History,* 4 vols. (New Haven: Yale University Press, 1934—1938), 2:94.

"大部分行政官"都拒绝这样做的话),并明确规定任何此类的集会(就算总督缺席)也"可以执行任何其他常设法院可能执行的权力";并且,只有大会本身可以决定什么时候休会或是召集一次新的选举。马萨诸塞有关职务轮换和责任制的争论也在法令中留下了印记,法令规定担任总督一职的人一次任期一年并不得竞选连任。同样旨在削弱行政官职位权力的决心导致了法令中的其他规定,将总督权力限制在行政和司法职能之内,由代表(每镇选举 4 人)、行政官和总督组成的单一团体通过多数投票来决定其他事务,其他规定说明了提名行政官的程序(间接提名),但是最终总督和行政官都是"由全体人民投票"选举产生。①

起草和批准基本法令的人们的思想已不可考,因为他们当中没人写下任何相关的原则或是期望的文章。有一点是确定的,那就是他们想要保护各个镇的权利不受中央政府的危害,这项政策可以说明为什么在马萨诸塞各镇只有三个代表的时候,他们向各镇分派四个代表,而马萨诸塞的代表数几年之后又减少到两个。要更充分地了解康涅狄格的治国之道和政治思想,我们必须依赖胡克在 1638 年发表的两篇关于公民政府的文章。一篇是 1638 年春天他所做的"选举布道",还有一篇是他 12 月回给温斯洛普的一封长信,温斯洛普的原信现已佚失。在他们思想交流的早期阶段,温斯洛普似乎曾经声称政府应该总是掌握在少数人手中,而不是多数人手中。在 12 月的回信中,胡克"完全赞同""人们 40
应该选择一部分人出来,并向顾问们征询意见"的观点,他写道:"只有一个问题,那就是法官应该依据什么来裁决?这些顾问又必须是些什么人?"注意到温斯洛普对司法自由裁量权的强调(胡克在和纽敦人离开马萨诸塞的时候已经开始质疑这一特权),胡克坚持认为行政官拥有这种自由裁量权是不对的,"我必须承认我从来都认为这是直接导向暴政的道路"。至于什么人应该参与国家事务,胡克的态度非常坚决:"对于那些有重大影响的事务,那些关涉到公共利益的事情,应该由一个全民

① *Recs. Conn.*, pp. 20—25.

选举产生的大顾问团来处理，我认为……这种方式是最合适，也最安全的。”温斯洛普更喜欢由少数人组成强有力的领导阶层，与之相反，胡克引用了英国政坛常用的一句格言结束了他的回信：“在多数人的商榷之中才有安全。”①

选举布道的主题是主权，以及人类的自由和通过《圣经》君临万有的权力折射出来的人类权力，这些都很适合用牧师的话语方式来谈论。胡克的开场“教义”看似平淡无奇：“人民有权选择政府行政官员，这是上帝亲自允许的。”但是其推论却毫不含糊，并且紧密结合了基本法令的精神：“那些有权任命官员和行政官的人，也有权对其职务的权力范围和界限进行设定，并在任命官员时限制他们的权力。”紧随其后的是对主权的主张（“权力的基础……在于人民的自由同意”），最后是一句“讲道词”（布道词在结构上的惯例），“说服我们，因上帝已赐我们自由，来接受”。②

有关这句自由和人民的说法不应该被过度地解读。③ 对于胡克来说，同意之所以是合法的以及必需的，是因为它是与服从上帝意志的意愿以及把“整体”利益置于个人利益之上结合在一起的。这也是他在1640年代中期在一篇论教会管理的文章中为“salus populi suprema lex”
41 （人民利益是最高法律）这句格言做出的解读。他之所以在1638年如此强调“同意”，不仅是因为马萨诸塞和英格兰的争论使然，对他来说还特别是因为那些跟随他移民到康涅狄格的人正好是温斯洛普所谓“普通人”或“人渣”的反面。在好几年后一篇有关教会管理的文章中，他最关心的问题（和温斯洛普非常相似）是把牧师“职务”的权力和普通信众

① *Winthrop Papers,* 4:81—82; 具体月份是推断出来的。马洛伊指出分离主义牧师约翰·罗宾逊也曾说过相同的话。Maloy, *Colonial American Origins,* p. 100.

② *Collections of the Connecticut Historical Society* 1 (1860): 20.

③ 在弗农·L. 帕林顿和佩里·米勒的书中对托马斯·胡克的解读颇有不同，帕林顿把胡克看作是美国民主制度的创始人，最近，马洛伊把胡克解读为迈向民主制度的重要一步，因为他促进了统治者的责任制。Vernon L. Parrington, *Main Currents in American Thought,* vol. 1, *The Colonial Mind* (New York: Harcourt, 1927), pp. 53—62; Perry Miller, “Thomas Hooker and the Democracy of Connecticut,” *New England Quarterly* 4 (1931): 663—712; Maloy, *Colonial American Origins,* pp. 148—160.

的决定权分离开来。教会成员委托给牧师们的权力并不是他们固有的，而是通过另一个委托行为来实现的，在这件事情上，是通过基督来实现的。[①] 除了这些限定性条件，他在1638年以及几年以后在《关于教会纪律大全的调查》（伦敦，1648）开始的几页中所说的有关圣徒以及他们特权的话，都暗示权力是从人民向上流向那些作为他们统治者的人。他并未参与写作基本法令，但是法令中为专制统治设置的障碍和他在1638年所写的布道和信件是一致的。

在康涅狄格各镇组建起殖民地政府前两年，新普利茅斯的自由民就修订并阐明了他们政治体制的结构和规章。没有授权书，也没有特许状做指导，住在普利茅斯的殖民地人在1620年代和1630年代早期似乎用一种最简单的结构勉强凑合着：一个民选的总督（哪些人参与了选举目前尚不清楚）和几个"助理"组成一个委员会，也可能是由一个更广泛"自由民"成员组成的常设法院，但是没有代表。1630年代中期爆发的建镇潮流给这些安排增加了压力，在附近的马萨诸塞和遥远的英格兰发生的一切也给他们压力。因此在1636年10月，发起重建政府的人们首先决定所有自由民都可以参加一年两次的常设法院会议，并着手开始建设一个由各镇组成的"委员会"系统，这个过程到1638年全部完成。虽然在普利茅斯没有像胡克这样的人来阐明其核心原则，但是普利茅斯殖民地的人们和他一样强烈地认为权力必须以公众同意的规则加以制约。1636年12月第一次"全体会议"的第一项举措就是以回顾《大宪章》的
方式阐明了这一立场，用他们的话说，即"在当前或将来，根据英格兰王 42
国的自由权利，未经同意，不得制定任何强制法律或法令，亦不得加诸我们或他人"。[②] 与马萨诸塞和康涅狄格一样，当即实施了一项规定，确定每年举行选举，虽然没有排除总督可以连任（威廉·布雷德福在1621至

① Thomas Hooker, *A Survey of the Summe of Church-Discipline* (London, 1648), pt. 1, pp. 188—203. 因为他很明确地把世俗政府和教会事务完全分开（基督是后者全部权威的根源），因此我们不应仓促地把他变成世俗民主制度的理论家。

② *Laws 1623 1686,* vol. 11 of *Recs. Plymouth,* pp. 6, 7, 3.

1657 年间几乎每年出任该职)，但他只是在一个单议院制的常设法院会议上拥有“双重投票权”而已，除此之外，他的责任主要是行政管理。与此同时，所有的自由民每年集会一次作为立法机构，另一次集会是为了选举。两年以后，普利茅斯殖民地的自由民同意放弃每年出席法院，转而依靠各镇选出的代表，但是他们保留了在法院集会选举的时候废除任何立法的特权。①

1639 年普利茅斯常设法院做出的一项决定也许可以解释为什么自由民们对一个强大的政府如此警觉。在那一年 6 月的法院会议上，就殖民地土地分配的问题爆发了激烈的争论，因为一些人认为有一小撮殖民地人享有过分的特权，这些被称为“承包商”的人在 1627 年同意付清所有殖民地投资者的款项，作为回报，他们要求土地补助和控制皮货贸易。现在随着更多的城镇正在兴建，自由民们想要完全控制土地分配权，在一项明显的妥协方案中，法院筹集了一笔资金付给这些“承包商”，并同意他们这些“购买者或先到者”可以为自己选择一大块土地。一旦这些步骤完成之后，“之前没有被分配给特定种植园或个人的其余土地”就将成为“全体自由民的”公共财产，“由全体自由民或由全体自由民指定并授权的专人处置”。在应该由什么人来控制殖民地最主要的经济资源这个决定性问题上，自由民决定把这个权力信托给政府中最大的群体。②

罗杰·威廉斯从长期议会弄到一份特许状之后，沿纳拉甘西特海湾建起的四个殖民定居点和 1630 年代在纽波特岛建起的一个定居点于 1647 年合并为一个殖民地。③ 他们自称为“罗得岛和普罗维登斯种
43 植园”，组成这个殖民地的各个部分可以自由地做他们高兴做的事情：他们不需要偿还投资者大笔资金，在特许状中也没有什么束缚他们选择他

① *Laws 1623—1686*, pp. 7, 31, 34—35; John D. Cushing, ed., *The Laws of the Pilgrims* (Wilmington, Del.: Michael Glazier, 1977), p. 21.

② William Brigham, *The Compact with the Charter of the Colony of New Plymouth* (Boston, 1836), p. 61.

③ 第五个殖民聚集地沃威克没有参加这次会议。

们喜爱的政府方式，也没有需要坚持的宗教正统。另外一个情况也很重要——殖民地政府的建立要晚于市镇政府的建立，这和康涅狄格以及纽黑文的情况是一样的。住在这四个城镇的人们很自然地产生了一些态度和决定，一开始他们定居在马萨诸塞，但他们中的部分人在唯信仰论事件之后被迫离开了。他们对在马萨诸塞殖民地发生的一切记忆深刻，下定决心（如罗杰·威廉斯在1636年的一封信中所说）要避免“行政官的嘴脸”，也就是说，任何使得政府职务不受自由民直接控制的事情以及宗教方面的强制手段。①

因此，他们新政府框架的第一和首要的任务就是确立多数决定的原则及其推论，那就是自由民只是把他们的部分权力委托给一些在新政府任职的人，这一原则已经由纽波特岛的两个镇，朴次茅斯和纽波特组成的常设法院于1641年正式确认。出席会议的十多人把“民主”一词用作褒义，虽然用于有限的含义，他们“全体一致”声明：“该政治团体在本岛所建立之政府……是民主政府，或民众政府，也即全体自由民或他们中的大部分有权制定或建立公正的法律。”早些时候，建立普罗维登斯的人们也表明他们希望实行多数决定和公众同意原则，他们会保留官员，也会授权政府管理社会和经济生活的某些方面，但是一定要在严格明确的范围之内。②

1647年各地代表集会以确立殖民地范围的政治结构，他们把这些期望带到了会场，这说明了为什么会议决定授权各镇派10名代表至中央政府的每次会议，这样就可以确保胡克在康涅狄格所期望的“多数顾

① Glenn W. LaFantasie, ed., *The Correspondence of Roger Williams,* 2 vols. (Hanover, N.H.: University Press of New England, 1988), 1:53.

② Howard M. Chapin, *Documentary History of Rhode Island,* vol. 2, *Being the History of the Towns of Portsmouth and Newport to 1647* (Providence: Preston and Rounds, 1919), p. 108; William R. Staples, *Annals of the Town of Providence* (Providence, 1843), p. 39. 纽波特岛政治管理神权统治的方面将在第三章讨论。此处的介绍过于简略，不能说明这两个城镇的复杂情况，详见 Sydney V. James, *The Colonial Metamorphoses in Rhode Island: A Study of Institutions in Change* (Hanover, N.H.: University Press of New England, 2000), chap. 1。

问”。以类似的方式，政府的框架详细说明那些影响到每个人的法律必
44 须来自基层；在殖民地同盟政府被批准成立之前，法律草案必须在四个镇传看，然后才能形成成文法。在政府内部，“总统”不能擅自宣布延期或解散集会，每个人都是单议院制团体的成员。此外，根据一项最早的法律准则规定，任何一个“依法”出任公职的人都不得专横地“比有权任命他的人授权他所做的多或少”。①

在防止权力集中于少数人之手方面，1647 年的代表们远远走在康涅狄格和普利茅斯的前面，他们使用了 1641 年纽波特岛人使用的同一个词来描述他们的新政府，可谓与众不同。他们的政府，也是一个民主政府，或按他们自己的说法，在他们殖民地，“合适的政府形式是民主政府，也就是说，由所有人或自由居民中的大部分人自由并自愿地同意组成的政府”。它的第一份成文法不是很有创意，因为它重申了许多《权利请愿书》的内容：根据“已知的法律”寻求正义；除非根据“全民合法的判决”或根据全民大会制定的法律，否则禁止政府对“土地或公民权利”提出任何要求。但是总的来说，1647 年大会的主张和实践都代表了与温斯洛普及其同盟为马萨诸塞所寻求的未来完全相反的另一极端。②

罗杰·威廉斯对主权的理解十分透彻，与众不同。他在《迫害的血腥信条》（伦敦，1644）中声明：“如前所论，我推断，从根本上说主权以及政治统治权的基础都在于人民。（他们必须和设立的政府区别开来，也就是说人民主权和政府权力必须区别开来。）如果是这样，那么人民完全可以建立和建设任何他们认为合适的政府形式。”他继续论证说：“因此很明显，如此建立和建设起来的政府不应该拥有比人民同意授权给他们的更多的权力，或拥有比同意授权的更长的时间。”通过这一论证，同

① John D. Cushing, ed., *The Earliest Acts and Laws of the Colony of Rhode Island and Providence Plantations, 1647—1719* (Wilmington, Del.: Michael Glazier, 1977), p. 12.

② 同上。G. B. Warden, “The Rhode Island Civil Code of 1647,” in *Saints and Revolutionaries: Essays on Early American History,* ed. David Hall et al. (New York: W. W. Norton, 1984), p. 146.

意获得了更多的重要性，比之温斯洛普或胡克的理解都更多。威廉斯在
《血腥的信条更加血腥》（伦敦，1652）中重申了同意的重要性，他以一种 45
警句式的文体论证道："人民是所有自由权力和政府的源头。"①

创作这些书籍的初期，威廉斯住在伦敦（1643—1644），他也可能借用了君主制批评者的话语。是否可能他读过或是吸收了亨利·帕克的观点？帕克在《对国王陛下最近的答复及陈述之观察评论》（1642）中断言："权力从根本上讲是人民固有的"，"统治者"所有的，"只不过是次一级的，衍生出来的权力……权力的源头和直接原因是人民"。帕克在代表议会中的激进派匿名发表此言论之时，该论点十分大胆，但是到了1644年，国王和议会的战争使得类似的东西成为实际需要，如果议会想要征税以及实施外交政策的话，他们就需要这样的理论支持。无论威廉斯的思想受了什么影响，无论这种思想是在何处形成（在1640年代，他已经下定决心要保护良知的自由不受国家权力的侵害），他的声音也许是罗得岛许多相同声音中的一个，因为人们决定要使用"民主"一词并特别强调政治权力的基础来源。②

纽黑文殖民地政府的建立比纽黑文1638年建镇要晚几年。最初，它是塞布鲁克以西唯一的定居点，就在康涅狄格河口。但是在1643年，其他团体沿着海岸线定居下来，镇里的政治领袖把附近的五个社区联合成一个殖民地，组织了一个由总督、行政官和代表（一个镇两个）组成的常设法院。在政治上，纽黑文在四个方面与众不同：虽然他们试着从英国议会获取特许状，但他们从未得到；它的法庭不用正规的陪审团；对总督职务不要求轮换；自由民身份仅限于教会成员。最后一条在1650年代变得有争议，③之后不久，1665年，纽黑文殖民地不得不放弃了独立而

① *CW Williams,* 3:249—250, 4:28—29; see also 3:214. 在该书中他坚持说："所有世俗权力都是建立在人民的同意之上的，从根本上讲，每一个共同体都有能真正分辨对上帝的敬畏之心的能力，他们把这种能力传递给他们的行政官员和其他公务人员。"

② [Henry Parker], *Observations upon Some of His Majesties Late Answers and Expresses* (London, 1642), pp. 1, 2.

③ *Recs. New Haven,* 2:24, 52 57.

追随康涅狄格的领导以获取国王的特许状，特许状涵盖了其全部领土。
46 在早期新英格兰建立政府的历史中，纽黑文的真正价值在于其市镇和殖民地企图实施圣徒之治，这个故事将在第三章讲述。

三

到 1640 年代中期，政府建设或多或少已经完成，殖民地人认为哪些原则和实践是理所当然的呢？哪些行政方式已经成为习惯了呢？如果列出名单，可能包括以下各条：

· 某些“自由权利”是“基本权利”，任何时候都受成文法或全体共识的保护；

· 其中一条基本权利重申了《权利请愿书》中的一点，那就是政府不能未经某人或其代表的同意就没收其财产。特别针对殖民地人情况的是一条相关原则，即殖民地土地分配必须得到广泛同意；①

· 另一条“人民或共同财富的基本法律”是人民“有权直接选举他们自己的总督”，这条规定 1634 年后在马萨诸塞开始实行，其他殖民地一开始就实行。从这条“不变的权利”派生出自由民可以在每年的选举日“撤换……殖民地的所有普通官员”；②

· 每年选举代表、行政官和总督，或者像在 1630 年代有时候发生的那样，每半年选举一次；

· 每年召开两次或以上全体大会或常设法院会议；

·在康涅狄格，基本法令授权自由民或代表可以自行召集会议，1641 年马萨诸塞的一项法律规定常设法院自己控制休会期；

---

① 土地分配的办法并不总是能够符合这一原则，详见第二章。

② 引用马萨诸塞授权新英格兰联合殖民地的话，见：*Acts of the Commissioners of the United Colonies of New England*, vols. 9—10 of *Recs. Plymouth*, 10:76。

· 立法权和详细说明各官员职责以及各职务“权限”的权力属于常设法院； 47

· 总督职位的轮换在马萨诸塞受鼓励，在康涅狄格是强制性的，在纽黑文和普利茅斯的大部分地方并不要求；

· 除了在马萨诸塞行政官们有“否决权”，1644 年以后，代表们也有否决权之外，其他各殖民地全都实行多数决定原则。1645 年，康涅狄格全民大会也接受了行政官的否决权，纽黑文殖民地不实行多数决定原则。[①] 多数决定原则暗含了人民主权论，而否决权则把主权分置在官员（当局）和人民代表之间。

这些政策和实践都和清教徒要人们在加勒比海普罗维登斯岛上的做法截然相反。在普罗维登斯岛，殖民地的组织者放弃了全民大会，也没有常设法院，他们任命一个人为总督，并兼任“总司令”，使他成为“行政、司法和军事首脑”，并赋予他“绝对否决权”，可以否决由其他几个人组成的理事会，而这几个人也不是选举产生的。[②] 虽然这种对比十分显著，但也许我们最好还是把殖民地人的成就和 1640 年前英国政府的做法以及长期议会的成就相比较。到 1630 年代末，殖民地人已经消除了君主统治的方方面面及其附属物：没有国王，这意味着没有远程的控制权，没有对议会通过的任何决议都适用的否决权，也没有兴之所至就召集或解散议会的权力；政治生活中没有贵族的特权地位；没有类似英国议会中的主教席位。再来看长期议会的情况，其激进派在约翰 · 皮姆的领导下说服这个分裂而常常很顽固的团体宣称保有《三年法案》，要求国王（或其他人）在当前的议会解散后的三年之内召集新议会，并通过另一法案禁止长期议会未经议会大部分成员同意进行休会或解散。某些法

① *Recs. Conn.*, p. 119; *New-Havens Settling in New-England, and some Laws for Government* (London, 1656), reprinted in *Recs. New Haven,* 2:570.

② Karen Ordahl Kupperman, *Providence Island, 1630—1641: The Other Puritan Colony* (New York: Cambridge University Press, 1993), pp. 51—52.

庭被废除，主教们被排除出上议院，某些费和税被宣布为非法征收——总之，就一个本应联合起来致力于改革的议会再加上一个打算对其统治方式接受一些改变的国王而言，“7、8 个月的努力换来了微薄的成效”。[1]
48 只是在和国王的关系恶化以后，才采取了一些更大胆的措施。1642 年 6 月呈递给国王的 19 条主张赋予议会批准任免枢密院官员的权力，并把国王的权力限制于议会“大多数的建议和同意”之下。但是查理一条都不接受。[2]

1642 年底，内战在即，议会宣称有权征税和召集军队，它召集了一次神职人员大会，其大部分成员是长老会派的同情者，来决定英国国教会的未来。但是长期议会从来没有对主权做出清晰一致的阐释，[3] 作为它的代言人，帕克和其他人支持议会主权论，该理论的前提是否认国王的否决权；而其他人则赞成一种“混合”结构，在此结构中“议会中的国王”是权力的所在。含糊不清和自相矛盾持续不断，尤其是围绕着代表概念和“人民”的含义，[4] 长期议会从未怀疑过君主握有相当的统治权，贵族拥有很多特权，以及在各关键方面都和国家事务紧密结合的全面性的教会应该存留。正如帕克在他的《观察批评》中所指出的，理想的政府应该包括国王和议会共同合作，而人民则应通过他们在下议院的代表来发言，任何实质上削弱贵族，把权力授予人民的做法都不是他们的选

① Kenyon, *Stuart Constitution,* p. 180. 这段对 1640 至 1642 年政治的概论过于简略，省略了议会中的派系分裂，这困扰着一切彻底改革的尝试。正如约翰·莫里尔所指出，一个因为害怕“教皇统治”以及厌恶查理的某些政策而联合起来的同盟根本不足以完成任何重大改革，的确如此，甚至对于皮姆和他的盟友们而言，是否能称得上“激进”都还是个问题。(Morrill, *The Revolt of the Provinces: Conservatives and Radicals in the English Civil War, 1630—1650* [London: Longman, 1980], p. 47.) 皮姆为了在下议院构成并维持一个多数团体的努力详见 J. H. Hexter, *The Reign of King Pym* (Cambridge, Mass.: Harvard University Press, 1941)。

② Kenyon, *Stuart Constitution,* p.184.

③ 或者，最好是对主权的定义达成一致，相互抵牾的理论详见 Corinne Comstock Weston and Janelle R. Greenberg, *Subjects and Sovereignty: The Grand Controversy over Legal Sovereignty in Stuart England* (Cambridge: Cambridge University Press, 1981)。

④ See esp. Edmund S. Morgan, *Inventing the People: The Rise of Popular Sovereignty in England and America* (New York: W. W. Norton, 1988), chap. 3.

择。虽然相互疏远了，但议会和国王都觉得要他们放弃约翰·皮姆在1640年危机隐约可见之时所说的前提还是很困难的，那就是国王拥有“极大的特权”，国王“不会犯错”。[①]

长期议会所实行的改革虽然在1640年代的英格兰颇为重要（虽然在1660年查理二世重新登上他父亲被拉下台的王位后就被弃置了），但和殖民地人的成就相比还是远远不如。虽然从未得到充分承认，但他们的计划十分引人注目，几乎和英国革命激进主义的最高标准一样强健，其中包括平等派的要求，军队在其给出的“建议要点”（1647年7—8月）中阐明之意，“人民公约”（1647年10月）及其相关文件。平等派对长 49
期议会的成员在当选七年之后还在位非常不满，同时对议会无意进行更广泛的改革很失望，对社会地位和政治权力之间的关系也持批评态度，平等派主张每年重新选举议会（虽然他们在随后的声明中妥协为两年选举一次），重新分配下议院席位以消除目前“非常不平等”的体系，主张人民主权论，以下议院作为其机构或部门，并通过承认下议院有权监督国王和议会的权力充实了该观点，因为后二者都有可能演变为暴政。正如在一份受平等派思想影响的政治小册子《军队问题》中所阐释的：“所有权力最初和本质上都属于这个国家的人民全体，并且……所有合法政府的唯一来源或基础是他们的自由选择或他们的代表的同意。”但是君主制将会存留，改进后的上议院或枢密院也会继续存在，但是就算情况会时时改变，下议院总会是实际上的单议院制的立法机构。在殖民地找不到对应物的是有关社会和经济的不公正的抱怨以及对良知自由的断言，平等派想要取消有权控制信仰及宗教实践的国家教会。在扩展公民权（自由民身份）方面，殖民地人也没有如此大的决心，虽然平等派更大胆的提议（把选举权扩展到几乎所有的成年男性），在他们和军队谈判的时候大打折扣；另一方面，平等派对英国法律体系的控诉基本上和殖民

① [Parker], *Observations,* p. 23, Kenyon, *Stuart Constitution,* p. 184.

地人将要进行的改革一致（见第四章）。[1]

结果，平等派的规划从未被采用——长期议会没有采用，实际上长期议会拒绝任何将其解散的建议，奥利弗·克伦威尔做政府首脑时的联邦和摄政政权也没有采用平等派的规划，虽然克伦威尔实施了良知自由。因此，从政治上看，殖民地人的成就是反对专制统治、君主权威、垄断以及其他形式特权的最充分的体现；并且，从建立国家的角度来看，又
50 是“基本权利”最充分的实现，把权力授予立法代表，并实现了同意的原则。他们之所以能实现该规划，很大程度要归功于环境：他们对斯图亚特统治的反应以及没有教会、国王或贵族能够阻碍他们对公民政府的期望这一事实。在新英格兰，詹姆士一世的名言“没有主教就没有国王”变成了“没有国王就没有强大的中央政府”——当然，也就没有中央集权的教会政府。同样，在三个殖民地都是先建镇然后才在殖民地范围建立政府，这一点也很有影响。除了这些转变和政治实践，公民参与的可能性，镇政府的建立（将在第二章论及），坚持同意的原则致使所有关于税收、土地、战争以及其他关键事务的立法都需要通过常设法院的代表投票决定，官员责任制，时常有类似于人民主权论的表述——以上所述使得任何把殖民地政府的特征描述为寡头政治或独裁主义的做法都显得与殖民地人的追求和成就令人惊讶地不一致。

就在当时，已经有不少观察殖民地事务的人感觉到发生了多大的变化。1645 年 8 月，一位殖民地人在回英格兰的路上致信温斯洛普，问他是否和马萨诸塞其他人一样希望“和平与繁荣”，并说团结与和平在一个

---

① William Haller and Godfrey Davies, eds., *The Leveler Tracts, 1647—1653* (New York: Columbia University Press, 1944), pp. 60, 78; A. S. P. Woodhouse, *Puritanism and Liberty* (Chicago: University of Chicago Press, 1951), p. 66; Glenn Burgess, *British Political Thought, 1550—1660* (New York: Palgrave Macmillan, 2009), pp. 248—252. See also Ian Gentles, "The *Agreements of the People* and Their Political Contexts, 1647—1649," in *The Putney Debates of 1647: The Army, the Levelers and the English State,* ed. Michael Mendle (Cambridge: Cambridge University Press, 2001), pp. 148—174; David Wotton, "Leveler Democracy and the Puritan Revolution," in *The Cambridge History of Political Thought, 1450—1700,* ed. J. H. Burns (Cambridge: Cambridge University Press, 1991), pp. 412—442.

“政府如此大众化的地方”是“很难”实现的。他所说的“大众化”可能
是指频繁的选举,信中指出,选举如此频繁,以至于领导们如此“战战兢
兢”,都没法“管理国家的事务了”。就在两个月前,另一个人来信表达了
他对温斯洛普的同情,当时欣厄姆镇的人想要弹劾温斯洛普的事尚未平
息,信中说:“每时每处的经验都证明人民很容易分崩离析,不可能有稳
定,尤其是在普通百姓之中。”[①] 在这些看法上还可以加上英国长老会派
以及温和的公理会派的种种抱怨,他们认为殖民地人转向了“大众的”
或“民主的”教会管理这种混乱状态。温斯洛普在心烦意乱之时也有这 51
些忧虑,但是考虑到当时普遍的修辞过度的情况,所有这些都不应该根
据表面来判断。尽管如此,他们还是传达了有关这个政府管理方式的一
些信息,说明在这个社会中有人敢于信奉“民主”,而这个词甚至连平等
派也选择避免使用。 52

① *Winthrop Papers*, 5:44, 37.

第二章 土地、税收与公众参与
创建市镇政府

随着殖民地政府的建成，殖民地人忙于为他们生活的城镇发明规则和结构，这也是引起强烈情感的政治活动，因为每个镇的工作都是要决定如何分配土地。随着这一过程的开展，人们都在密切注意、担忧，因为每个家庭的福利都取决于能否获得足够的土地，人们担忧是因为这个过程可能破坏也可能加强社会和平。一旦各镇开始分配土地，划出土地之间的界线，要求各个家庭把花园和耕地用栅栏围起来，很快就会有很多矛盾冲突：界线总是不够精确，栅栏老是没修完，人们总是想要更多土地或是想要不同的地块。镇民们想要避免争论，他们指派栅栏巡视员，规定把猪圈起来，安排镇上的书记员登记土地的分配和出售情况。好篱笆才有好邻居，准确的登记同样重要。康涅狄格吉尔福德镇的人就意识到登记的重要性，他们要求镇书记员仔细地记录土地的销售和交换过程以“促进和平”。马萨诸塞戴德姆镇的镇民们尝试了另外的方法，他们订立了一个协议，在土地分配时“不管怎样都要完全满意，不能有抱怨和争论”。固然存在某些和平，但是诉讼也随之四起。[①]

---

① Bernard C. Steiner, *A History of the Plantation of Menunkatuck and...of Guilford, Connecticut* (Baltimore, 1897), p. 168; Don Gleason Hill, ed., *The Early Records of the Town of Dedham,*

土地的重要性是很多人刚到新英格兰就离开波士顿附近地区的
原因，从多切斯特和纽敦（坎布里奇）等地迁往康涅狄格河谷（1635—
1636），从塞勒姆迁往普罗维登斯（1635—1636），从林恩（当地的土壤异 53
常贫瘠）迁往普利茅斯殖民地（1637）和南安普敦、长岛（1640），从沃特
敦到萨德伯里（1638），还有如威廉·布雷德福在《普利茅斯种植园》中
所哀叹的，从走向衰退的普利茅斯迁往附近的达克斯伯里、斯基尤特、桑
威奇、汤顿和雅茅斯。土地在市镇政府的建设中居于中心地位，因此除
了极少数例外，市镇政府都是委托全民大会来做有关土地分配的关键决
定。市镇政治的另一方面是税收：谁来决定每个家庭的财产应该如何评
估（“认定”）并确定各镇的全年经费？ 1632 年沃特敦抗议约翰·温斯
洛普和几个助理制定的一项税收政策，这件事强有力地证明：人们想在
征税方式的决策上有发言权。

从土地分配和征税问题开始，各镇人民有很多机会发表意见，民众参与镇务管理，以及更高程度地参与当地教区的管理。因为殖民地人带来许多设想和实践支持民众参与到日常的政治活动中去，所以总体而言，殖民地的公民社会民众参与程度很高：他们希望了解新闻资讯，有信心与当地领导交换意见，能读会写，习惯通过分发手写文本来影响政治决策，抵制（通常是以忽视的方式）英国国教的种种规定，以及用请愿的方式对不满进行申诉。同意的原则使他们有权在教区集会和镇务会议

Massachusetts, 1636—1659 (Dedham, Mass., 1892), p. 54. 关于猪、栅栏、围栏视察员等方面长久不休的争执，参见 Sumner Chilton Powell, *Puritan Village: The Formation of a New England Town* (Middletown, Conn.: Wesleyan University Press, 1963), pp. 109—110。关于土地的诉讼，参见 David Thomas Konig, *Law and Society in Puritan Massachusetts: Essex County, 1629—1692* (Chapel Hill: University of North Carolina Press, 1989), pp. 40—63。在整个第二章中，我使用了一个语义含混的词“镇民们”（townspeople），因为如果准确地指明其性别的话，应该用的词是“镇上的男人们”（townsmen），而这个词是殖民地人用来指称那些每年被选举出来管理市镇公务的少数男人的。在以下几页，“镇民们”指的是镇上的成年男性，除非另有说明。

在中译本中，我用“镇民们”（townspeople）来指称镇上的成年男性，而用“镇民代表”（townsmcn）来指称被选举出来管理市镇事务的男人。——译注

上发言，殖民地人还以其他稍次于同意原则的规定来辅助这一原则。政府批准和鼓励，而民众也抓住机遇，公众参与以不可预知的方式成为新英格兰早期世俗和宗教生活不可或缺的部分。

殖民地人在英国的不同经历也产生了很深的影响，他们在英国老家的小镇和郡县学会了如何篡改上级的命令。在那里，很少有人想动身去
54 很远的地方打仗，而很多教区教堂也忽视国教会的规定，地方惯性和行政结构的松散意味着英国的小镇和郡县很少能完成议会、教会和王室期望他们做的事。地方民兵要么缺乏训练，要么缺少装备；某些犯罪的处罚被减轻；教会的教规是嘲笑的对象。殖民地人想在他们新世界的小镇里也拥有同样的行动自由，因此对于来自行政官和常设法院的命令他们也保持谨慎。

以下是对市镇政府的更完备的描述，本章以公众参与的可能方式的详细列表作为结束。

一

城镇商业的经济重要性使得人们对权力应该如何在社区内分配产生了极大兴趣。每个镇一开始都拥有一份不同寻常的资产，那就是它有权支配的土地资源，可以把它分配给镇民，也可以留作目前使用的“公地”或留作将来之用。[①] 一个家庭需要几种不同的土地（放牧所需的牧

① 以下有关土地分配的内容没有包括马萨诸塞海湾公司或殖民地政府分配给公司持股人或其他要人的土地。约翰·弗雷德里克·马丁关于市镇建设以及土地分配的研究在一个主要方面与我在本章的观点不同，他所展示的是一些具有商业头脑的投资人投资兴建的一些市镇，这种解读更适用于1640年以后建成的市镇，而不是1630年代建起来的市镇，他更强调的是在土地公司（或市镇）中持股人的特权，他们中的领头人还可以得到将来进一步分配的土地，相应的，最初的持股人要比后来才定居在该市镇的人获益更多。马丁把“平等”一词解读为持股人拥有同等的权力，而不像我那样认真地看待（在我阅读市镇记录时发现的）促使这些社区保障更广泛居民群体（不论多么有限）福利的道德伦理。但是，我们都质疑某些市镇研究中对“社群主义”的强调，他在展示说明没有任何一个土地公司要求其持股人是教会成员时提出了一个重要观点，我在本章中引用的其他证据也证明了

场、住宅和花园、果园、草场、种植谷物的农田)，而所有这些不同种类的土地，每块地的质量都不一样。其他一些基本事务也给地方政治管理增加压力：一旦土地分到各家，镇民们就开始修建栅栏以防贪吃的猪和牲畜进入他们的花园和果园，他们还修建道路，把剩余的谷物和牲畜运到市场去交易。① 他们砍伐了大量树木用来取暖，实际上他们砍伐太多以至于到 1630 年代中期一些城镇就出现了木材短缺，更多的城镇将在 1640 年代出现这个问题，因此很快制定了保护当地供应的法律。② 同时，还要支付一位牧师的工资，要建造并维护一处教堂。殖民地政府也需要用钱，他们给每个镇一定配额征收财产税，在马萨诸塞，这些税金每年都不一样，如果可能与印第安人交战，或是英国政府的敌意促使常设法院召集民兵或是重建或派人驻守波士顿海港老是破破烂烂的要塞，则税金陡增。③ 55

因为是全新开始，而且传统的阶级分层被打乱，殖民地人设计了一种政府形式，其土地分配方式要满足大部分人。大家达成一致意见，要达到这一目的，最保险的办法就是把决定权交给尽量多数的镇民，同时要严格地控制地方官员。在萨德伯里镇，“每一件重大事务都在开放的市镇会议上讨论”，在“最初的 15 年间”一共有 132 起，另外“超过 650

该观点。详见 Martin, *Profits in the Wilderness: Entrepreneurship and the Founding of New England Towns* (Chapel Hill: University of North Carolina Press, 1991)。

① *Hartford Town Votes 1: 1635—1716, Collections of the Connecticut Historical Society* 6 (1897): 5, 9.

② Hill, ed., *Dedham Records,* p. 25; Henry M. Burt, *The First Century of the History of Springfield,* 2 vols. (Springfield, Mass., 1899), 1:162 (by 1636); Joseph B. Felt, *History of Ipswich, Essex, and Hamilton* (Cambridge, Mass., 1834), p. 57; Frances Manwaring Caulkins, *History of New London, Connecticut* (New London, 1895), p. 79; Robert J. Dunkle and Ann S. Lainhart, eds., *The Town Records of Roxbury, Massachusetts, 1647 to 1730* (Boston: New England Historic Genealogical Society, 1997), p. 4; George Wingate Chase, *The History of Haverhill, from Its First Settlement, in 1640, to…1860* (Haverhill, Mass., 1861), p. 56.

③ 1645 年与纳拉干塞特人交战的可能性使得新英格兰殖民地联盟召集动员了 300 名士兵，其中在马萨诸塞一次性招募了 40 人，这个命令把一些代表吓坏了。(William Bradford, *Of Plymouth Plantation, 1620—1647,* ed. Samuel Eliot Morison [New York: Alfred A. Knopf, 1952], pp. 330—334.)

项法令”在此期间被镇政府采用。有几个镇把土地分配的任务交给教区集会及其领导（1630 年代初的多切斯特，1640 年代初的吉尔福德），它们几乎肯定希望平圣徒（lay saints）和牧师们能做出正确的决定。[①] 更常见的决定方式是在普利茅斯、普罗维登斯、朴次茅斯和罗得岛：在普利茅斯，直到 1649 年，所有家庭都参与政府管理；在新建的普罗维登斯（1636），“每个家庭的户主们”“每两周”就开一次会，没有任何“官员”在场；晚至 1640 年代中期，朴次茅斯的镇民每月都开会。[②]

这种方法很快被一种把镇务分摊给公民大会和一个由“镇民代表”（townsmen）或“行政委员”（selectmen）组成的地方官员的小团体的体系所取代。每个镇必须决定要选几个代表，有的同意只选 4 个，有的选择 7 个或更多。1638 年，伊普斯威奇镇大会决定选 7 个，但是一年以后又增加到 9 个，很可能认为人数越多越安全。几乎没有例外，所有的镇民大会在把权力转交给行政委员的时候，都明确限制这些官员的权力并把土地分配权分离出来作为全社区的事务。哈特福德镇民大会自行做出非常明确的规定：行政委员们无权准许新人加入；收取费用或税收（只有集中放牧的花销除外）；改变道路的位置；或拨放政府赠地，除了“在现实需要的情况下最多赠予任何居民一两英亩土地”——即帮助那些处于困境的人。几年之后，同一个镇民大会提醒每个人政府赠地必须“得
56 到全体人民的同意，并告知所有人，否则任何此类赠地均为无效”。在马萨诸塞的斯普林菲尔德镇，镇民大会一直坚持“分配土地的权力属于全镇”而不是行政委员，每年选举新行政委员的时候，镇民们都要备案说明

① Powell, *Puritan Village,* p. 93; Frank Thistlethwaite, *Dorset Pilgrims: The Story of West Country Pilgrims Who Went to New England in the 17th Century* (London: Barrie & Jenkins, 1989), p. 84; Steiner, *History of Guilford,* p. 35.

② Samuel Greene Arnold, *History of the State of Rhode Island and Providence Plantations, 1636—1700* (Providence, 1894), pp. 125—130; Glenn W. LaFantasie, ed., *The Correspondence of Roger Williams,* 2 vols. (Hanover, N.H.: University Press of New England, 1988), 1:53; C. S. Brigham, ed., *The Early Records of the Town of Portsmouth* (Providence, 1901), p. 35.

这些官员“和之前的行政委员一样，受相同的制约”。马萨诸塞沃本镇的镇民在1640年代中期规定行政委员必须“至少每月一次开会”，对于“所有规定”都必须充分记录在案，并在年底向“公众”通报所有“费用和市镇资产的使用情况及土地分配情况”。朴次茅斯镇要求官员每季度都向镇民通报，镇民有权更改或撤销官员的决定，这一规定被一位19世纪研究早期罗得岛的历史学家认为表明“对授出的权力的戒备”。①

这些约束各镇官员的方法还伴有确保行政透明性和官员责任制的各种措施。镇民们对于把权力授予少数人始终很不安，他们又指定另外一组人和行政委员一起工作或是分别进行“定价”（评估）和分配土地，这些行为证明他们很不放心。比如在哈特福德，镇民们在1640年增加了超过10人来参与行政委员决定公地具体怎么分配②；在康涅狄格河岸下游，吉尔福德镇民大会结合了三种责任制，规定所有行政委员“每年选举产生”，要求他们“不得制定任何法律和规定……除了所有种植者都在场的情况下，所有当时居住在当地的人都应该被告知开会的有关事宜”，并特别考虑到“重大的反对意见”必须“得到充分的关注……并且……令人满意地解决”。斯普林菲尔德镇在1646年引入了一个类似的条款，规定行政委员们制定的“决议和决定”都“有效”，但条件是他们必须“在全镇人民面前公开发布，可以是在演讲之后，或是在任何民兵训练日，或在任何公开集会时”，并指定了一个7天的期限，在此期间都可以抗议和反对，7天之后没人反对，则该“缄默”表明“批准和确立”行政委员们的决议。③

与这些努力一起出现的是活跃的土地交易市场，它几乎是立刻就出
现了。土地市场的出现与人们频繁地迁入和迁出城镇有密切的关系，每 57

① *Hartford Town Votes,* pp. 2—3, 12, 58; Burt, *First Century of Springfield,* 1:235; Samuel Sewall, *The History of Woburn, Middlesex County, Mass.* (Boston, 1868), p. 25; Arnold, *History of Rhode Island,* p. 131. 类似的做法参见第五章坎布里奇的个案研究。

② *Town Records of Roxbury,* p. 1; Amos E. Jewett and Emily Jewett, *Rowley, Massachusetts, "Mr Ezechi Rogers Plantation," 1639—1850* (Rowley, 1946), p. 119; *Hartford Town Votes,* p. 14.

③ Steiner, *History of Guilford,* p. 36; Burt, *First Century of Springfield,* 1:187.

个人对此都很惊讶。[①] 土地市场和改变的速度密切相关，这使得很多殖民地人不安，因为他们把对社会安定的希望寄托在控制什么人能进入他们所居住的社区的政策上。人们希望有一个"同质性的精神和人群"，并且，从他们在英国的经验来看，如果一个镇上"优秀的人"只占少数的话，他们和"无礼之徒"之间就会爆发"暴力事件"，[②] 因此，当地人用各种办法阻止"无礼之徒"进入他们的社区。镇上的人也不欢迎上了年纪或生病的人，因为他们可能无法自己照顾自己，因此产生了广泛的决心要限制土地市场的运作。早在 1635 年，在伊普斯威奇，一些惯于"酗酒和盗窃的可疑分子"可能到来的消息立即引起了"在分配土地和允许人们入境时需格外小心"的决定，目的是要"更少撒旦的国度"，"更多"基督的领土。出于同样的担忧，新伦敦的镇民们在 1648 年投票决定"除非当事人能提供迁出地行政官或教会长老出具的证明或由邻近种植园或其他好基督徒证明他们曾去过哪里或他们的背景如何，不得允许人员进入"。[③] 新近合并进入马萨诸塞的兰开斯特镇也在 1653 年学习他们的做法，投票决定拒绝"任何被逐出教会的人，或是有其他劣迹或丑闻的人"

① 十来年间，城镇居民的变动几乎达到人口的一半，有关的量化研究详见 Gloria L. Main, *Peoples of a Spacious Land: Families and Cultures in Colonial New England* (Cambridge, Mass.: Harvard University Press, 2001), pp. 43—48; Linda Auwers Bissell, "From One Generation to Another: Mobility in Seventeenth-Century Windsor, Connecticut," *WMQ,* 3rd ser., 31 (1974): 79—110; W. R. Prest, "Stability and Change in Old and New England: Clayworth and Dedham," *Journal of Interdisciplinary History* 6 (1976): 359—374; T. H. Breen and Stephen Foster, "Moving to the New World: The Character of Early Massachusetts Immigration," *WMQ,* 3rd ser., 30 (1973): 189—222。现代的市镇研究得出的印象是持续而稳定的人口，普雷斯特通过对戴德姆镇的研究表明，这种印象是错误计算的结果。

② 托马斯·韦尔德写给他以前教区居民的信，1632, in Everett Emerson, ed., *Letters from New England: The Massachusetts Bay Colony, 1629—1638* (Amherst: University of Massachusetts Press, 1976), p. 97。对英国城镇和郡县的研究充分证明了"虔诚"的人和他们的反对派之间的紧张关系，详见 Patrick Collinson, "Cranbrook and the Fletchers: Popular and Unpopular Religion in the Kentish Weald," in Collinson, *Godly People: Essays on English Protestantism and Puritanism* (London: Hambledon, 1983), pp. 399—428。

③ *Winthrop Papers,* 3:216; Caulkins, *History of New London,* p. 57. 考尔金斯注意到这条规定的记录被画了一条线，他推测这条规定可能从未被实施。

在当地定居。[①]

另外一个限制土地交易结果的方法是规定什么人可以出售什么给什么人，几乎所有的市镇都引入了以此为目的的规章制度。1635年在波士顿召开的一次“全体大会”上，镇民们详细说明“不得把房屋或分配的土地出售给新来的人，除非得到各镇指定的土地分配人的同意和允许”，并且补充说，新来的人必须是“很可能被吸收为教区成员的人”。1641年底，布伦特里镇决定“居民不得出售或转让房屋或土地给任何非居
民……如果事先不把这块土地提供给负责镇里事务管理的人”，如果不 58
能遵守该条款，则由行政委员将其出售给“镇民们都赞同的人”。戴德姆镇在1636年已经引入了类似的规定，在哈特福德（1636）和韦琴斯菲尔德（1640年左右）最早的记录显示投票要求任何在四年之内离开该镇的人把土地交还给该镇，或将其出售给经该镇认可的人（哈特福德），或出售给其他的镇民（韦琴斯菲尔德）。斯普林菲尔德镇在1639年1月的镇民大会上清楚地说明了一整套复杂的选项，都是为了“种植园”在土地出售的问题上有发言权而设计的。[②]

此类规定虽然大家都深觉必要，但还是被土地市场的利润暗中破坏了。如果一个城镇想要吸引更多的居民，尤其是任何具有特殊技能或是拥有该镇特别需要的资金的人，[③]一个不受约束的市场是必要的，同时它也是解决债务问题和某人去世以后财产分配问题很实用的手段。甚至它还使得镇民们可以把他们在历次土地分配中得到的分散的地块集中

① Henry S. Nourse, ed., *The Early Records of Lancaster, Massachusetts, 1643—1725* (Lancaster, 1884), p. 28. 关于照顾穷人的政策和做法，参见第四章及 Edward Warren Capen, *The Historical Development of the Poor Law of Connecticut* (New York: Columbia University Press, 1905)。

② *Second Report of the Record Commissioners of the City of Boston* (Boston, 1872), p. 5; Samuel A. Bates, ed., *Records of the Town of Braintree, 1640—1793* (Randolph, Mass., 1886), p. 2; Erastus Worthington, *The History of Dedham from the Beginning of Its Settlement* (Boston, 1827), p. 33; Henry R. Stiles, *The History of Ancient Wethersfield, Connecticut,* 2 vols. (New York, 1904), 1:78; Burt, *First Century of Springfield,* 1:164; *Hartford Town Votes,* p. 1.

③ Chase, *Haverhill,* p. 71.

起来,或购买更多他们需要的土地。[①] 人们继续尝试限制交易,但是土地市场已经成为日常生活中不可逆转的现实存在了。

不论是在市场上还是通过土地交易,土地市场始终无法解决其关键问题,也就是在宅基地和牧场已经被分配了以后才到达镇上的那些人的身份问题。这些新来的人是否能和创建人拥有一样的权利和特权呢?在最初创建的时候,要决定什么人可以参与土地分配相对比较简单。所有出席会议的户主都得到了一些土地,并且对于将来有重大影响的是,他们也得到可以在市镇公用土地上放牧牲畜的特权,砍伐木材的权利,以及在后来的土地分配或分派中的份额。值得注意的是,所有这些特权都从未和教会成员资格联系在一起,甚至在纽黑文镇也是如此,该镇通过了一项特殊规定,确保所有的居民(或种植者)“有权继承他们正当的遗产,并享有其他所有公民权利和特权”,其中之一就是在将来的土地分配中占有适当份额。这一决定是与约翰·达文波特的观点相一致的,他强调该镇的居民拥有所有“作为种植者和居民所应有的公民权利和自由
59 权利,并非只有教会成员才能获得相应的土地”。[②] 但是后来的人或最初种植者的子女是否应该拥有同样的权利或自由权呢?每个镇都得讨论这个问题,一开始各地的答案都是有保留的“否”,同时带有一些让步。[③]

因此产生了“被承认的居民”这一类人,这是把从英格兰和从殖民地其他地方迁移过来的人合并进来的一种方式。“被承认”的意思是这些人是被核准、被接受为当地居民的,通常是通过镇民大会投票决定的。但就算是“被承认直接成为种植者”并保证和“自由民”拥有同样的“公民权利和特权”(好像除了自由民身份),如1640年代纽黑文写入其法

① Philip J. Greven, *Four Generations: Population, Land, and Family in Colonial Andover, Massachusetts* (Ithaca, N.Y.: Cornell University Press, 1970), chap. 3. 多切斯特镇有56户人家在1635和1636年搬迁到康涅狄格的过程中卖掉了他们的房产,这说明了地产市场的活跃和有利可图。(Thistlethwaite, *Dorset Pilgrims,* p. 97.)

② *Recs. New Haven,* 2:567; [John Davenport], *A Discourse About Civil Government in a New Plantation Whose Design Is Religion* (Cambridge, Mass., 1663), p. 11.

③ 梅因在他的书中提供了一个很好的综述。Main, *Peoples of a Spacious Land,* pp. 53—61.

律的条文一样，他们还是很可能没有权力在未来的土地分配中自动得到相应份额。另一个复杂的情况是当时的人口情况，年轻人持续进入殖民地，有的年轻人是和父母一起到城镇来的，但也有的年轻人，比如在普罗维登斯，却显然是自己前来的。在那个镇，“年轻人”迫切地要求之前“一家之主们”拒绝给他们的各种权利。正如罗杰·威廉斯在1636年告诉温斯洛普的，年轻人“对他们的身份状况很不满，他们想要投票的自由，还有平等，等等”。——他们想要在镇民大会上有投票权，是因为这就可能给他们在未来的土地分配中一定的发言权。① 后来建成的兰开斯特镇企图通过把有权分配城镇土地的家庭数量限定在35家以关上土地分配的大门，但是没有任何措施能使人口稳定下来。“被承认的居民”一直是一种不完全的身份，各镇都坚持要求这种人和其他人一样交税，有时候同意他们参加镇民大会，但他们很少能获得平等参加进一步土地分配的重要特权。②

当镇民们开始分配城镇土地之时，一个直接的问题是他们将采用何种耕作方式，是露地耕作制，还是封闭耕作制，或是一种混合式的耕作制，因为他们来自英国的不同地区，每个地区都有长期形成的习俗，镇民们不能确信哪种耕作制会占优势。③ 但是不论在何处，人们都想获得正

---

① Arnold, *History of Rhode Island,* p. 121; La Fantasie, ed. *Correspondence of Roger Williams,* 1:53. 在纽黑文，“种植者们”似乎和其他人一样分到了宅基地，并且根据其家庭的大小考虑将来的土地分配份额，他们也被要求缴税（1646年）。普罗维登斯的情况远比我的只言片语说明要复杂，要想进一步了解土地和其他权利的混乱状况，参见 Sydney V. James, *The Colonial Metamorphoses in Rhode Island: A Study of Institutions in Change* (Hanover, N.H.: University Press of New England, 2000), pp. 15—17。

② Nourse, ed., *Early Records of Lancaster,* p. 41.

③ 鲍威尔的书中描述了这些在马萨诸塞展现出来的地区差异。Powell, *Puritan Village;* John J. Waters, “Hingham, Massachusetts, 1631—1660: An East Anglian Oligarchy in the New World,” *Journal of Social History* 1 (1967—1968): 351—370; Richard P. Gildrie, *Salem, Massachusetts, 1626—1683; A Covenant Community* (Charlottesville: University Press of Virginia, 1975); and esp. David Grayson Allen, *In English Ways: Movements of Societies and Transferral of English Local Law and Custom to Massachusetts Bay, 1600—1650* (Chapel Hill: University of North Carolina Press, 1981). 我选择对这些做法进行简单的概述，与我的做法相反，艾伦的书中有很详细的分析。

60 确的种类和数量的土地。他们获得了上千英亩的土地，但是某些种类的土地好像总是供不应求，比如分配给新伦敦的土地就缺乏“哪怕是供给一个小种植园的草场”，一群正在考虑是否要搬迁到沃本镇的人决定不去了，因为他们的“想法完全被草场占据了，对他们看到的无法做出正确的判断”。[①] 考虑到这些期望和不利因素，产生了如何统一协调殖民地人所带来的原则和价值观的争议。第一价值观，在很多情况下也是最普遍的价值观叫作“按比例分配”或比例分配原则，简单地说，就是那些在土地公司拥有更多股份的人应该得到更多。实际上，这项原则颇为复杂，一方面，它是承认财产等级制的一种方式：拥有更多“财产”的家庭或户主应该比其他人得到更多土地；但还有许多特殊情况需要考虑：比如家庭的大小还有各人的身份，比如当地教区的牧师、长老和教会执事，他们是否应该特殊对待？还有负责公共事务的领导，或是拥有当地特别需要的特殊技能的人，他们又该如何处理？

各镇大会的主要工作就是处理所有这些可能性。在早期，沃特敦的镇民们曾决定要考虑“家庭的人数、牲畜的数量来决定分配给一个人多少土地合适……并应授予那些为公众贡献大的人（这种情况下，多指品质高尚或出身高贵的人）更多的土地和更尊崇的居住设施以示尊敬”。戴德姆镇的镇民们也做出了同样详细的规定，他们清楚地列出了“基本原则”：“1. 家庭人数是首要的考虑原则……但不是唯一的原则，并规定仆人应该作为人数计算，也就是说，不能作为家庭成员；2. 按照人数分配土地；3. 按照各人的身份和品质按他们应得的以及对教会或共同体的作用来分配土地；4. 从事有用职业的人应当得到物质支持并分配给他们充
61 足的土地以方便行事。”作为这些原则的补充，镇民还同意应该留出一部

① Caulkins, *History of New London,* p. 48; Sewall, *History of Woburn,* p. 17n. See also Steiner, *History of Guilford,* p. 168; George D. Langdon, Jr., *Pilgrim Colony: A History of New Plymouth 1620—1691* (New Haven: Yale University Press, 1966), p. 35; Isabel M. Calder, ed., *The Letters of John Davenport, Puritan Divine* (New Haven: Yale University Press, 1937), p. 67.

分土地来建一所"免费学校"和教堂。[①]

没有证据存留表明各镇大会或行政委员们如何根据这些规定来讨论每个家庭分得哪些土地,但是结果很明显。各镇都没有把户主们按阶级严格分类,而是按比例和类别极大地简化了分配土地的任务,有时候也用以决定每个人在市镇公地上可以放牧多少牲畜。吉尔福德镇设立了四个不同的类别,罗利镇和附近马萨诸塞的安多弗镇也是如此。罗利镇的方法是简化按比例分配的近乎完美的例子,罗利镇是 1639 年在一位经验丰富的牧师伊齐基尔·罗杰斯领导下建成的,他在 1638 年和其他一小队人到达殖民地,他们付了 800 英镑清理出来一块颇有争议的土地,镇里开始分配宅基地,然后开始小数量地分配其他土地(这样有的人就可以切实开始准备耕种了)。罗杰斯和另外一个人分得了最大的一块地(6 英亩),3 个人分得 4 英亩土地,22 人分得 2 英亩,28 人分得 1.5 英亩,还有 1 人分得 1 英亩。这些分类都和教会成员身份无关,因为大部分早期移民在 1640 年代早期就加入了教会并获得了自由民身份(最低限度是 54 人中有 41 人都是如此)。几年之后,安多弗镇把大部分人分为四类分得四种大小不同的宅基地(4 英亩,5 英亩,6 英亩和 7 英亩),还有 2 人各分得了 20 英亩。当时镇上还没有牧师,所以分配土地的人优先考虑了几个手艺人和他们中的一位官员。[②] 戴德姆、吉尔福德、哈特福德、黑弗里尔、伊普斯威奇、北安普顿、塞勒姆、斯普林菲尔德、萨德伯里、沃特敦和温莎镇多多少少实行的都是这个模式,稍后建成的北安普顿注明他们这么做是"根据各人的财产或显著的资格,和本地区的各镇一样"。在各地,特殊的环境都会有所影响:在戴德姆镇,约翰·艾林还没有被选举和任命为镇上的牧师,但是很快就会成为牧师,所以他分得了公开分

---

① Roger F. Thompson, *Divided We Stand: Watertown, Massachusetts, 1630—1680* (Amherst: University of Massachusetts Press, 2001), pp. 51—52; Hill, ed., *Dedham Records,* p. 92.

② Greven, *Four Generations,* pp. 45—47; Jewett and Jewett, *Rowley, Massachusetts,* pp.20, 23 (1665 年前的教会记录已佚失)。

配土地中最大的一块地。[1]

62 分配比例的各种算法因为另一种原则或惯例变得更为复杂。在各镇,人们都同意,穷困户或是在土地分配中处于劣势的人理应得到特殊照顾,许多城镇和所有教区都公开承认互助的伦理道德使得这一原则更容易使人接受,互助的伦理道德得到英国式救助穷人的核心原则的支持,那就是各镇或各辖区各自负责的原则。在新英格兰没人想重新见到英格兰似乎无处不在的流浪汉和无所事事的穷人,这在任何地方都是当地税收的一大压力,分配土地是控制贫困和照顾弱势的有效手段。[2]

市镇应该帮助穷人这一观念是爱德华·约翰逊在《新英格兰的神迹》(该书完成于 1651 年或 1652 年初,1654 年在伦敦出版)一书中融入的信息,这是一本平信徒撰写的历史书,书中附有马萨诸塞各镇的素描简图。约翰逊是镇上 7 个土地分配监管人之一,后来在那里建起了沃本镇,他在那里度过了他的余生。显然约翰逊很高兴在分配土地和接纳移民时,7 个组织者“不会因为贫困而拒绝他人,而是根据他们的能力来判断,这样做对穷人有利,可以帮他们建房子,分配给他们相应的土地,最穷的人可以获得 6 到 7 英亩草地,25 英亩山地,或差不多的土地”。组织者在分配土地时还考虑了地理因素,给那些大部分土地都远离教堂的家庭更大的宅基地,而那些农场就在附近的家庭宅基地相对较小。[3]

---

① Kenneth Lockridge, *A New England Town: The First Hundred Years* (New York: W. W. Norton, 1970), pp. 9—10; Steiner, *History of Guilford,* p. 49; *Hartford Town Votes,* pp. 21—24; Chase, *Haverhill,* p. 56; Edward S. Perzel, “Landholding in Ipswich,” *Essex Institute Historical Society Collections* 104 (1968): 303—328; James Russell Trumbull, *History of Northampton, Massachusetts, from Its Settlement in 1654,* 2 vols. (Northampton, 1898—1903), 1:7, 14; Gildrie, *Salem, Massachusetts,* pp. 56—57; Powell, *Puritan Village,* chap. 6; Thompson, *Divided We Stand,* chap. 5; Thistlethwaite, *Dorset Pilgrims,* pp. 139—140; William J. Davisson and Dennis J. Dugan, “Land Precedents in Essex County, Massachusetts,” *Essex Institute Historical Collections* 106 (1970): 252—276. See also John Raymond Hall, “The Three Rank System of Land Distribution in Colonial Swansea, Massachusetts,” *Rhode Island History* 43 (1984): 3—18,另见第五章关于坎布里奇的个案研究。

② *Recs. New Haven,* 1:368. 另一个救助穷困的做法是给那些有需要的人执照,让他们在家中出售葡萄酒或烈酒。

③ Edward Johnson, *The Wonder-Working Providence of Sions Saviour in New England,* ed. J.

其他地方也时常发生特殊的土地分配，给那些处境窘迫的人或是遭受了不幸的人。因此，在戴德姆镇，市镇政府按照民众的请愿，照顾那些困难的家庭，曾经一度规定那些“目前拥有最糟”土地的人在下一轮土地分配中情况会有所改善。1650 年代早期，镇行政委员被要求安排把某块草地分配给“那些处于极度贫困的人之用”。斯普林菲尔德在 1644 年
授权 3 个人“处理”某个地块，将其分配给“他们认为最需要的人”。 在 63
有的镇，对于“居民”也有明确的规定，通常像在戴德姆镇一样，会按比例分配给他们一块土地，虽然从来不是最大或是中等的土地。在吉尔福德镇，镇民希望“最穷困的种植者”可以得到“他所需要的合适的住处”这一原则可以实现公正性，镇里还强制规定每个人都应得到“在质量和品质都平等的份额”——也就是说，较好的土地都按比例分配。[①]

在这条规定以及其他规定中，“平等”这个词悄悄出现在了土地分配决定的语言中。（它和税收以及其他社会实践也有关系——我会在第四章再谈到这个话题。）几乎可以肯定地说，这个词产生了各种影响，根据不同的情况，平等可能意味着给予一些人相同的份额，或是像在戴德姆镇，给予他们平等的权利参与分配“尚未分配的土地”。哈特福德镇带有这个意思的规定暗示了对公正很严肃的意图，很可能还有更多含义，在意识到某处分配中按比例分配的原则被意外地扭曲，一些人“分得了比他们应得的更多”的土地后，镇民大会增加了 10 个人去协助行政委员工作，以便纠正错误以达到“公正和平等”。[②] 在普罗维登斯，最初分配的宅基地都是大小相同的，镇上最著名的居民是罗杰·威廉斯，他虽然从未成为实际上的地方领导，但他一直相信大家拥有的土地“应该平等”。他所说的“平等”可能跟兰开斯特镇的平等是一个意思，根据兰开

Franklin Jameson (New York: Scribner, 1910), p. 213.

① Hill, ed., *Dedham Records,* pp. 30, 47, 144—145; Burt, *First Century of Springfield,* 1:173—174; Steiner, *History of Guilford,* pp. 49, 50; 关于纽黑文政府对穷人或境况较差的人的申诉的回应，参见 *Recs. New Haven,* 1:144, 164。类似的抱怨和回应也发生在 1630 年代的普利茅斯殖民地，参见 *Laws, 1623—1682,* vol. 11 of *Recs. Plymouth,* pp. 14, 16。

② *Hartford Town Votes,* p. 14.

斯特镇的记录，当地的宅基地“大部分是平等地分配给穷人和富人”。该镇这么做既有实际原因也有道德因素：平等可以避免“城镇的分化加剧”，而这么做也是“出于仁慈以及尊重那些较为贫寒的人”。记录中的这句话赋予平等更高尚的意义，把它描述为“上帝的规定”并注明在将来的土地分配中，平等也是一个目标——虽然是“根据人类的财产”而实现的目标，在此，平等和比例原则并行，并且以一种巧妙的方式相互妥协、交织在一起。[①]

虽然各镇大会在分配土地的各种规定方面达成了不少共识，但并不意味着整个过程没有矛盾冲突。的确，殖民地人正在“完成一项真正的社会变革”，他们使得“每个成年男性”都获得“一些土地，既免费又合
64 法”成为可能——在此，每个成年男性指的是各镇最早的居民，而在他们原来生活的英国社区，大部分家庭是“没有土地的劳动力”，其他人则是佃农。[②] 但也有许多紧张的时刻，包括镇民大会讨论什么是公正的时候；土地分配员分配地块的时候；还有测量员们尽力划定地界的时候。可以在各种地方发现这些紧张的痕迹：镇民们投票把土地分配决定权授予某个特殊团队；重新进行某次分配；要求某块额外分配的土地；很可能也涉及投票赞同或反对某个行政委员。到1640年代晚期，各镇的“年轻人”是最有可能抗议的团体，他们的需求没有得到基于比例分配建立的体系的满足，而那些被称为“被承认的居民”的新移民则可能一直都不满。在最早的几十年间，那些更有特权的人（更富有的人，牧师们）得到了比镇上其他人更多的土地，但是诸如教会成员把非成员推到一边，或是处于优势的人为了自己的利益滥用制度这种糟糕的情况并未发生，在沃特敦和纽黑文这些情况引发争议或被明令禁止，在这两个镇和其他地方，公正和平等的道德原则就算不是一直有效，但总是得到考虑。[③]

---

① LaFantasie, ed., *Correspondence of RogerWilliams,* 2:400; see also 1:220; James, *ColonialMetamorphoses,* p. 16; Nourse, ed., *Early Records of Lancaster,* p. 29.

② Powell, *Puritan Village,* p. 83; 类似的语言参见 Lockridge, *New England Town,* p. 71。

③ Thompson, *Divided We Stand,* p. 60; Charles M. Andrews, *The River Towns of Connecticut*

有一个镇发生了公开的冲突，那就是波士顿。由于位于海滨，又有河流形成了边界，波士顿没有多少较好的土地可以分配，直到它开始向邻近的地区扩张或鼓励镇民购买镇区以外的大片土地。持续拥入的新移民滞留在半岛上是它的另一个难题，而很富有以及身份高贵的人的存在也是波士顿的一大难题，他们中不少人是马萨诸塞海湾公司的投资人。一开始，这些人自己发展得很好，以至于产生了一些抗议，抗议“富人给穷人的土地远远不够”的可能性（和事实）。1635 年底，“居民们”集会选举七位土地分配人，镇上的“居民主体”（一位历史学家这么称呼他们）摒弃了镇上的头面人物，转而选举了“一位长老、一个执事以及其他
几个身份卑微的人”，这是温斯洛普在他的日记中的记录。但是“居民主 65
体”的胜利是短暂的，温斯洛普和他的盟友们说服镇民们取消了选举结果并进行了另一次选举，同时，镇民大会同意采用常见的应急方案禁止出售土地给未经土地分配人批准的人；并禁止把土地授予任何不可能成为教会成员的人。冲突还在继续，“较穷困的群体”（这个群体也包括因 1630 年代晚期通货膨胀压力而受损失的人）觉得他们的要求从未得到充分满足。1642 年的镇民大会“十分吵闹”，会议投票决定要收回行政委员的土地分配权，这个决议在六个星期后被推翻了。在更早的一次投票中，规定在下一次土地分配中“更多的土地”应该被授予“那些少于他们应得的土地的人，以前分配较多的这次应分配较少，以及按比例分配给那些还没有土地的人”。这就很接近于任何一个想要代表社会公正来利用主要土地分配的城镇了，但因为一些尚不明确的原因，类似的事情并没有真正发生。由于常设法院的特殊赠地、镇里分配的土地和他们自己的投资，波士顿有权有势的家庭（温斯洛普家族是其中的一个）获得了极大的好处，中间阶层也还过得去，但是很多其他人最后只分得了很

(Baltimore, 1889), p. 43 n. 1. 殖民地人对“阶级”的意识很容易遭到误读，就连吉尔福德镇这样对社会权力的差异感到不安的社区也承认，按照一些居民的话说（他们在市镇土地之外另建了一个新村），“如果能有一些高素质的人和他们一起定居在此的话，在各方面都会有所助益，他们将更有勇气”。（Steiner, *History of Guilford,* p. 168.）

少的份额。[①]

仅次于土地及其分配问题的是如何征税的问题。斯图亚特王朝的国王们，尤其是查理一世，企图通过征收特别税来解决他们的财政困难，这项政策使得1620年代的议会再三提出异议。这种情况不太可能出现在新英格兰，哪怕仅仅是因为他们没有王室统治这一点，因为王室统治特别地昂贵又浪费——王室成员最喜欢把他们的手放在钱箱里，要维持海军的费用，还要维持他们的城堡。躲过了国王和他的政策，但又非常清楚国王的所作所为，殖民地人从他们的英国经验学到了另一课，这也将影响他们在新英格兰的做法。英国的税收制度有利于拥有特权的少数人，郡县的领导、治安官和地方独裁首脑负责征收议会投票决定或是
66 国王下令征收的税款。在每个县区，都有人决定如何评估财产、确定每个人和公司的财产数额，下一步就是确定“税率”，也就是对这些财产征税以达到所需的金额。出于私利的考虑，郡县的领导低估自己的财产，把大部分税收负担转嫁他人，这样做是不道德的，但是国王只想要钱，地方警官和治安官只为王室效命，在地方上可以为所欲为。在英格兰，游戏规则既随意又不公正，只对少数人有利，欺压大多数。[②]

殖民地人想要公正并得到了公正，虽然他们不得不争论什么才是最好的保障措施，而且他们也设立了地方治安官职务。地方治安官要负责从每家每户收取税金，这是市镇政府中最没人愿意干的职位，殖民地治

---

① Winthrop, *Journal,* p. 138; Darrett Rutman, *Winthrop's Boston: Portrait of a Puritan Town, 1630—1649* (New York: W. W. Norton, 1972), pp. 72—89. 1647年沃特敦的镇民大会换选了所有的行政委员，这是和土地问题有联系的，关于沃特敦的紧张状况，参见Thompson, *Divided We Stand,* pp. 60—61, 63。乔舒亚·思科图在回顾1630年代时承认穷人处于困境，却把这个情况说成是波士顿“穷人们”的一种自我牺牲的慷慨行为，他们把基督教精神置于物质利益之上，同意“一个人只要有一英亩的土地可以用来建房，就可以分一半给他有需要的邻居”。([Joshua Scottow], *A Narrative of the Planting of the Massachusets Colony Anno 1628* [Boston, 1694], reprinted in *Coll. MHS,* 4th ser., 4 [1858]: 307.）被打了左脸，把右脸再送上去似乎并不是1630年代波士顿“大部分人”的主要动因。

② Powell, *Puritan Village,* p. 38. 英国体制的不公平现象详见Anthony Fletcher, *A County Community in Peace and War: Sussex, 1600—1660* (London: Longman, 1975), chap. 10。

安官的工作比在英格兰要容易一些，是因为好几种税收在殖民地是没有的——比方说，什一税和由教会监察员摊派的“贫民救济税”。使得他们的工作颇为困难的是殖民地人谈到税收时所使用的词汇，其中一个词是“公正”，这是塞勒姆镇的镇民命令治安官要“公正”地评估每个人的财产时使用的词。[①] 当他们这么说的时候，毫无疑问“公正”指的是所有拥有财产的人都被同样地征税，使用相同的评价体系来评估所有的牲畜和土地，所有人使用相同的税率，税金的多少只与他们财产的多少相关。这也是纽黑文殖民地的领袖们遵守的规则，具体表述为：“在本种植园范围内，根据每人的财产公正征税”，他们还附加了另一个重要的词：“平等”。这条规定是和殖民地法律相一致的，殖民地法律规定每个必须缴税的人都按“相同税率”缴税。在普利茅斯殖民地，政府的做法和纽黑文相同，只不过在法律条文中明确地指出要怎么做（“不得偏袒”），特别指出自由民不会以不同的税率（也许更高？）被征税，因此法令的总结语是“平等征税”。[②]

平等、平均、公正：这些就是各镇在每年一次确立税率和征收税金
的时候所遵循的价值。要做到这些最直接的困难是评估牲畜和土地，每 67
个人从经验上都知道这是一个不确定的过程，而情况又因为 1630 年代和 1640 年代早期的繁荣和萧条交互出现而变得更糟——繁荣是因为在 1630 年代晚期，许多新移民带着现金从英格兰来到殖民地，他们以较高的物价从那些土地有剩余产品的当地人手中购买日用品；萧条是因为在 1640 年移民潮突然停止了。但是这种决定不仅取决于每个家庭的产业，还有谷物或其他产品的数量，这些都可以交给治安官作为税收，因为马萨诸塞常设法院在温斯洛普和少数几个助理刚开始执政的时候就开始征税了，法庭必须在各镇之前想办法克服这些困难。1634 年 5 月，常设

① “Salem Town Records,” *Essex Institute Historical Collections* 5 (1863): 223. 更多例子详见 *Hartford Town Votes,* p. 14; *Recs. Plymouth,* 1:91; Steiner, *History of Guilford,* p. 50。

② *Recs. New Haven,* 1:97; *New-Haven's Settling in New England, and Some Lawes for Government* (London, 1656), reprinted 同上，2:581; *Recs. Plymouth* 11。

法院规定自己是唯一“有权征税和收钱”的机构，这一权力必须依赖各镇去实施，允许他们评估每个人的“财产”，但是拒绝考虑“(各家的)人数”。1638 年，法庭明确规定“各镇的每位居民”必须支付一定的“公共费用”——这一措施的目的是消除“被承认的居民”和拥有全部权利的公民之间的差异——并且，因为 1640 年的萧条，法院建议各镇指定一个“委员会”评估牲畜“要估价低于其价值而不是高于其价值”。早在 1633 年，法院就确定了玉米的价格，在整个 1640 年代都继续这样做，在 1646 年底又再次干预以避免“因为缺乏一个普遍的规定以及在全国范围内的征税标准而导致的对不平等税率的抱怨”。法院还阐明哪些人必须缴税，纽黑文和康涅狄格政府也颁布了类似的规定以确保在税率的制定中要公正。①

这些在估价方面的努力无疑帮助了那些必须决定地产的大小以及评定玉米和牲畜价值的人，因为人们也用玉米和牲畜来缴税。但是要说服所有人整个征税过程都是公正的还是很不容易，为了消除疑虑，有的
68 镇指定一个专门的“评估人”或“估价员”团队来做定价的工作，大部分城镇还允许任何觉得权利受到不法侵害的人或是因为某些原因不能支付税金的人要求减免。除了公正的原则，每次镇上开会决定税额的时候，共同利益的原则也会受到测试。为了保持社会公德，1644 年沃本镇民投票决定公布所有税收，“如果任何人有任何不满，他们都可以表达出来；这样的话，通过减轻被压迫的人的负担，友爱与和谐才能继续”。② 税收举步维艰的一个最明显的标志是很难找到人愿意做镇上的治安官，总的来说，担任这一职位的人在社会地位或经济地位上都无法和大部分行政委员或当地教会的平信徒工作人员相比，但他们最突出的特点是都不喜欢这个职务。在温莎镇，没有人想担任这个职务超过一年，在其他地方

① *Recs. Mass.*, 1:140, 240, 295; 3:87—88; *Recs. New Haven*, 1:60; 2:581—582; *Recs. Conn.*, p. 79.

② Burt, *First Century of Springfield*, 1:307; Sewall, *History of Woburn*, p. 24.

也能看出同样的疑虑，甚至在各镇投票决定对那些拒绝该职务的人进行罚款后，情况仍然没有改变。①

通过重建税收制度，殖民地人找到了办法设立规程以避免英国制度中明显的权力滥用和腐败，不论是原则上还是实践中，特权都已让位于体现公平、公正和正义的各种规则。这些都是付诸实践的规则，因为很少有对不公正的抱怨，直到1651年，爱德华·约翰逊在一处含义模糊的记录中写道："打着遭受不平等税收的幌子，许多人私下抱怨，并不再支持政府了。"他可能指的是发生在马萨诸塞关于商人的骚动，因为这些商人大部分的财产不是"体现在可见的土地、玉米和牲畜中"，因此虽然他们拥有"大量财富"，缴税却很少。两年以后，康涅狄格的斯坦福镇发生了另一起骚乱，镇上一些人声称"他们不再为公共开支付税"以此来抗议他们被排除在公民权之外，他们还抗议殖民地政府对新尼德兰的荷兰人不采取行动。②

在某些方面，土地市场和镇民大会的运作方式与殖民地政府的运作方式是类似的，在土地持有和分配方式上，在征税的方式上都发生了实
质性的"革命"。镇民大会限制地方官员权力的方式反映的是制约"行 69
政权力"的努力，而一旦选举官员和代表的投票权扩展到实际上所有的成年男性（将在本章的后面部分论及），镇民大会就变得非常具有包容性了。正如戴维·格雷森·艾伦指出的，新英格兰的市镇与英国的市镇不同之处在于"通过民众的同意来治理"这一做法产生并固定下来"特别容易"，另一个差异也许是防止地方土地"集中于某一个人手中"的可能性，1643年吉尔福德镇的镇民把这一意愿写入了市镇档案中。话虽如此，分配土地的办法仍然是和人们的理解相一致的，人们都理解财富、地

① Thistlethwaite, *Dorset Pilgrims,* p. 166; *Coll. MHS,* 2nd ser., 10 (1843): 187. 在其他市镇，例如坎布里奇，治安官职务由社会地位很高的人担任。

② Johnson, *Wonder-Working Providence,* p. 259n.; *Recs. Mass.* 4, pt. 1:37—38; *Recs. New Haven,* 2:23—24, 47. See also Burt, *First Century of Springfield,* 1:282—283, 302. 税收的各个方面以及税务制度都值得更深入的研究。

位和权力的分配是不均匀的，有的人拥有的多、得到的多，有的人拥有的少、得到的少。在多数城镇，地方贵族在1640年代中期已经形成，并且在大多数情况下，驱动政治进程的动力都是（正如牧师们很快将会开始哀叹的那样）想要更多或不同的土地。但是整个系统把所有这些差异都包含了进来，公开和公正的社会道德有助于此，同样有助于此的还有移居别处的可能性以及充满活力的公众参与文化，以下我们将论及。[①]

二

在早期新英格兰，公众参与的途径是多方面的，其中不少做法正是公众参与的特权、权利和义务得以实践的方式。在公众参与受鼓励和被期待的地方中，最活跃的是教区集会、镇民大会、法庭以及常设法院的会议。政府授权人民可以为了某个人的利益或是为了某项政策请愿，殖民地人经常请愿，他们利用请愿来表达当地的不满，在争论中表达立场，寻求个人利益，以及各种其他情况。手写文本是另一种表达宗教和政治观
70 点的方式；1634年伊斯雷尔·斯托顿写"书"批评否决权，之后出现了很多类似的文本，教会、城镇和人民都用这种方式来表达他们的意见，每个地方人们都在传递着国内外政治事务的消息甚或流言。在某些时刻，选举投票的权利固然很重要，但它在公众参与的历史上的地位要排在言论、手抄出版物、请愿和现场公开讨论之后。

同时，世俗政府和教会也在把一些公众参与形式法制化，或近乎于此。1620年"朝圣者"团体准备在普利茅斯登陆之时，他们领袖的权威似乎特别脆弱，因此他们要求大部分"五月花"号轮船上的男性乘客同意签署一份"契约"，契约要求所有的签署者都必须"服从和遵守"法律

① Bissell, "From One Generation to the Next," p. 82; Allen, *In English Ways,* p. 210. 该书强调了地区间的移动，我在本书中也是这样做的（p. 215）; Steiner, *History of Guilford,* p. 50。

和“官员”。[①] 马萨诸塞殖民地政府采用宣誓的方式来达到相同的目的，1643 年的英国议会也采用了类似的手法，它呼吁所有的英国人都加入一个“神圣盟约”。正如这些事件所显示，公众的参与可以是自愿的，也可能是被迫的。一方面它是社会权利和地位的表现，另一方面它也是和教会成员制度这一更平等主义的标志相联系的。妇女作为一个团体拥有的明确权利是很少的，仆人在契约期满之前拥有的权利更少。在有的情况下，公众参与代表着义务和服从，但在更多的情况下，公众参与的可能性指向的是公共政治。[②]

和现在的情况一样，人们对于公众参与的益处想法并不一致。有的人漠不关心，他们参加镇民大会只是因为某个特定的问题引起了他们的注意，他们尽可能避免担任地方职务。[③] 和现在的情况一样，公众参与的日常方式是在私下里完成的，比方说，某人临死前制定遗嘱的协商活动，或是财产分配的最后执行，虽然这些决定关系重大，但是对于其执行过程，我们却知之甚少。[④] 法院记录下了“当地交易活生生的网络系统”的

---

① *A Relation, or Journal* (London, 1622), reprinted in Edward Arber, *The Story of the Pilgrim Fathers, 1606—1623 A.D.* (London, 1897), 409.

② Kenyon, *Stuart Constitution,* p. 232. 迪特里希・鲁施迈耶指出，现代社会的公众参与并不总是支持民主的，如果一个自愿团体（从托克维尔以来的理论家都认为是公众参与的关键）不是以民主的方式构成或他们并不支持不同的政治制度。虽然他的观点与 17 世纪没有多少关系，但是这一忠告（和其他关于想要在历史中解读出“民主制”的忠告一样）对阅读本章颇有助益。(Rueschemeyer, “The Self-Organization of Society and Democratic Rule: Specifying the Relationship,” in *Participation and Democracy, East and West: Comparisons and Interpretations,* ed. Dietrich Rueschemeyer et al. [Armonk, N.Y.: M. E. Sharpe, 1998], pp. 9—25.) 如果在我完成本书的写作之前就读到菲尔・威辛顿的新书的话，我可能会把我关于公众参与的描写与他关于“公众政治参与”的说法取得一致。（Phil Withington, *The Politics of Commonwealth: Citizens and Freemen in Early Modern England* , Cambridge: Cambridge University Press, 2005.）我在《写作方式：17 世纪新英格兰文本创作的实践与政治学》第五章中简单列出了一些原因，说明为什么我对“公众范围”这个词的使用格外谨慎。（*Ways of Writing: The Practice and Politics of Text Making in Seventeenth-Century New England* , Philadelphia: University of Pennsylvania Press, 2008.）但也请参见 Peter Lake and Steve Pincus, “Rethinking the Public Sphere in Early Modern England,” *Journal of British Studies* 45 (2006): 270—292，我要感谢雷切尔・施内佩尔斯向我推荐该文章。

③ *Hartford Town Votes,* pp. 11—12.

④ 一个例子就足够了：北安普顿的约瑟夫・帕森斯死于 1684 年，他的妻子和孩子按照法院

某些方面，这些交易把借贷双方（家庭里的顶梁柱经常会卷入借贷事务）聚到一起，但有关婚姻的协商几乎完全不为人知。[①] 女性在政治上没有发言权，她们应当顺从，并从未获得自由民资格，她们有权请愿，这是因
71 为要和英国多年以来的传统保持一致，她们也可以做遗嘱的执行人，可以参加男女共同集会或是女性集会来讨论牧师们的布道，父亲们认为她们理所当然应该识字，因为她们要帮父亲记账，她们往往比她们的丈夫更早加入教会，当有人被处罚时，她们会在教会大胆说出她们的意见，作为寡妇，她们还可以管理家庭及其财产。在各地，女性都通过出售她们制作的手工艺品活跃在地方经济中，同样，在各地她们都被公认为持有自己的观点。“我想知道在多大程度上这些女人同意或是不同意她们的丈夫，或她们根本就是如此坚决、顽固又专横”，约翰·科顿想弄清那些在 1638 年离开他的教区迁往罗得岛的女人的心思。在各种记录中显而易见的是女人既可能同意也可能不同意她们丈夫的观点。[②]

同意的程序重写了遗嘱（旧遗嘱过期了），4 个儿子，4 个女儿和他的妻子在文件上签字。(Henry M. Burt, *Cornet Joseph Parsons* [Garden City, N.Y., 1898], pp. 68—71.)

① Stephen Innes, “Introduction,” in *Work and Labor in Early America,* ed. Innes (Chapel Hill: University of North Carolina Press, 1988), p. 37.

② “The Trial of Ezekiel Cheever Before the Church at New Haven,” *Collections of the Connecticut Historical Society* 1 (1860): 24; “Scituate and Barnstable Church Records,” *NEHGR* 10 (1856): 41; Mary McManus Ramsbottom, “Religious Society and the Family in Charlestown, Massachusetts, 1630 to 1740” (Ph. D. diss., Yale University, 1987), chap. 2; Hall, *AC,* p. 393. 马萨诸塞常设法院 1650 年 10 月的大会上，有 10 位女性呈递请愿书（其中 2 位是和丈夫联名），另有 11 位男性请愿（*Recs. Mass.* 4, pt. 1:30—34）。对世俗政府最大的一次抗议活动发生在 1649 年，当时有“5 个从 21 人到 130 人不等的妇女团体，每个团体都声称她们代表‘更多的人’拥向常设法院去请愿”，她们抗议对助产士艾丽斯·蒂利的处理（Mary Beth Norton, *Founding Mothers & Fathers: Gendered Power and the Forming of American Society* [New York: Alfred A. Knopf, 1996], pp. 204—205; 有关女性的参与，包括传播流言蜚语，都在该书中得到了有益的描述）。最早关于 17 世纪新英格兰妇女的研究把她们的历史归结为“无权”和“反抗”；参见 Lyle Koehler, *A Search for Power: The “Weaker Sex” in Seventeenth-Century New England* (Urbana: University of Illinois Press, 1980)。最近的作品，尤其是关于 17 世纪英格兰妇女的研究，在女性参与的证据和阐释的可能性方面有了很大的扩展，参见 Patricia Crawford, “‘The Poorest She’: Women and Citizenship in Early Modern En gland,” in *The Putney Debates of 1647: The Army, the Levellers and the English State,* ed. Michael Mendle (Cambridge: Cambridge University Press, 2001), pp. 197— 218，该书以及其他还未用于新英格兰的类似研究中，引用了大量关于女性请

游戏规则总是用来划分哪些是可以接受的哪些是不可接受的。和在英格兰一样，法院会惩罚那些公然反抗、请愿、散布手写文本或求助于伦敦的书商印刷出版异端书籍的人。但是对于什么人可以做些什么或是说些什么的限制是和三个与之对抗的假定和实践同时并存的。第一是同意的原则，它已经被包括进所有对法定权威的表述之中，并且还有契约观念作为其背景。第二是英格兰的都铎—斯图亚特王朝的“传统政治结构”，在其统治方式中为“地位卑下的人广泛参与地方政治”留下了空间，村民们“为诸如拾麦穗或是公物的使用等事务制定章程”，陪审团在民事或刑事案件中权衡证据，地方官职激增，所有这些都有助于多数决定原则和包含广泛的公民社会的日常经验的形成。① 殖民地人把这些传统带到了新大陆，他们还创造了第三项，那就是在清教运动中实行宗教自愿。1558 年玛丽·都铎去世以后，她把英国国教会改回天主教的政策也就结束了，虔诚的人们可以颂扬成百上千普通男女的英雄事迹，他们是新教的殉道者，体现了非官方的宗教热忱。16 世纪中期，苏格兰 72
底层激进的新教徒以相同的方式浮现出来，他们和英国的新教徒一样，成千上万的人下定决心要以自己的方式来布道和崇拜上帝。

这种决心被原封不动地带到了新英格兰。在新英格兰，它在教会管理的形式内部得到了更大的力量，这种方式被称为公理会方式。在他们移民前很久，大部分殖民地人就谙熟秘密宗教的所有内容，包括私人集

愿的作品，苏珊·阿穆森也采用了这个段落，见 Susan Amussen,“Gender, Family, and the Social Order, 1560—1725,” in *Order and Disorder in Early Modern England,* ed. Anthony Fletcher and John Stevenson (Cambridge: Cambridge University Press, 1985), pp. 196—217; Roger F. Thompson, *Sex in Middlesex: Popular Mores in a Massachusetts County, 1649—1699* (Amherst: University of Massachusetts Press, 1986); Amanda Porterfield, *Female Piety in Puritan New England: The Emergence of Religious Humanism* (New York: Oxford University Press, 1992); Dagmar Freist, *Governed by Opinion: Politics, Religion and the Dynamics of Communication in Stuart London, 1637—1645* (London: I. B. Tauris, 1997), chaps. 5—6; and Laurel Ulrich, “Martha Ballard and Her Girls,” in *Work and Labor in Early America,* ed. Innes, pp. 70—105。

① Keith Thomas, “The Levellers and the Franchise,” in *The Interregnum: The Quest for Settlement, 1646—1660,* ed. G. E. Aylmer (London: Macmillan, 1972), pp. 60—61.

会、宗教秘密聚会以及清教运动的斋戒日。这些训练内容在宗教经历的世俗“关系”方面显得特别明显，不论是在托马斯·谢泼德的教区会众中，在约翰·温斯洛普英国的同事中，还是在1630年代后期到达新英格兰的约翰·布罗克自传式的评论中都是如此。回首他们在英国的岁月，谢泼德的教区居民们还记得他们决定去听哪个牧师的布道，向哪个牧师请教，读些什么书，在日常生活中为了避免“罪”而面临哪些选择，以及他们为何决定移民到新英格兰。约翰·特朗布尔在重新安排他的社会生活以出现在清教徒们面前之后高兴地说：“（英国）缺乏圣徒团体。”玛丽·安吉尔了解英国宗教地形的两面：一方面是知名牧师的“强大精神训导”，而另一方面是“教众的无知”。她在丈夫的极力劝说下同意加入移民新英格兰的大潮，她认为这次大移民在体现神恩的“公共手段”方面尤为突出。约翰·温斯洛普在移民美洲之前住在斯陶尔河谷，自发性宗教活动的各个方面融入了他探求宗教知识的过程。约翰·布罗克回忆他的青年时期——1630年代的英格兰，他所强调的是“半夜出去绕远道（避开当局迫害）只是为了听优秀牧师的布道”，而他之所以离开英格兰也是因为“迫害者”变得“日益可憎”。正是因为许多类似这样的经历，对于自由选择或“自由权利”（这是布罗克最喜爱的词）的设想导致了在新英格兰建设世俗和宗教社会的方式。[①]

这些证词使得那些用以规避教会和世俗政府管制权的组织网络显现出来。这些网络其中之一连着剑桥和牛津的大学与各个城镇与乡村，以及那些想找到合适人选出任教区牧师或讲师的庇护人。谢泼德从该
73 网络中获益，在剑桥完成学业之后，他在托马斯·韦尔德的府上住了几个月，实际上是一个学徒期，使他有机会咨询当地的“名流”到什么地方

① George Selement and Bruce C. Woolley, eds., *Thomas Shepard's Confessions,* in *Pub. CSM* 58 (1981): 106—109, 65—66; Francis J. Bremer, “The Heritage of John Winthrop: Religion Along the Stour Valley, 1548—1630,” *New England Quarterly* 70 (1997): 515—547; Clifford K. Shipton, “The Autobiographical Memoranda of John Brock, 1636—1659,” *Proceedings of the American Antiquarian Society* 53 (1943): 97.

出任牧师更合适。回顾之后他在厄尔斯科恩度过的岁月，谢泼德很庆幸他跻身于“全国最好的牧师行列，通过他们每个月的斋戒和研讨会，我得到很多神启”。另外一个与之有重叠的网络靠的是普通人的口口相传，他们传递关于牧师布道的消息，称赞哪些牧师的布道值得多走一些路程去听，这种做法被称为“串联”。布道的手稿、论文和消息通过这些相同的网络传递，这也是有些人“弄到”约翰·科顿信件的副本，住在伦敦的热心清教平信徒尼赫迈亚·沃林顿得到关于1635年在缅因海岸沉没的帆船“天使加百利”号报道的方式。①

反过来，公理会方式也使得公众参与的新方式成为可能：教会成员选举牧师②，并为加入教会的申请人投票；教会执事接收为了慈善目的赠予的礼物；教会长老干预谴责不端方的行为，并且时不时地举行集体活动训诫一些人甚或将其逐出教会。这个清单上还必须包含一些关乎信仰的行为，比如在1638年一位牧师报告说发现他的会众“在对《圣经》的各处进行比较，有的在唱赞美诗，有的在讨论”。正如这段记述所暗示的，教区集会提供了一个空间，在此平信徒们可以讨论神学问题、他们牧师的优劣或是其他地方神职人员的情况。听说了罗杰·威廉斯布道中的“教义错误”，波士顿的会众集体同意汇编一个关于错误教义的文集并呈送给威廉斯本人以及塞勒姆教会“犯错”的平信徒们。③

1636和1637年关于神学爆发了异乎寻常的强烈争议，促使论战小册子的写作和明确的批评激增。这场关于唯信仰论的论战起始于波士顿教区内部，温斯洛普的教会成员同伴们攻击他们的一位牧师约翰·威

---

① Michael McGiffert, *God's Plot: The Paradoxes of Puritan Piety, Being the Autobiography & Journal of Thomas Shepard* (Amherst: University of Massachusetts Press, 1972), p. 47; John Cotton, *The Way... Cleared* (London, 1648), reprinted in Larzer Ziff, *John Cotton on the Churches of New England* (Cambridge, Mass.: Harvard University Press, 1968), p. 217; Emerson, ed., *Letters from New England,* p. 167; Hall, *Ways of Writing,* chap. 2.

② 围绕着候选人的非正式谈判在1630年代和1640年代的记录大半佚失，但是1650年之后的却非常明晰，见 Hall, Faithful Shepherd, chap. 8。

③ *Winthrop Papers,* 4:32; Nathaniel Morton, *New-Englands Memoriall* (Cambridge, Mass., 1669), pp. 80—81.

尔逊时，温斯洛普就在现场。他们指责威尔逊向地方行政官投诉他被会众对待的方式，他说除了温斯洛普和其他“一两个人以外，全体会众都很
74 过分地”斥责他。与此同时，会众们还与附近的坎布里奇教区交换关于神学的看法，许多平信徒大声地发表自己的看法，就像波士顿的木材经销商史蒂芬·格林史密斯那样，他说：“所有的牧师……的确教导的是行为之约。”到此次争议结束的时候，大约出版了 25 种小册子，全部都是手抄本。[①] 几年之后，多切斯特教区的会众观看并听取了镇上的两位牧师理查德·马瑟和乔纳森·伯尔关于神恩和行为的争论，两位牧师都以手抄本的形式发表了自己的观点。有时候甚至一个普通的平信徒也可以挑战牧师的权威，就像 1650 年前后在温莎的托马斯·斯托顿那样，他和牧师争论什么才是对安息日合适的阐释。在附近的康涅狄格韦琴斯菲尔德镇，在 1640 年代早期，一个小团体起草了对镇上的牧师亨利·史密斯的批评书，还把批评书的副本抄送给邻近的几个教区。在其他教区和城镇，婴儿洗礼和教会成员制度也是导致分裂的问题。[②]

每个教区还是关于其“自由权利”风暴的中心，主要是关于选举该教区的牧师的权利。1635 年，马萨诸塞政府要求塞勒姆教区不要指定威廉斯做它的“导师”，塞勒姆教众进行了反击，他们呼吁“其他教会劝诫政府”，因为常设法院为了惩罚塞勒姆教会，拒绝了他们分配更多土地的要求，塞勒姆教众称其为“十恶不赦的罪过”。几年之后，这同一个教区又反对政府派他们的牧师休·彼得回英格兰代表殖民地利益的意见（虽然他还是去了），他们抱怨得如此厉害，以至于“这件事情的骚动很快传遍了整个殖民地”。[③] 1638 年，戴德姆镇的镇民们在被告知如果政府不同意，他们就不能组织教会时，打出了公理会方式这一特权作为他们的

① Winthrop, *Journal,* pp. 204, 210; *Recs.Mass.,* 1:189; *Winthrop Papers,* 3:324—326; Hall, *Ways of Writing,* pp. 54—60.

② Winthrop, *Journal,* pp. 343—344; *Winthrop Papers,* 4:286—287; 6:113—129; *Recs. Conn,* pp. 97, 98.

③ Winthrop, *Journal,* pp. 151, 346—347.

王牌。三年以后，《自由权利法案》用一个简单的句子合并了自治和监管两种可能性：“每个教会都有选举和任命其全部人员的自由……只要他们有能力、虔诚并且信奉正统教义。”这个规定使得地方团体和世俗政府有可能产生冲突，就像在马萨诸塞莫尔登镇所发生的那样，当地教会在 75
1651 年任命马默杜克·马修斯为牧师，虽然政府告诫他们不要这么做，教众们甚至在他承认在布道中使用了不当的语言之后仍然支持他，他们被叫到常设法院去进行解释，教会的人在抗辩中引用“我们的法律”说教会有权“任命其人员”。马修斯承认了一些错误，但是他仍然警告人们警惕“‘政府官员’在宗教事务中的权力”，而直到此时，他的会众仍全面参与到论战中去，其证明是教会的 36 名女性成员自愿签署了一份请愿书，恳求法院让他继续担任牧师职务。①

到了 1652 年，轮到马萨诸塞其他的教区抱怨政府的干涉了。波士顿第二教会刚成立不久，还很不稳定，他们投票决定选举一位平信徒，他当时已经在该教会从事牧师的工作，他们选举迈克尔·鲍威尔“在以下条件下”被接受，“那就是……地方行政官和其他牧师都对此表示赞同、一致同意”。但是马萨诸塞常设法院提出异议，他们的理由是鲍威尔缺乏一位牧师所应有的“学识”（他不是大学毕业生），因此萨福克县法院禁止该教区任命他该职务。似乎除了第二教会，鲍威尔还得到许多其他人的支持，他反对法院的决议，认为这是“滥用世俗权力”，可能导致教会失去其工作人员，他还补充说他认为出任该教区的牧师是他的道义责任。结果，他勉强接受了长老的职务（并从教会领取一份固定的薪金，这在该职务来讲是很罕见的），辅助另一位在 1654 年任命的更有资格的牧师工作。马萨诸塞索尔兹伯里镇的罗伯特·派克对法庭禁止两个人到

① Don Gleason Hill, ed., *The Record of Baptisms, Marriages and Deaths, and Admissions to the Church... in the Town of Dedham, Massachusetts* (Dedham, Mass., 1888), pp. 9—10; Whitmore, *Colonial Laws,* p. 57; Joseph Felt, *The Ecclesiastical History of New England,* 2 vols. (Boston, 1862), 2:53—54, 60, 62, 69; *Recs. Mass.,* 3:294; Deloraine P. Corey, *The History of Malden Massachusetts, 1633—1785* (Malden, 1899), pp. 126—164. 这些妇女的请愿书参见 *The Bi-Centennial Book of Malden* (Boston, 1850), p. 140。

他的教会来布道的决定非常愤怒，他公开宣称那些做出该决定的人“破坏了他们对国家的誓言，因为该决议违反了这个国家的自由权，不论是民事的自由权还是教会的自由权”。虽然他被罚款并被剥夺了公民权，派克很满意地获悉他镇上的许多镇民以及附近四个镇的人联名签署了一份请愿书，恳求法院撤销对他的判决，而法院最终也的确撤销了。①

与此同时，各教区还做出了许多决定，决定接受哪些人成为教会成员以及决定是否要劝诫或是以开除教籍的方式来惩戒错误和不端的行
76 为。虽然托马斯·胡克抱怨平信徒们在审查预备教会成员的时候“过于好奇、调查过细而且拘泥细节”，但是大部分这些决议都没有引发争议。②尽管如此，一些殖民地人对于当地的教会不向所有英格兰国教会的成员完全开放十分不满。1630年代晚期，玛丽·奥利弗被塞勒姆教会拒之门外，她“公开地”在一次公共布道日要求“她的权利”，即参加圣餐，理由是“所有住在同一个镇上，并且公开表示他们信仰基督耶稣的人都应该在该镇参加圣礼”。③许多人同意她的观点，有几个教会也许一直都很开放。但事实证明特别容易引发争议和造成分裂的是教会的惩罚纪律，这种规定涉及所有的男性和女性教会成员。1635年，斯基尤特镇的教会投票决定要把一位成员逐出教会，是因为他想要和一位“名声不佳的女士”结婚，并且对他的这一意图撒谎，一位重要的平信徒成员“不同意”，其他两位成员也离席表示抗议。④在温汉姆镇也发生了矛盾冲突，对某个人的错误的争论变得激烈时，男人和女人对对方的证言提出质疑，他们用

① *Recs. Mass.,* 3:293—294, 359—360; 4, pt. 1:177; Chandler Robbins, *A History of the Second Church, or Old South,* in Boston (Boston, 1853), pp. 210—211; Felt, *Ecclesiastical History,* 2:96; Corey, *History of Malden*, pp. 160—161; Chase, *History of Haverhill,* p. 80.

② Thomas Hooker, *A Survey of the Summe of Church-Discipline* (London, 1648), pt. 3, p. 6.

③ Winthrop, *Journal,* p. 275. 在其他地方有人抗议教会成员“集中”的概念，其中一些在霍尔的《忠实的牧羊人》一书中多有提及。Hall, *Faithful Shepherd,* p. 97.

④ Jeremy Dupertuis Bangs, ed., *The Seventeenth-Century Town Records of Scituate, Massachusetts,* 3 vols. (Boston: New England Historic Genealogical Society, 2001), 3:513—514. 几个月以后，这些惹麻烦的成员和他们的教会弟兄们和解了。

脚投票，离席出走，并公开批评那些批评他们的人。[①]

温汉姆镇是一个特别活跃的教区，因为它的牧师约翰·菲斯克常常就许多问题征询教众的意见。1644 年 11 月主日崇拜之后，教众为了该目的聚会，他们对接受新成员的程序达成一致意见，他们争议是否要设立感恩节，他们还讨论怎样对待那些“其他教会的成员”要求参加该教会的圣餐仪式。周复一周，每周如是，菲斯克忙着把长长的讨论记录（其中一些可能还有流通过的手抄本）整理、合并并记录在教会的档案中。这个教区还很认真地看待它的权利。马萨诸塞常设法院就新拟的《教会纪律征求意见稿》征求意见时，意见稿及其附带文件《威斯敏斯特信纲》中的“有关表述”产生了许多“骚动和争论”。在投票“同意”两个文件
之后，教众还特别小心地指出“我们对该文件的同意不会自动延伸至该 77
文件的每章节的具体情况”，教众们时刻提防着任何可能“危害教会自由权利的”规定和做法。[②] 17 世纪中叶，哈特福德镇的牧师塞缪尔·斯通把教会的管理方式说成是：“雄辩的特权阶层面对沉默的民主政体”，但这并不是斯通自己教区管理的运作方式，也不是菲斯克教区管理的运作方式。相反，由于公理会方式给予了他们权力，男平信徒（以相对不那么显眼的方式，还有女平信徒）在政治上一直都很活跃。[③]

有的情况和特权是教区会众所独有的，但是其他类似的权利广泛地适用于所有殖民地人。《自由权利法案》赋予每个马萨诸塞的自由民“提出建议、投票、判断或在任何法院、法律商议庭或民事集会上做出判决

---

① Robert G. Pope, ed., *The Notebook of the Reverend John Fiske, 1644—1675,* in *Pub. CSM* 47 (1977): 59—67 (这是一次不常见的长时间争执)。

② 同上，pp. 10, 12, 90—91, 93。其他教区的教众对《威斯敏斯特信纲》的批评更为具体，见 Hall, *Faithful Shepherd,* pp. 116—117。

③ Cotton Mather, *Magnalia Christi Americana,* 2 vols. (1702; reprinted, Hartford, 1853—1854), 1:437. See also George Leon Walker, “The Quarrel in Stone’s Day,” in Walker, *History of the First Church in Hartford, 1633—1883* (Hartford, 1884), pp. 146—181. James F. Cooper, Jr., *Tenacious of Their Liberties: The Congregationalists in Colonial Massachusetts* (New York: Oxford University Press, 1999)，该书关于平信徒积极有力地坚持他们的特权的描述最为详尽。

的”“完全自由”“……只需有序并无伤风俗即可”。该法案还支持其他更广泛的参与形式，自由权利第12条规定“每个人，无论是居民还是外国人，无论自由民与否”都有权参加“任何公共法庭、协议庭或镇民大会，他们可以口头或书面提出任何合法、合理和实质性的问题……对该问题大会应做出适当审理，条件是在方便的时间、按照程序并以合适的礼仪提出”。普利茅斯政府已经授予该殖民地的所有人，不论自由民与否，相同的权利，因此，言论自由在一定程度上是合法的，手抄本的流通也是如此。①

当然，言论和写作仍然被认为是危险的，正如菲利普·朗德指出的那样，流言或“村言”在官方核准的话语方式之外起作用，或是与官方语言保持一种“对话”关系。这也是为什么在自由权利第12条中要坚持强调“按照程序并以合适的礼仪提出”，这是因为担心这些做法会威胁到政府和教会的稳定。

16世纪晚期和17世纪早期的英国国王们，一个接一个地，都规定出版商和书商可以出版什么，不可以出版什么；他们惩罚那些批评国王的
78 人马或任何王室政策的作者；强制执行反对“煽动性诽谤”的法律；禁止在下议院之外的地方有言论自由；企图控制消息流通；因为从理论上说，有关国王的任何消息都是保密的。这些措施之所以合理是因为为了保持国王的权威这样做是必须的；如其不然，允许普通人讨论那些“贵族、主教和议员们……认为对国家最有利的事”就等于是在鼓励分裂。在当时的人看来，这样的无序和混乱离更大的麻烦只有几步之遥，比如合法权威的崩解或是暴乱。对于暴乱、亵渎神明，以及言论破坏社会和平的能力的担忧也存在于殖民地人心中并体现在其成文法中。②

① Whitmore, *Colonial Laws,* pp. 49, 35 (emphasis added); Langdon, *Pilgrim Colony,* p. 85.

② Philip H. Round, *By Nature and By Custom Cursed: Transatlantic Civil Discourse and New England Cultural Production, 1620—1660* (Hanover, N.H.: University Press of New England, 1999), pp. 76—77; David Zaret, *Origins of Democratic Culture: Printing, Petitions, and the Public Sphere in Early-Modern England* (Princeton: Princeton University Press, 2000), chap. 3 (quotation, from a statement of 1536, is on p. 53); David Colclough, *Freedom of Speech in*

但是有争议的言论、写作和信息传播还是发生了。[①] 到 1620 年代，可能还有此前的 20、30 年，通信网络在英格兰充当此类功能。虽然对煽动性诽谤的检控非常严厉，但是它并不能阻止匿名的、未经授权的侮辱性文本的流通，似乎每个人都知道朝廷发生的事情，也知道议会开庭期在讨论什么，部分原因是因为手抄本市场十分活跃，这些“即时通讯”告知有兴趣的读者事态的发展。大众言论无法控制，印刷的情况也差不多，因为出版商和书商常常会规避出版许可程序。就算没有印刷出来，像托马斯·胡克辞去他在英国的牧师职务前一晚所做的那样大胆的布道文《逃亡的危险》(终于也在十年以后由一位书商出版发行了)，一直通过口头形式和手抄本的形式流传。[②]

这些经历和期望都伴随着殖民地人来到了新大陆。一些人早已熟悉非国教教派的秘密集会或是私人集会了，在这些集会上，讨论相对自由，正如在新世界，在波士顿安·哈钦森的家中举行的集会一样。如此多的妇女(根据一个敌对的观察者的说法，大约“一次有 50、60，或 80 人”)去听哈钦森对牧师们布道的评论，以至于世俗政府都开始惊慌起来。她的聚会在 1637 年戛然而止，但是《自由权利法案》保障平信徒有权以这种方式聚会，直到 17 世纪末还一直有人这么做。[③] 无照印刷和 79
撰写诽谤性文章的做法在最初的几十年间没有在殖民地重现，要印刷什么东西，持不同政见者像罗杰·威廉斯、塞缪尔·戈顿和 1650 年代初的

Early Stuart England (Cambridge: Cambridge University Press, 2005); Freist, *Governed by Opinion,* introduction.

① F. J. Levy, “How Information Spread Among the Gentry, 1550—1640,” *Journal of British Studies* 21 (1982): 11—34; Richard Cust, “News and Politics in Early Seventeenth-Century England,” *Past and Present* 112 (1986): 60—90.

② 英国做法的这些方面详见 Adam Fox, *Oral and Literate Culture in England, 1500—1700* (Oxford: Clarendon, 2000), chap. 6; Joad Raymond, *Pamphlets and Pamphleteering in Early Modern Britain* (Cambridge: Cambridge University Press, 2003); Hall, *Ways of Writing,* pp. 121—122。

③ Hall, *AC,* p. 207; Whitmore, *Colonial Laws,* p. 57; Stephen Foster, *The Long Argument: English Puritanism and the Shaping of New England Culture, 1570—1700* (Chapel Hill: University of North Carolina Press, 1991), pp. 95—96.

威廉·平琼都是依靠伦敦的出版商。但在1630年代，威廉斯也在马萨诸塞通过手抄本来传播他对政府和教会的批评，1630年代和1640年代的许多其他人也转向手抄出版物作为他们参与政治争论的方式。[①]

信息、谣言和手抄本以这种或那种方式广泛传播。之所以如此，部分原因是因为在新英格兰无论男女受教育程度都很高，他们都会阅读，要求父母教会子女这一技能的法律认为该项指令有利于服从，但是读写能力从来都是一把双刃剑。寄给约翰·温斯洛普的信件、他日记中的注解、当地的记录都显示，这些文本和评论从讲道台传到教区会众，从总督助理到镇民大会，反之亦然。他们从牧师传到行政官，从常设法院传到每个小镇，从一个持异议者传到另一个持异议者，从新英格兰传到英格兰，而最重要的是，从“人民”传到助理、传到行政官、传到牧师、传到总督那里。[②] 唯信仰论论战又一次是很恰当的例子，因为它打破了端方礼仪的每一条规矩。温斯洛普本人就起草了一份描写“怪物诞生”的文本并抄送给新英格兰的其他人，搅动了新闻、流言和观点的大杂烩。有传言说科顿的同事们已经转而反对他；在普利茅斯殖民地，1637年10月斯基尤特镇的教会庆祝了一天感恩节，是为了“科顿先生和其他牧师的和解”，以及“战胜了佩科特人”。因为此次争议对那些被指责为“合法”布道者的牧师们的合法性提出了质疑，1637年9月举行的宗教会议本来是要解决神学问题的，结果变成了对公众参与的一次实验。所有人都能参加会议，不论是朋友还是批评者，会议的牧师组织者们“对殖民地的所有人都给予参加和旁听的自由(有人指出，这主要是为了满足人民的要
80 求)，并且还专门指定一个地点让所有有意见的人进来并自由发言(必须遵守一定的秩序)，他们可以和我们一样想说多少说多少，想怎么说就怎么说”。这则故事的讲述者托马斯·韦尔德认为这次会议的开放性在平

① Winthrop, *Journal,* pp. 107, 109; *Winthrop Papers,* 3:146—149; Hall, *Ways of Writing,* chap. 2; David D. Hall, "Scribal Publication in Seventeenth-Century New England: A Second Checklist," *Proceedings of the American Antiquarian Society,* 118 (2008): 267—296.

② 仅举一例，参见 *Winthrop Papers,* 3:76。关于新英格兰的谣言值得写一部更完备的历史。

息不满方面起到了至关重要的作用。[①] 这是开放和透明的伦理观值得冒的风险，因为冒这个险可以强化该伦理或重塑统治的权威。

在其他一些情况下，殖民地和镇政府都选择了广泛的公众参与。马萨诸塞殖民地政府意识到 1637 年关于一条法律（这条法律授权行政官禁止那些同情唯信仰论者的移民入内）的激烈争论使得在这次斗争中失败的人“既顽固又不肯和解”，于是安排公开宣读三份当时争论的文本，其中两个是支持该法律的，而第三个文本是亨利・韦恩撰写的，是批评该法律的。政府也不时地允许任意的人员参加常设法院的会议，在 1637 年 3 月，法院商议如何处理约翰・惠尔赖特煽动性的斋戒日布道时就是这样做的，“大门为所有想要进来的人打开（的确来了很多人）”；1643 年，“一大群人”在场旁听政府反对宗教狂热分子塞缪尔・戈顿；1645 年，当温斯洛普发表“关于自由的小演讲”时，对他的弹劾企图达到了高潮，当时法院也是对外开放的。[②] 起草中的法律或法律的最终形成都是以相同的方式在民众中分享的。在早期，康涅狄格殖民地政府就曾下令殖民地工作人员要把“所有的刑法或仍然有效的命令、决议”的副本抄送给“每个镇的治安官”，而该治安官则应在“4 天之内在各镇的公共聚会上将其发布”，并且还规定每个镇必须有人把法律汇编成书，“每年一次”现行的法律必须被公开宣读。[③]

在起草《自由权利法案》之时，马萨诸塞殖民地政府采用了类似的开放态度。温斯洛普对整个过程的描述三次提到“人民”想要一部法律，其中一次是“全体人民”，从上下文看来，指的是所有成年男性，不论自由民与否：“最终（为了满足人民的要求），法院决定将两份法律样本（约
翰・科顿起草的和纳撒尼尔・沃德起草的）进行改编和添加，将其简略 81
写出并抄送各镇……首先由行政官和长老们审议，然后由治安官向所有

---

① Hall, *Ways of Writing*, p. 30; Bangs, *Town Records of Scituate, Massachusetts*, 3:512; Hall, *AC*, pp. 212—213.

② Hall, *AC*, pp. 251—252; Winthrop, *Journal*, pp. 483, 584.

③ *Recs. Conn.*, p. 39.

人发布，如果有任何人认为其中有任何条款应做改动，他应该在下一次法院会议开庭之前知会当地的总督助理。”[①] 该过程以等级制度开始（行政官和长老们），然后逐渐扩展，最终变得非常广泛。在印发法律汇编文本时，同样的过程又再演了一遍，殖民地政府订购了大量的印本并将其分发给尽可能多的家庭，这和英格兰境内法律书籍的生产和散发的方式完全不同。就这样，在 1648 年，坎布里奇印刷厂生产了 600 份《法律和自由权利》，1656 年，纽黑文殖民地的领导从伦敦进口了在伦敦印刷的 500 份《新英格兰纽黑文安置点及其部分行政法令》。[②]

殖民地人既被鼓励去积极参与，但也可能会被责难，不少人公开地表达了他们的观点，不论政府是否愿意他们这么做。除了公共聚会、发布文本、布道，传播流言和分享信息也是这个过程的一部分。1636 年年底，罗克斯伯里镇的牧师约翰·埃利奥特利用他的讲道台批评“行政官们未经人民的同意就进行”与佩科特人的战争，温斯洛普紧张地写道：“人们开始抓住机会低声地对我们表示不满。”1640 年代早期，殖民地因为一头走失的母猪究竟归谁所有引起了动荡，温斯洛普本人撰写并“出版”了（几乎可以肯定，也就是以手抄本的形式散发）《一份案情简报：理查德·谢尔曼诉罗伯特·凯恩上尉》，这份简报对双方争议的记述方式对凯恩有利。在温斯洛普的简报之前，伊丽莎白·谢尔曼声称是这头猪的主人，她告诉波士顿人是凯恩，一位富裕但很招人恨的商人“杀死”了她的猪，因此，正如温斯洛普在他的日记中所记录的：“关于这件事的谣言就在镇上传开了。”陪审团和常设法院正式介入，经过“激烈争辩”，
82 同时又出现了一个新情况，一位“很吵闹的”年轻人，谢尔曼夫人的朋友，他提出“对这个国家的伟大期望”而敦促法院推翻原判，惩罚凯恩。

① Winthrop, *Journal,* pp. 314—315.

② William K. Holdsworth, “Law and Society in Colonial Connecticut, 1636—1672” (Ph.D. diss., Claremont University, 1974), p. 135. 在有印刷品之前，殖民地政府分发的是手抄本，每个镇一本（William Brigham, *The Compact with the Charter of the Colony of New Plymouth* [Boston, 1836], p. ix; Holdsworth, “Law and Society,” p. 125）。

1642年夏天，更多的文本被撰写出来，这是因为行政官们要为他们的否决权做辩护，因为否决权的问题也被搅到了这个案子中去。①

一年以后，情况变得更为紧张，以至于副总督托马斯·达德利对一位不同意他的牧师说："你想在这个案子上用你的长老身份来压我吗？"与此同时，助理们报告说"他们的镇民"对案子的判决"不满"，尤其是关于谢尔曼寡妇因为诽谤凯恩被判罚大量罚金的事。远在缅因的卡斯科镇，公众的愤怒到1645年还很强烈，因为有人抱怨道："法院因为一头母猪的事情对一位可怜的女人很不公正，在马萨诸塞，除了教会成员，谁也不能得到公正。"同一个人还在对殖民地的其他人的声明中引用19位反对凯恩的证人的话："他们生活在那样的政府手下简直就像生活在土耳其。"② 此处所说的土耳其（奥斯曼帝国，不是现代的土耳其），指的是一种末日景象，也就是那些受压迫的人将起来推翻所有不公正的王国。

当马萨诸塞殖民地政府企图帮助查尔斯·拉·图尔，一位法国殖民者时，殖民地人中的谣言、小道消息和牢骚再次活跃起来。查尔斯·拉·图尔与他的一位同胞在争夺法属加拿大的一个地区阿卡迪亚的时候陷入了僵局，对于许多人来说，欢迎一个天主教徒来波士顿并公开支持他实在是太过分了。殖民地人再次通过使用谣言、布道和信件来表达他们对该政策的不满。温斯洛普在他的日记中是这样写的："有关此事的谣言很快传遍了全国，人们对此反应不一，不仅是普通人，也包括长老们，有人就此事在布道中表示反对他们在波士顿停留……各种信件呈递到总督面前，向他说明此事的危险性，其他人则对所有这些做法都提出了良知是否有罪的指控。"约翰·恩迪科特在抗议活动的中心伊普斯威奇镇报道说："附近一带地方都处于动荡之中"，因为领导层与"那

① Winthrop, *Journal,* pp. 395—398, 453—454; *Winthrop Papers,* 4:349—352.

② Winthrop, *Journal,* pp. 136—137, 195—198, 453—454; *Winthrop Papers,* 4:349—352; Arthur Prentice Rugg, "A Famous Colonial Litigation: The Case Between Richard Sherman and Capt. Robert Keayne, 1642," *Proceedings of the American Antiquarian Society* 30 (1920): 217—250.

83 个偶像崇拜者、法国人有牵连”。温斯洛普不得不为自己辩护，他甚至寄信到偏远的纽黑文，在信中“他列出了好几条原因说明为什么马萨诸塞会给法国人提供许可”。对如此多的公众注意感到不安，并且发现法院内的派系实际上在煽动消息的传递，常设法院在1644年设立了一个特别委员会“来考虑并草拟一项决议禁止法院的成员泄露任何在此商议的不对外开放的事务，并起草一份决议阻止谣言的散播，在该管辖区谣言的流传过于频繁”。一年之后，法院宣布撒谎是犯罪，包括对共同体有害的任何形式的“错误消息和报道”。①

这可谓是亡羊补牢，为时已晚。在大西洋彼岸，长期议会也在应对类似的局面，因为1641年许可和审查制度的崩毁导致了无限制的印刷和言论泛滥。虽然马萨诸塞殖民地政府同样无法关闭谣言、小道消息和布道的通道，但是它们从未面临如此严重的情况。和长期议会一样，马萨诸塞殖民地政府也利用其权力来惩罚那些批评牧师和行政官的人，手段包括罚款、鞭笞、烙刑以及公开道歉的戏剧性场面。康涅狄格殖民地的常设法院也是这么做的，在一次很典型的事件中，它命令韦琴斯菲尔德镇上批评亨利·史密斯的人公开认错。② 这些高压政策可能降低了政治异见的数量和明显性（虽然这是否真的发生过还不清楚），但是绝不可能将其完全消除。保持意见不一致是清教主义自相矛盾的构成因素、殖民地人从英国带来的公众参与文化以及地方利益对抗中央政府的能力三者总体作用的结果。有一个很不错的例子，1643年，沃特敦镇的“富裕制革师”纳撒尼尔·布里斯科因为散发一个手抄本反对在他的镇上征税来付牧师的薪水而受到惩罚，布里斯科公开道歉并很可能支付了罚款，但在1647年他被选为该镇的行政委员。有几个大胆反对权威的人，

① Winthrop, *Journal,* pp. 443, 467—468; *Winthrop Papers,* 4:394; *Recs. New Haven,* 1:97; *Recs. Mass.,* 3:7, 18—19.

② Felt, *Ecclesiastical History,* 2:57; *Recs. Conn.,* p. 97; *Records of the Particular Court of Connecticut 1639—1663* (Hartford: Connecticut Historical Society, 1928), p. 71.

尤其是这么做的几个女人被有效地制止了，但不是布里斯科的同乡们。[①]

另一个公众参与的重要场所是法庭。哪怕只是一个单独的案件也 84
可能产生大量的证人证言，就像1650和1651年发生在斯普林菲尔德镇的案件一样，39位居民，其中有11位妇女，向法庭描述了一对被控施行巫术的夫妻的行为。[②] 新英格兰和英格兰一样，法律的实施几乎完全依赖普通人愿意承担“做证人、担保人和监狱看守”的义务，并且侦查和报告不法行为，因为没有警察来侦查和逮捕罪犯，法庭只能假定嫌疑犯、原告和证人会自己出现。在1638至1665近30年的时间里，在纽黑文镇和殖民地一共有4个嫌疑犯成功地避免了他们曾被警告说必须参加的庭审，还有4个企图逃走但是在逃走前被抓住了。[③] 其实倒不是人们有多害怕法庭的作为：因为法庭是行政官和当地居民谈判的地方，一些人是原告和被告，另一些是证人和陪审团成员。正如一位研究英国法律和地方行政管理的历史学家所指出的，地方治安官“起码得和民众各让一步”。[④] 早期新英格兰的行政官和他们在早期斯图亚特英格兰的同行一样，他们通常认为司法不是一个抽象的概念，公正本身并不是目的，而是达到社会和平的手段。为了这个目的，必须平息争吵，而惩罚也必须根据每个人的情况进行调整。通常，在马萨诸塞殖民地，地方和郡县的法院负责处理日常的纠纷以及轻微的违法事件：欠债不还、房产的分配、有待修整的围栏、诽谤、盗窃，还有大西洋两岸地方司法最主要的工作——

① Winthrop, *Journal,* p. 423; Thompson, *Divided We Stand,* p. 69.

② David D. Hall, *Witch-Hunting in Seventeenth-Century New England: A DocumentaryHi story, 1638—1693* (Boston: Northeastern University Press, 1999), chap. 2.

③ Gail Sussman Marcus,"'Due Execution of the Generall Rules of Righteousnesse': Criminal Procedure in New Haven Town and Colony, 1638—1658," in *Saints and Revolutionaries: Essays on Early American History,* ed. David Hall et al. (New York: W. W. Norton, 1984), pp. 99—137; 4个逃走的嫌疑人中的3个随后被发现。

④ Anthony Fletcher, "Honour, Reputation and Local Office-Holding in Elizabethan and Stuart England," in Fletcher and Stevenson, eds., *Order and Disorder,* pp.92—115. 因为一些巫术的审判记录非常详尽，使得司法体系的灵活性非常明显：证人的证言与证据不符；陪审团拒绝定罪；地方法官推翻陪审团的判决或是即兴地创造一种处罚方式。

酗酒和婚外性行为。[①]

纳撒尼尔·霍桑的小说《红字》传达了一个有关早期新英格兰司法的很不同的印象。他指责那些穿着“黑色长袍的”男男女女“冷酷、僵硬”，他们沾沾自喜地聚在波士顿监狱的门前看着海丝特·白兰，对海丝特的惩罚体现了一种缺乏人情味的正义道德观，或如霍桑所说，缺乏“人性”。从那以后，海丝特便被排斥在社区之外，这是符合霍桑自由主义唯一神
85 教派观点的一种叙事主题。他在某一方面是对的，但是在其他方面却是错的，而且错得很厉害。法官和陪审团会同意司法的目的是实现正义，或是《十诫》或《圣经》其他地方所列出的道德律法，这是正义的理想，因此依据《圣经》的判例被包括进每个殖民地的法律中（甚至在罗得岛也是如此）[②]，它充分影响着整个司法体系，包括证据规则。但是在这个框架中发生的每一起审判都促使罪犯忏悔他的罪过，忏悔，而不是惩罚才是整个事件的关键，因为只有忏悔才是可靠而确定的方式，可以清除社会和个人身上“罪”的污痕——每一个破坏道德律令的事件都会污染整个社区。忏悔有着双重的重要意义：从社会的角度，它可以释放排解围绕着罪行积累起来的恐惧、愤怒和报复的情感；从神学的角度，它可以转移上帝对个人和社区的怒火。在正义的框架中进行法律制裁是为了克服在人们和社区中的“罪”，这和斋戒日以及重申圣约的做法所依据的原则是一样的。忏悔还总是能开始和解与修复。这类事件中的规范伦理学诚如一位纽黑文的行政官对一个被告所说：“你最好能说出实情，因为如果你想要隐藏或是掩盖事实，它会加重你的罪，也会加重你的惩罚，因此，你最好忏悔你的罪，荣耀上帝，记住所罗门的话，那些隐藏罪行的人不能成功。”因此在纽黑文受审的人总是会认罪，而且他们也几乎总是在

① Edgar J. McManus, *Law and Liberty in Early New England: Criminal Justice and Due Process, 1620—1692* (Amherst: University of Massachusetts Press, 1993), app. C.

② G. B. Warden, “The Rhode Island Civil Code of 1647,” in Hall et al., eds., *Saints and Revolutionaries,* p. 149.

忏悔之后得到法庭的轻判，法庭常常免除或是减少通常的惩罚。[①]

通奸当然是罪，约翰·科顿在1630年代起草的法律中把它列为死
刑之一，其他可以判处死刑的罪行包括巫术、亵渎神明和忤逆父母。这
些条款都被写入了《自由权利法案》，其他殖民地也把它们写入了各自
的法律，这可能被看作清教徒的严苛的最好例证。但是除了1644年在
马萨诸塞有一对男女因为通奸被处决，1650年有5个人（4女1男）因
为巫术被处死之外，这些法律从未被付诸实施。[②] 当英国的尾闾议会为
一时的道德狂热所压倒，在1650年把通奸列为死刑之后，其实施情况也 86
很类似。类似的法律更多的是为了表明态度而不是判罪，宣告立场多于
实施处罚，仿佛上帝真正想要的只是对正义的公开声明，他们的做法与
所谓清教徒“以整个政府机器来支持性道德的强制执行”的假设是相反
的。[③] 法院的确希望人们在礼拜日不要工作，这也是因为他们头脑中想
着正义，但是也只有极少的人因为这个缘故被惩罚：有3人被康涅狄格
法院判处15年以上刑罚（共有78人因为各种其他罪行受罚），4人被马
萨诸塞助理法院判罚（在455例判罚中），在普利茅斯殖民地则一个也没

---

① Marcus, “Due Execution,” 全书各处（引文在第121页）; *Records of Particular Court,* p. 32。因此，针对那些为约翰·惠尔赖特请愿的人的罚款或其他处罚最终都被取消了。关于该文化中忏悔的作用，参见 David D. Hall, *Worlds of Wonder, Days of Judgment: Popular Religious Belief in Early New England* (New York: Alfred A. Knopf, 1989), chap. 4, and also below, Chapter Four。和解作为一种观念和实践都值得更全面的研究。

② McManus, *Law and Liberty,* pp. 70—71, 174; Jules Zanger, “Crime and Punishment in Early Massachusetts,” *WMQ,* 3rd ser., 22 (1965): 471—477，请注意在康涅狄格完全没有执行过死刑，而且总的来说，普遍都是用罚款来替代肉体惩罚。

③ Keith Thomas, “The Puritans and Adultery: the Act of 1650 Reconsidered,” in *Puritans and Revolutionaries: Essays in Seventeenth-Century History Presented to Christopher Hill,* ed. Donald Pennington and Keith Thomas (Oxford: Clarendon, 1978), pp. 257—282 (quotation on p. 257); Holdsworth, “Law and Society,” p. 191，请注意“很少有人”不出席或是拒绝为牧师的薪金付钱，并且完全没有人因为不守安息日而受罚。公布的法律和社会实践之间存在很大差异，这一点得到菲利普·贝内迪克特研究的证实，他对欧洲和英国改革后的社区的教会处罚记录的数据进行了仔细研究，结果表明了类似的差异，通常是因为如果完全实施所有法律则会危及社会和平。（Philip Benedict, *Christ's Churches Purely Reformed: A Social History of Calvinism* [New Haven: Yale University Press, 2002], chap. 11.）

有。至于家庭管理和父权制伦理，法院判罚就更少了。① 父母不能决定孩子的婚姻对象，虽然那些被认为“淫荡”的女人有时候被判鞭刑，婚外受孕的女人可能和使她受孕的人一起受到公开谴责和羞辱，但是这些人大部分后来都结婚并定居下来。② 虽然它总是叫嚷着“正义、正义”，但殖民地的法制体系出人意料地灵活，只是间歇性地会变得严厉，大部分时间陪审团和行政官都是故意睁只眼闭只眼，而不是强调法律的严格执行。③

公众参与还有两个关键方面：请愿和公民权。比起本书中所给予的关注，二者都应该得到更多的研究——尤其是请愿，还有待专门的历史学家来研究。请愿是英国政治文化的传统特征，是“向任何现存的权威”表达“任何可能的不满”的一种手段。1604 年，詹姆士一世从苏格兰到伦敦开始他的统治，一路上他被“各种请愿连续轰炸”，这促使他提议召开议会，目的是减轻“我们人民的各种不满”，从那时起，不满就成为一个很灵活的范畴，可以包含很广泛的请求。17 世纪早期的各个议会都面临着对其所接收的请愿进行分类和处理的问题，1653 年底奥利弗·克伦威尔任护国公时期召集的国务会议也是一样，发现自己忙于处理积压下来的大量请求。到这个时候，请愿也已经发展成为动员公共支持的手段
87 了，1640 年上呈查理一世的请愿书上有 12 位议会成员的签名，请求召集

① “压倒性的证据证明……父母亲是公平的，再加上适婚年龄的兄弟之间父母平等对待，这些都极大地削弱了清教新英格兰父权专制的黑暗形象”（Main, *Peoples of a Spacious Land,* p. 79，这纠正了前面关于父亲控制儿子的说法）。同样的观点在巴里·利维的书中得到了更多强调。

② McManus, *Law and Liberty,* app. C. 这些说法是基于附录中的表格和汤普森的著作 Thompson, *Sex in Middlesex,* chap. 2, “Courtship and Patriarchial Authority”; chap. 3, “Pregnant Brides and Broken Promises”; and chap. 5, “Adolescent Culture”; as well as Holdsworth, “Law and Society,” chap. 5, “Law and the Family,” and pp. 355—356，他在书中指出很少会给犯人戴颈手枷或致其残废，女人或仆人如果要照顾年幼的小孩，可以不参加大部分的教堂礼拜仪式，孩子根本就不参加。

③ Margaret Spufford, “Puritanism and Social Control?,” in Fletcher and Stevenson, eds., *Order and Disorder,* pp. 41—57. 具体例子参见 John Noble and John F. Cronin, eds., *Records of the Court of Assistants of the Colony of the Massachusetts Bay, 1630—1692,* 3 vols. (Boston: Suffolk County, 1901—1928), 3:34—35。

一届新议会，请愿书立刻被印刷出来、散发出去，此后许多其他的请愿也是如此，包括那些由平等派发起的请愿。[①] 在新英格兰，没人四处散布印刷出来的请愿书，但是在马萨诸塞殖民地人们很频繁地向常设法院请愿，以至于法院专门设立了一个委员会来进行分类和排序，作为权宜之计，法院在1644年投票决定在每季开庭前3天不受理任何请愿。地方上，人们把他们的问题和要求提交到市镇政府，比起其他的公众参与手段，请愿在更大程度上可以为更多的殖民地人采用，不论其社会地位、财产、性别或是否教会成员。[②]

1645年呈递给常设法院的大约有50起请愿，同年呈递给康涅狄格政府的请愿数量较少(在康涅狄格和在马萨诸塞一样，不论是否自由民都有权请愿)，这些请愿包括了各种不同的事件，大部分是地方性的：有人希望获得允许在本镇出售葡萄酒和啤酒；债务人要求延期清账；一群人要求批准建立一个新镇或是对政府的某项决定表示不满。人们常常会要求减免某项罚款或其他处罚，如1640年莎拉·戈斯为她的丈夫辩护说他“管不住……自己的舌头”是因为“他的精神紊乱”。她说20英镑的罚款“对我自己和孩子都很不公正”，她得到了沃特敦镇牧师和其他头脑人物的支持。4年之后，康科德的高级牧师彼得·伯克利为一件类似的案子带头请愿，一位名叫马丁的男子因为“反对教会圣约的言论”被罚款，但是目前他正经历“个人财产的巨大衰退”，这影响到了他的家庭。正如经常发生的那样，法院减免了戈斯的罚款，很可能也减免了马丁的。在马萨诸塞，人们都知道请愿是一个很好的方式，可以获得这种或那种减免和救济，当地居民罗伯特·凯恩把这一常识表述得很清楚，他说他决定不用“请愿”去麻烦“法院豁免或减少”对他的一项“迫害性”

① Zaret, *Origins of Democratic Culture,* pp. 85, 82.

② Winthrop, *Journal,* p. 453; *Recs. Mass.,* 2:20. 本书忽略了任何殖民地政府向英国议会或其委员会的请愿，是否把马萨诸塞殖民地记录中暗示为请愿但没有明确使用“请愿”这个词的条款计算在内也是一项不确定因素，会影响研究的准确性。在下面这个段落所使用的数据中，我把其中一些暗示的请愿活动计算在内，如果这个数字再加上向市镇、教会和法庭的请愿，则总数很可能要翻倍。

88 的罚款，虽然他的“许多朋友都建议”说“法院很可能会乐意抓住这个机会来改变当时仓促做出的决定”。[1] 各个镇也是积极的请愿方和反请愿方，通常都是为了土地的分配或是地界的划分问题。当然，也有请愿未获答复，1637 年伊普斯威奇镇的 57 位居民请愿警告说如果镇上的首脑人物，小约翰·温斯洛普成为波士顿海港要塞的指挥将对伊普斯威奇镇不利，请愿未获答复，但是不管怎样，温斯洛普很快搬到了其他地方。[2]

正如常设法院肯定认识到的那样，这种对请愿的正面反应反过来又确认了请愿的根本性公正。公正是因为如此多的人（男人、女人、富人、中产阶级和穷人）都求助于请愿，公正也是因为法院对如此多请愿的反应也是正面积极的。公众请愿的前提是假定政府有义务为人民解决困难，政府会致力于促进社会的福利，这是一个好国王的目标，但也是新英格兰每一个殖民地政府的目标，其公正的行为又加强了殖民地权威的合法性。但是它能这么做完全是因为整个过程必须要有真正有利的结果——城镇获得了额外的土地，财产的继承者得到了他们预期的财富，寡妇获准出售葡萄酒以得到经济保障。到 1640 年代中期，公众请愿还使一些民众团体可以提议或挑战某项政策。马萨诸塞 1644 年的一项法令否认浸礼会教徒有任何权利，这导致了一些人无声的反抗，他们要求这项法令被废除或更改，几个月之后，1646 年 5 月，法院收到了一份由 77 人联名签署的请愿书支持这项法令。在这种情况下，意见产生了分歧，第二次请愿（这次请愿也许是法院某些成员要求的）给该法律提供了追加的合法性。[3] 不论请愿的形式为何，公众请愿已经成为新英格兰公众参与文化的重要方面，它是把助理、行政官、牧师、地方官员和殖民地人

---

① *NEHGR* 2 (1848): 44—45; Lemuel Shattuck, *A History of the Town of Concord, Middlesex County, Massachusetts* (Boston, 1835), 152n.; Bernard Bailyn, *The Apologia of Robert Keayne: The Self-Portrait of a Puritan Merchant* (New York: Harper Torchbooks, 1965), p. 48.

② *Winthrop Papers,* 3:432—433. 当马萨诸塞常设法院把罗利镇硬挤进已经建成的伊普斯威奇镇和纽伯里镇之间时，可以预见将会有持续不断的请愿发生。(Jewett and Jewett, *Rowley, Massachusetts,* passim.)

③ *Recs. Mass.,* 2:51, 64; Winthrop, *Journal,* pp. 611, 629.

民的日常需要联系起来的有效手段。

有的请愿在性质和结果上都与前不同。1628 年的《权利请愿书》否定了查理一世好几项政策的合法性，首先是他强制征收的借贷，九年以后，在马萨诸塞，一些人呈递给马萨诸塞常设法院一份《劝谏请愿书》，抗 89
议对约翰·惠尔赖特的责难。[①] 请愿以谦恭顺从的方式开始，请愿书的签署者表示他们是“谦卑地恳求”政府改变其决定，并保证他们“应有之服从”。但是他们同样确定法院之前的决定是不公正的，他们坚持认为惠尔赖特没有说过任何煽动叛乱的话，法院最近投票将其定罪，请愿者们认为常设法院的决定明显是受了撒旦的影响：这是“撒旦的老办法”来“诽谤上帝忠实的先知”，在如此强硬的措词之上，他们还加上了警告，不公正的行为可能激怒公义的上帝惩罚整个殖民地。[②]

正如戴维·扎雷特在他对早期斯图亚特英格兰的请愿活动的研究中所指出的那样，请愿活动的合法性总是很脆弱的。请愿只有在请愿者明确地表示对国王或议会的顺从尊重的前提下才可能是合法的，这种顺从和尊重体现为每一份典型的请愿书的开头部分所表达的谦卑和忠诚。这种谦卑态度是和请愿者们对自己行为的认知一致的，他们知道请愿对他们来说是被赐予的特权而不是受保障的权利。并且，这种谦卑态度也发出一种信号，那就是提出请愿的人不是“分裂派”——也就是说，他们并不想挑战政府的权威，所有这些姿态都表明这些对“好意”的请愿实质上是在乞求当权者一点恩赐。[③]

查理一世拒绝了《权利请愿书》，马萨诸塞政府也摒弃了 1637 年的劝谏请愿书，并且在 11 月很强硬地把该文件定性为“煽动性诽谤”，并处罚了每一个在文件上签名的人。温斯洛普对 1637 年劝谏书的反应（或

① David Zaret, “Petitions and the ‘Invention’ of Public Opinion in the English Revolution,” *American Journal of Sociology* 101 (1996): 1497—1555(quotation, p. 1499). 扎雷特指出（第 1513 页），请愿的做法之所以可以接受是因为它满足了顺从的标准，它并未“声称民众的主权高于他们请愿对象的权威”。

② *Hutchinson Papers,* 2 vols. (Albany: Prince Society, 1865), 1:72—74.

③ Zaret, *Origins of Democratic Culture,* pp. 90—91.

者也可能是后来没有流传下来的一份类似的文件）是指责3位对该文本负责的波士顿教会的成员，告诉他们，他们质疑常设法院的裁决并且召集“人民”一起抗议是“破坏了”他们的“圣召的界限”，做出那样的呼吁本身就是煽动性的，因为民众起义将会“颠覆我们共同体的基础”。

90 7年之后，法院对于欣厄姆镇的81位请愿者几乎还是同样敌视，他们抗议说他们的“自由权利被侵犯了”，因为温斯洛普和其他政府官员干涉并推翻了当地的一次民兵指挥官的选举。温斯洛普非常生气，因为助理们在行政官们还未考虑该事件之前就受理了请愿，同时对于针对他自己的指责也深深地愤怒，他认定该文件是“反叛的、煽动性的行为”，并把整个事件变成了一次对权威的全面攻击。他的大部分行政官同事都同意他的观点，在来来回回讨论之后，法院对领头抗议的人处以罚款，虽然有很少的几位助理表示不同意。欣厄姆镇的牧师彼得·霍巴特是被罚款的人之一，他抗议说法院侵犯了他请愿的权利，“他永远也不能理解他被罚款的原因，除非是因为请愿”，这一大胆的说法使得他又被法院罚款，因为“发表煽动性言论和藐视权威”。①

其他团体的遭遇也好不了多少。以罗伯特·蔡尔德为首的几个人在1646年5月呈递了一份《劝谏请愿书》，要求对教会和社区的结构进行根本改变，并威胁说要告诉英国议会马萨诸塞的人们不能享受习惯法中“英国人的自由权利”。他们被重重科以罚金，并被投入监狱，他们的文件被查封，这些法院的行动不仅是针对请愿本身，而且是针对这群人的政治目标，这是爱德华·温斯洛刻意在他为英国读者撰写的小册子中所支持的论点。② 如前所述，法院还在1650年代早期小小地警戒了一下莫尔登的镇民们，一年以后又惩罚了支持迈克尔·鲍威尔的城镇和人

① *Winthrop Papers,* 4:8—9; *Recs. Mass.,* 3:17—26; Winthrop, *Journal,* pp. 575—595, 617. 温斯洛普日记的编辑认为温斯洛普是1638年1月对1637年请愿者做出回应的，但是从上下文来看应该是1637年。

② George Lyman Kittridge, “Dr. Robert Child, Remonstrant,” *Pub. CSM* 21 (1919): 1—146; Edward Winslow, *New-Englands Salamander, Discovered* (London, 1647), reprinted in *Coll. MHS,* ser. 3, 2 (1830): 120.

民。韦琴斯菲尔德镇关于其牧师亨利·史密斯的终身任职问题产生了骚动，一开始政府本来打算接受其请愿，但是整个事件以政府勒令领头抗议的人公开道歉为结局。在类似的情况下，领导们会乞灵于服从的伦理观，正如温斯洛普在 1637 年或 1638 年在他的回应中所说，“每一个个人都有臣服于更高权威”的义务。①

然而，如果我们过分强调这些事件，好像他们证明了当局是专制独
裁的，那么我们就忽略了请愿本身是受马萨诸塞常设法院支持的这一事 91
实。尤其引人注意的是，法院是在唯信仰论争议事件正在进行时公开做此声明的，在惩罚了那些参与惠尔赖特“煽动性诽谤”的人之后，法院在其记录中加入了以下声明：“本院并不打算限制任何上帝允许之方式，通过请愿，或其他私下的传播方式，或（在私人手段无法流传之时）自由使用任何合法的公开手段以改进任何法院的任何过失，或法院成员之过失。”② 4 年之后，1641 年法院再次重申对“自由使用”请愿的承诺，把该权利写入了《自由权利法案》第 12 条自由权。虽然请愿得到官方的批准，但还是很容易被称为煽动性诽谤，也因此请愿在公众参与和公共政治中展现了持续的张力。政府在对抗变得很紧张的时候还支持请愿，这是一个强有力的证据，证明了一个很平常的假定，那就是请愿是一种基本权利或自由。

公众参与的最后一个方面，可能也是最难弄清楚、最难理解的问题，那就是谁才有资格投票。在 1960 年代和 1970 年代，有几位历史学家想要量化在马萨诸塞、纽黑文和普利茅斯殖民地被承认为“自由民”的人的百分比，所谓“自由民”，是唯一有权在殖民地选举总督、行政官和助理时投票的人。由于没有准确的数据，很难得出一个明确的答案，但是最后大家达成了基本一致意见，那就是到 1647 年大概 50% 的成年男性

① *Recs. Conn*, pp. 86, 90, 97—99; *Winthrop Papers,* 4:9.

② *Recs. Mass.,* 1:189, 207—209, 213. 关于政治批评的可能性，参见 Hall, *Ways of Writing,* chap. 5。

（在有的城镇可能达到 65% 或 70%，而在有的城镇可能低至 40%）在马萨诸塞殖民地成为了自由民，虽然这个数字可能在此后的几十年里有所下降。在普利茅斯、纽黑文、康涅狄格和罗得岛，该百分比在 1640 年代可能还更高。[①] 这些研究结果粉碎了“寡头政治”范式的一个决定性前提，那就是少数人通过严格地限制哪些人可以投票选举总督和行政官来统治多数人（性别问题在此争论中从未被考虑在内）。在这些研究成果出现之前，唯一的权威论点是 19 世纪中期被多次重复的、纯属猜测的数
92 字——马萨诸塞的自由民仅占男性的 20% 或 25%。[②]

一旦关于投票人和投票活动的潘多拉的盒子被打开，很明显在其他场合也会投票——当然包括地方教会，不过还有民兵组织和镇民大会。民兵组织选举指挥官异乎寻常地开放，因为在殖民地年满 16 岁的男性都要参加军事训练，马萨诸塞政府明确宣布在此类选举中放弃自由民和

---

① 有关该文本最好的解读详见 B. Katherine Brown, “The Controversy over the Franchise in Puritan Massachusetts, 1954 to 1974,” *WMQ,* 3rd ser., 33 (1976): 212—241，文中引用了相关研究，参见 James A. Thorpe, “Colonial Suffrage in Massachusetts: A Review Essay,” *Essex Institute Historical Collections* 106 (1970): 169—181。关于普利茅斯的情况，参见 George D. Langdon, Jr., “The Franchise and Political Democracy in Plymouth Colony,” *WMQ,* 3rd ser., 20 (1963): 513—526；关于纽黑文，参见 Bruce C. Steiner, “Dissension at Quinnipiac: The Authorship and Setting of *A Discourse about Civil Religion in a New Plantation Whose Design Is Religion,” New England Quarterly* 54 (1981): 31, 31 n. 59；关于康涅狄格，参见 David H. Fowler, “Connecticut’s Freemen: The First Forty Years,” *WMQ,* 3rd ser., 15 (1958): 312—333; 关于罗得岛，参见 Sydney V. James, “Rhode Island: From Classical Democracy to British Province,” *Rhode Island History* 43 (1984): 124。塞缪尔·埃利奥特·莫里森计算了马萨诸塞罗克斯伯里镇的自由民比例，在 1640 年时大约为 65% 到 75%，见 Samuel Eliot Morison, *Builders of the Bay Colony*（1936; revised, Boston: Houghton Mifflin, 1958）, p. 381。关于坎布里奇，见第五章。学界普遍同意，在 1650 年以后，康涅狄格和马萨诸塞的自由民在成年男性中的比例逐渐上升。

② John G. Palfrey, *History of New England During the Stuart Dynasty,* 3 vols. (Boston, 1865), 3:41 n. 3; 这个数字也出现在 James Truslow Adams, *The Founding of New England* (Boston: Little, Brown, 1921), p. 121，在该书中被简化为五分之一，佩里·米勒在他的书中采用的也是这个比例，Perry Miller, *The New England Mind: The Seventeenth Century* (Cambridge, Mass.: Harvard University Press, 1954), p. 440. 在《马萨诸塞的正统 1630—1650》（*Orthodoxy in Massachusetts, 1630—1650,* Cambridge, Mass.: Harvard University Press, 1933）一书中，米勒把教会成员资格和选举权之间的联系称为是建立了“一种宗教苏维埃”（第 243 页），这种说法现在可能没有在 1933 年那样触目惊心了。

非自由民的区分，虽然被选举出来的指挥官还要得到更高权力机构的批准。[①] 至于各镇的事务，同一个政府在1635年决定只有自由民才能在镇务会上投票，这一特权在1647年扩展至非自由民，虽然还有一定的附加限制，这是很重要的一步，政府中一些人早在1644年就提议如此，而且可能在纽黑文已经实施；在普利茅斯，各户的户主早就可以在镇里以及在殖民地投票。但从某种角度来看，所有这些法律都是有争议的，因为每一项对马萨诸塞各市镇政治管理的认真研究都会找到更广泛参与的证据，有的做法是非正式的或与官方的规定相矛盾。例如在1638年，当中央政府在康涅狄格形成的时候，政府命令"各镇被承认的居民"可以参加选举助理的投票。使用这样的措辞说明镇上的领导并不想严格地这样做，或者更可能的情况是，他们意识到人们对土地和税收决策的担忧可以通过更开放的镇民大会得到更好的疏解。[②] 各镇都在承认"居民"或"平民"身份，给予他们一定的权利，大部分是经济权利，但也可能包括一些非正式的参与镇民大会的权利，1643年吉尔福德镇就明确授予他们该权利。[③] 因此，在哈特福德，任何人（意思是，几乎可以肯定地说，任何成年男性）如有不满，都有权把他的案子递交给这些大会。泛称"市镇"暗示着非正式的开放性，他们在殖民地层面有着相应的表述，那就是

---

① 欣厄姆镇的争执在一定程度上开启了当地民兵是否有权选举自己指挥官的讨论，在蔡尔德请愿中又重提了这一点，他认为士兵们被剥夺了该权利。作为回应，爱德华·温斯洛坚持说该权利"在自由民和非自由民中一样普遍"（Winslow, *New-Englands Salamander,* p. 121）。殖民地政府倾向于在高于中士以上军阶的人中进行选举，然后获得政府批准。民兵团体的参与性研究参见 T. H. Breen, "The Covenanted Militia of Massachusetts Bay: English Background and New World Development," in Breen, *Puritans and Adventurers: Change and Persistence in Early America* (New York: Oxford University Press, 1980), pp. 24—45。

② *Mass. Recs.,* 2:197; *Recs. Conn.,* p. 23. 地方投票的证据参见 Brown, "Controversy," p. 229；在这篇文章中，她使用了两个镇的详细研究，Powell's *Puritan Village* and Lockridge's *New England Town*。

③ Steiner, *History of Guilford,* p. 36. 同样的观点参见 Rutman, *Winthrop's Boston,* pp. 159—163n.，但他的证据受到了质疑，参见 T. H. Breen, "Who Governs: The Town Franchise in Seventeenth-Century Massachusetts," *WMQ,* 3rd ser., 27 (1970): 460—474。马丁在对被承认的"居民"身份和市镇投票进行了仔细研究之后认为他们经常参与当地政治（*Profits in the Wilderness,* pp. 167—175）。

“上述居民”或“全体人民”开会决定，或如普利茅斯政府在1636年所宣布：任何法律的“制定和实施”都必须得到所有“生而自由的英格兰臣民”的“同意”。[①]

93 综上所述，关于明晰分类的困惑或是漠不关心；文件记录了在马萨诸塞“许多”有资格成为自由民的人拒绝接受自由民身份；市镇记录中所使用的实验性、包容性语言；长期以来都没有非自由民的抗议，直到17世纪晚期才出现了类似的抗议活动——所有这些都说明是否可以参加投票不能被简单地归类为民主政治或寡头政治。如果我们把它理解为一种灵活的权利也许更好，各镇的情况各有不同，并且可以采用不同的手段进行调节。但同样明显的是，在新英格兰，没有哪个团体希望选举权被扩大到全部男性成员，而平等派运动中的一些人在1640年代晚期的英格兰提出了该主张。殖民地人和英国的温和派清教徒或倾向神权政治的清教徒一样，认为选举权是一种特权，只有那些支持圣徒之治和正义社会秩序的人才能享有，投票总是代表了良知或道德义务的行动，而不是一种世俗权利。[②]

各种规定和非正式的执行方式混在一起，地方操作过程很灵活——这也是17世纪早期英格兰选民资格和选举活动的情况。在英格兰，存在已久的法律把选举权和社会等级、财富等特权联系在一起，这是平等派激烈抗议的做法。[③] 但是地方和全殖民地范围的选举活动更重

---

① *Hartford Town Votes,* pp. 80—82; *Recs. Plymouth,* 11:6, 3:162.

② *Recs. Mass.,* 2:38, 208; Winslow, *New-Englands Salamander,* p. 139（承认有“许多非自由民”，但把他们描述为不愿意接受公共服务）; Holdsworth, “Law and Society,” p. 97; *NEHGR* 3 (1849): 41。在1647年的帕特尼争议中，奥利弗·克伦威尔问了那些推进公众主权论的人一个关键问题：是否“这个国家的人民……已经准备好了”实施投票权？他很怀疑。对克伦威尔及其大部分同时代人来说，投票权不是一项独立的权利，而更像是一种互动的或是有相互义务的做法（Mendle, ed., *Putney Debates,* p. 116）。

③ 和公众参与的其他方面一样，英格兰这一边的故事（在这种情况下，是选举下议院）是一个必需的起点。一位研究投票的历史学家注意到在早期斯图亚特的英格兰，“几乎没有人在这件事上能成功地保持思维的连续性”。在我们明确知道的事实中，关于1620年，我们知道这些选举中只有很少的几次是公开竞争的，也就是说候选人要向选举人寻求支持，但是竞争双方都是郡县的贵族和上流社会人士，他们在新选举正在进行的时候的确想要私

要的是其连续性，在新英格兰和在旧英格兰一样，选举并不是选择立场。在大部分殖民地的大部分选举活动中，自由民拿到的只有一个候选人名单，备选行政官和助理。在普利茅斯、纽黑文、康涅狄格（在康涅狄格，两个人轮流交换同一职位）和马萨诸塞，人们坚持选举同一个人担任总督职务显示了对同意和一致的偏好，在大部分市镇选举中，连续性也是其基本规范，少数人不断地被选举出来。[①] 选举很少被作为决定政策和立法竞争胜负的手段，这是19世纪才赋予选举活动的角色，从那时起，全国和各州的选举围绕着不同的政党组织起来，为了政权而展开竞争。殖民地没有党派，马萨诸塞1634年的大选很重要，因为那一年温斯洛普失去了官职，1637年的大选也很重要，因为他又重新被选为总督。在各镇 94
的选举中，竞争要更常见一些，这表现在行政委员的流动性上，但在各镇也是一样，镇上的官员们任期的连续性很明显，尤其是1640年以后。在殖民地人带到新大陆的参与文化中，选举意味着表示同意，或用当时的话说，是把人民的"利益"和当权者联系起来，因此他们才把公民权限制在教会成员内部（该原理将在第三章详细讨论），也因此他们才允许"居民"参加镇民大会。采取这一步骤并不是设置寡头政治或少数社会名流，不是这些术语的任何一种通常的含义，而是把权力赋予尽可能多的"正义的"人。[②]

如果说"寡头政治"的故事在这些证据面前站不住脚，那么"民主

下里超过对方，总的来说，选举是候选人的"后台和人脉关系起决定作用的"时候。第二个明确的事实是关于选民资格的财产要求，各个郡县有权决定谁拥有或是接受足够的财产以满足该要求，他们的做法既不连贯又不明晰，部分原因是因为17世纪早期长时间的通货膨胀使得人们的收入显得有很大提高。Derek Hirst, *The Representative of the People? Voters and Voting in England Under the Early Stuarts* (Cambridge: Cambridge University Press, 1975), p. 13; Mark A. Kishlansky, *Parliamentary Selection: Social and Political Choice in Early Modern England* (Cambridge: Cambridge University Press, 1986)，该书强调了竞争的缺失。

① Thistlethwaite, *Dorset Pilgrims,* pp. 158—160; Robert E. Wall, *Massachusetts Bay: The Crucial Decade, 1640 to 1650* (New Haven: Yale University Press, 1978)，其中提到了换选的比例；参见第五章。

② 这一解读要感谢凯什岚斯基，尤其是其前言和第一章。Kishlansky, *Parliamentary Selection.*

政治”的故事同样如此，因为它忽略了选举活动中的道德、文化和社会参数，并且更普遍地来说，忽略了公众参与的参数。对选民资格最重要的限制是宗教关系的要求，在马萨诸塞和纽黑文，对公民权有明确的条件要求，在康涅狄格和普利茅斯，虽然形式要更弱，但也一样适用。这条规定在殖民地人希望能实现圣徒之治的情况下是有道理的。不管怎样，杯子超过一半是满的，因为比起在英格兰，殖民地人大大地削减了财产和等级在决定选民资格中的作用。在殖民地，也没有任何团体对地方选举的影响能比得上地方乡绅和贵族在英国制度中的作用。这也是萨伊和塞莱勋爵抱怨马萨诸塞是民主政治的缘故，这比任何平等派开始攻击社会、宗教和政治特权早了整十年，萨伊和塞莱意识到殖民地人正在建构
95 一个与斯图亚特英格兰的政治规范完全不同的公共生活方式。

第三章　圣徒之治
授权给圣徒

约翰·科顿在波士顿的一次演讲日活动中，向他的听众阐释《启示录》，敦促殖民地人“对上帝高举神圣的感恩之心”，因为上帝把他们从罗马天主教这个“大怪兽”手中“拯救”出来。他关于《启示录》所做的系列布道的中心议题是权力、正义与非正义、有限与无限、教皇宣称对教会拥有的非正义而且实际上无限制的权力、公民社会、基督徒的良知；与之相对照的是使徒时代或“最初”的教会形式的“简朴”：当时的教会领袖只有有限的权威，而它的社区则享有一系列的“自由权利”，所有教会都宣布不干涉世俗政府。①

作为对《启示录》的讲经注释，科顿简单地描绘了一个权力政治的素描，其来源是圣徒和敌基督以及撒旦的队伍作战的故事。根据他所讲述的故事，二者的矛盾在4世纪时即已爆发，虽然表面上基督教在君士坦丁的领导下胜利了，但是真正的圣徒们已经逃往“荒野”，从那以后的好几个世纪，幸存的圣徒们经历了极大的牺牲和痛苦。这场斗争揭示了两层教训：首先，从人类的罪性中产生的对权力的欲望总是在任何地方都会针对、反对圣徒；其次，正如《启示录》《但以理书》和《以赛亚书》所

① John Cotton, *An Exposition upon the Thirteenth Chapter* (London, 1655), pp. 20, 32.

预言，与敌基督结盟的暴政必将让位于从其凌虐中解放出来的教会，并接受基督作为它唯一的首领。[①]

聆听这些演讲的人们还听到他说，在新英格兰，牧师和人民联合
96 起来，要重塑教会管理的方式，使其回复到最早的基督徒建立教会的样子——也就是说，不是“全国性的”，也不是“主教管区的”，而是“公理会会众的”。他们从《新约》中找到依据，公理会方式（这是科顿和其他人对新英格兰制度的称谓）取消了渗入基督教的权力滥用，要做到这一点很简单，只需同意每个教区都有自治权并给每个牧师相同的等级。这样，所有非法的、腐败的等级制度都被消除了，圣徒们可以展望未来，也可以回顾过去，因为公理会方式预示着基督所允诺给那些参与“首次复兴”的人的更完善的“自由”即将出现，这是一个人们渴望已久的时刻，教会将从“偶像崇拜和盲目迷信”中解放出来。一位殖民地的平信徒在1638年使用了略有不同的语言，同样宣称：“进入这些西部地区的目的”是为了“建立主耶稣的国王宝座，正如我们在此建立他的教会，是为了用我们的生命和财产坚持他的福音的共同事业”。一位同情殖民地人的英国人似乎也是这样看的，他受到《启示录》第21条新耶路撒冷的启发，他致信其中一位温斯洛普说：“在这里所有虔信上帝的人们，他们的心都向往你们的锡安圣城。”[②] 和他一样，对许多殖民地人来说，教会在他们的改革计划中占据核心地位。

就在科顿做《启示录》系列布道的同一时期（1639—1641），一些人在英格兰也表达了同样的希望，希望能在《启示录》预言的框架内进行改革。1641年以前公开这样做的几率很低，因为查理一世政府命令整

---

① John Cotton, *The Powring out of the Seven Vials: Or, An exposition of the 16. Chapter of the Revelation* (London, 1642), p. 84; Cotton, *Thirteenth Chapter,* pp. 4—7.

② John Cotton, *The Churches Resurrection Or, The Opening of the Fifth and Sixth Verses of the 20th Chap. of the Revelation* (London, 1642), pp. 8, 16; *Winthrop Papers,* 4:36, 3:133. 一本早期的，但仍然很适当地描述了殖民地人思想的书，James F. Maclear, “New England and the Fifth Monarchy: The Quest for the Millennium in Early American Puritanism,” *WMQ,* 3rd ser., 32 (1975): 223—260。

个出版业不得出版任何有关《启示录》的评论。托马斯·古德温预言“圣徒统治”的时代必将到来，敌基督必将被打倒，但他当时正在尼德兰流亡，英国的读者不得不等到他死后才能读到他关于《启示录》的布道。伊弗雷姆·于特对《但以理书》的解经阐释完成于 1632 年，但直到 1643 年才得以出版，当时于特已经移民到新英格兰 4 年了。[①] 各种对于该时代的各种征兆的推测持续出现在私人信件中，一位和殖民地人通信的英
国人认为瑞典国王古斯塔夫·阿道弗斯是“打倒敌基督的工具”，因为他 97
的军队正在欧洲大陆对抗天主教军队。1638 年反抗查理一世的苏格兰盟约派更为大胆，他们把自己放入《启示录》对抗敌基督“攻击我们基督徒的自由权利”的场景中，他们把自己的事业比作基督在“追击大怪兽”，对他们来说国王的错误政策就是这种征兆和象征。[②]

随着长期议会的召开（1640）和国家审查制度的崩塌（1641），公开大声地谈论《启示录》成为可能。《启示录》的前提是《但以理书》第 2 章第 44 节中的断言：“天上的神将建立一个永不毁坏的王国。”这一想法激发了在伦敦印刷的《圣城锡安的荣耀之一瞥》，该书是一种狂喜的召唤，希望在新议会的手中看到“巴比伦的毁灭”，呼唤更大改革的可能性：“上帝做工永不停歇，直到他为荣耀全世界建立新的圣城耶路撒冷。”[③] 1640 年代的英格兰，到处都在谈论类似的主题——在斋戒日对议会的布

① B. S. Capp, *The Fifth Monarchy Men: A Study in Seventeenth-Century English Millenarianism* (London: Faber and Faber, 1972), p. 108.

② John C. Miller, ed., *The Works of Thomas Goodwin,* 12 vols. (Edinburgh, 1861—1866), 3:15; *Winthrop Papers,* 3:56; Crawford Gribben, *The Puritan Millennium: Literature and Theology, 1550—1682* (Milton Keynes, U.K.: Paternoster, 2008), pp. 119—120; Gardiner, *Constitutional Documents,* p. 125.

③ A. S. P. Woodhouse, *Puritanism and Liberty* (Chicago: University of Chicago Press, 1951), p. 233.《圣城锡安的荣耀之一瞥》是匿名出版的，通常认为是托马斯·古德温的作品，可能是基于 1630 年代末他流亡尼德兰时在那里做的一次布道，可能是浸信会教徒威廉·尼芬把文本送到出版社印刷出版。《圣城锡安的荣耀之一瞥》在保罗·克里斯蒂安松的书中被认为是杰里迈亚·伯勒斯的作品，Paul Christianson, *Reformers and Babylon: English Apocalyptic Visions from the Reformation to the Eve of the Civil War* (Toronto: University of Toronto Press, 1978), pp. 251—252。

道上；在1642年出版的一本小册子上（这本小册子总结了一位1607年去世的牧师以《启示录》为基础对英国国教会提出的各种批评）；在那些自称得到圣灵支持的男女平信徒的讲道中。[①] 1650年代早期，这些对改革的期望催生出了“第五王国派”，该团体如此命名是因为他们认为前四个王国（《但以理书》第2章）正在让位于第五王国，也就是基督的王国。在一次典型的对第五王国的主题阐释中，前殖民地人威廉·阿斯平沃尔在1656年公开宣布：“世俗政府的权力落在耶稣基督的肩上，他是救世主，是大卫的子孙，权力归他是实至名归。”[②] 在这几十年间，关于敌基督末日和新王国的到来的猜测潮起潮落，使有的人兴奋，也使一些人疏远，但无论朋友还是敌人都把它看作颠覆普通权威形式的一种潜在手段。

殖民地人按照这些改革的期望开始行动比英格兰和苏格兰的任何人都早得多。核心的希望有两个：第一，要把权力转交给“圣徒”，这样才符合《但以理书》的描写（《但以理书》7:18）：“上帝的圣徒将接管王
98 国并永久掌管王国”；第二，要重塑教会和共同体，这样基督才能真正为“王”，并且所有的政策、做法和机构都应符合他的要求。正如1637年小亨利·韦恩所坚称，基督领导的社会“无论言行，无论教会还是共同体，都必须依主耶稣基督之名”。[③] 这些断言构成了圣徒之治的实质内容，这

① Peter Toon, *The Correspondence of John Owen* (Cambridge: James Clarke, 1970), pp. 29—30; John F.Wilson, *Pulpit in Parliament: Puritanism During the English Civil Wars, 1640—1648* (Princeton, N.J.: Princeton University Press, 1969), chap. 6; Capp, *Fifth Monarchy Men,* chap. 1; Christopher Hill, *The World Turned Upside Down: Radical Ideas During the English Revolution* (New York: Viking, 1972); *Reverend M. Brightmans Iudgment on Prophecies which shall befall Germany, Scotland, Holland, and the Churches adhering to them: With what shall befall England, and the Hierarchies therein... Declaring that the Reformation begun in Queene Elizabeth's dayes, is not sufficient for us under Greater light* (London, 1642). 稳健派和长老会派倾向改革的人的不满可参见 Thomas Edwards, *Gangraena* (London, 1646)。

② W[illiam] A[spinwall], *The Legislative Power Is Christ's Peculiar Prerogative* (London, 1656), p. 4.

③ Vane, “A briefe Answer to a certaine declaration, made of the intent and equitye of the order of court, that none should be received to inhabite within this jurisdiction but such as should be allowed by some of the magistrates,” in [Thomas Hutchinson], *A Collection of Original Papers Relative to the History of the Colony of Massachusetts-Bay* (Boston, 1769), p. 75.

是一个意义深远的改革计划，包括教会、政府和公民社会，这一现象从未在研究早期新英格兰的学者中得到足够认识。[①] 圣徒之治的主题和原则从 1630 年代的中晚期开始激发了一系列文章的撰写：1635 年一群牧师起草了《教会和世俗权力的典范》；科顿于 1635 年或 1636 年撰写了《法律文摘》；1637 年 1 月约翰·惠尔赖特所做的斋戒日布道；约翰·达文波特的《关于世俗政府在一个宗教性规划的新殖民地中的位置的论文》虽然是 1663 年印刷的，但撰写于 1638 年或 1639 年；1630 年代末集体创作的《新英格兰教会长老书信集》；科顿关于《启示录》的系列布道；理查德·马瑟《教会—政府以及教会契约论》的一部分，该书写于 1630 年代晚期，1643 年在伦敦印刷。约翰·埃利奥特的《基督教共同体：或新兴的耶稣基督的王国的世俗政策》写于 1651 年，1659 年在伦敦印刷，这本书是整个系列最晚的一本。

也正是在这一时期，平信徒爱德华·约翰逊写作了《新英格兰的神迹》（伦敦，1654）。这是一本充满了约翰逊《启示录》式断言的历史书，书中说新英格兰是“上帝将创造新天堂的地方，上帝将创造一个新的地球，有新的教会和新的共同体”。[②] 在这些年间，以前的殖民地人也在英格兰发表一些类似的评论文章——休·彼得的《一位好行政官的优秀工作》（伦敦，1651）；韦恩写了好几本书，虽然最有争议的是《一个可解决的问题的提议》（1656）；[③] 阿斯平沃尔的《立法权是基督特有的权利》（伦

① 16 世纪和 17 世纪关于此概念的英国版本参见 William M. Lamont, *Godly Rule: Politics and Religion, 1603—1660*（London: Macmillan, 1969）。殖民地人中关于《圣经》预言的学问主要是关于他们的“千禧年主义”，参见下文注释。

② Edward Johnson, *The Wonder-Working Providence of Sions Saviour in New England,* ed. J. Franklin Jameson (New York: Scribner, 1910), p. 25.《教会长老书信集》也被合并编入 John Ball, *A Tryall of the New-Church Way in New-England and in Old* (London, 1644)。

③ 韦恩的看法参见 David Parnham, *Sir Henry Vane, Theologian: A Study in Seventeenth-Century Religious and Political Discourse* (Madison, N.J.: Fairleigh Dickinson University Press, 1997), and in Parnham, “Politics Spun Out of Theology and Prophecy: Sir Henry Vane on the Spiritual Environment of Public Power,” *History of Political Thought* 22 (2001): 53—83，我要感谢莫妮卡·曾尔推荐这本书给我。

敦，1656）以及其他小书和小册子。新英格兰的许多其他人同情《启示录》
99 式的论点反映出的反天主教立场，这些论点一般都伴随着赞同圣徒之治的观点。1634 年马萨诸塞的行政官约翰·恩迪科特从英国国旗上剪掉了“国王的颜色（国旗上的十字架）”，因为圣佐治的十字架是“一个迷信的东西，是反基督的遗俗”。罗杰·威廉斯也以他特有的方式表现了该主题的各种变奏“期待主耶稣光明地出现，消灭敌基督”。①

圣徒之治是关于自由和获取解放的，但也是关于义务和服从的，因为真正的自由意味着个人利益要臣服于基督的意志，这在《圣经》中写得很明确，《圣经》是标准，它为社会中的所有人提供了规则或模式。因此，纽黑文尝试圣徒之治的牧师和平信徒们在 1639 年宣称：“《圣经》为引导和管理所有行业的所有人提供了完美的规则，他们要为上帝和他人工作，这些规则既适用于教会事务，也适用于家庭和共同体的管理。”②十几年后，约翰·埃利奥特在《基督教共同体》一书中重申了这一前提，埃利奥特面对英国读者，呼吁他的前同胞要承认“主耶稣将领导所有人，他们要遵从上帝的话，遵守其制度、律法和指引；不光是在教会组织和管理中要遵循上帝之道，在共同体所有事务的组织和管理中也要遵循上帝之道”。③ 要实行圣徒之治，就要抛弃所有腐败的权力方式，采用至高无

① Winthrop, *Journal,* p. 132; Glenn W. LaFantasie, ed., *The Correspondence of Roger Williams,* 2 vols. (Hanover, N.H.: University Press of New England, 1988), 1:68; W. Clark Gilpin, *The Millenarian Piety of Roger Williams* (Chicago: University of Chicago Press, 1979). 圣徒之治并不适用于所有人，起码它的一些具体细节不适用于所有人，殖民地人中有少数长老会派神职人员，尤其是马萨诸塞纽伯里镇的詹姆斯·诺伊斯反对公理会方式以平信徒为管理的中心，如下文所述，康涅狄格和普利茅斯从未把投票权和教会成员资格捆绑在一起，除了极少的例外，牧师和平信徒都继续保持“外在的”圣礼，比如洗礼和圣餐，同时还要进行神学研究，这和一些清教徒宣称圣灵不需要这些东西是不同的。

② *Recs. New Haven,* 1:12.

③ John Eliot, *The Christian Commonwealth: Or, The Civil Policy of the Rising Kingdom of Jesus Christ* (London, 1659), sig. [A4r]. 我撰写本章的目的必须要和另外两种探寻区分开来，这两种探求所依赖的部分文本和我所使用的文本是一样的。第一种是努力把殖民地人描述为执行“千年王国”的“使命”，意思是说他们期待着即将到来的基督耶稣的千年统治，新英格兰将会是最终的“新耶路撒冷”建成之地。西奥多·德怀特·博兹曼指出，这第一种论点是基于对约翰·温斯洛普《基督仁爱之典范》和其他文本所使用的《圣经》及

上的基督所强制执行的结构和做法。

大西洋两岸的改革者都意识到要将圣徒之治付诸实践将产生很多问题。如何把圣徒,那些仅存的少数真正的基督徒和那些只是声称他们是基督的追随者的人分辨开来?圣徒们和"世俗的声称信教者",还有那些清教徒批评英国国教时提到的老底嘉(《启示录》3:16)"不冷也不热"的基督徒有什么不同?在改革后的教会中,应该给予圣徒们什么权威?如果在"基督教共同体"中给予他们中心地位是否会威胁到其他人的参与,甚至会产生一种新的暴政?改革后的教会是否应该依赖与世俗政府的合作,建立一种官方的新教,还是应该坚持独立于世俗政府?在新型 100
社会中,良知自由又该如何起作用呢?改革的步伐应该加快还是应该谨慎,是用热情压倒一切阻碍还是耐心地逐渐改良?所有这些问题都围绕着同一个要点,那就是差异的原则及其后果:如果圣徒的确与普通人不同,那么这种差异应该如何相应地体现在世俗和宗教制度之中?①

这些问题的解决只能是政治性的,也就是说,任何对基本社会制度的改革企图,例如对教会、政府和法律的改革都将提升一些人来取代其他人的位置,圣徒之治从挑战既得利益的权力这个角度来说是政治性

神学语言的误读,并且未能把《启示录》的千禧年概念从托马斯·布赖特曼详细说明的宗教改革的各个阶段中区分开来。第二个错误是认为殖民地人期望在末日到来时新英格兰将会扮演独一无二的角色。相关更好的研究包括 Bozeman, *To Live Ancient Lives: The Primitivist Dimension in Puritanism* (Chapel Hill: University of North Carolina Press, 1988); Reiner Smolinski, "Apocalypticism in Colonial North America," in *The Encyclopedia of Apocalypticism,* ed. Bernard McGinn et al., 3 vols. (New York: Continuum, 1998), 3:36—71; and Jeffrey K. Jue, *Heaven upon Earth: Joseph Mede (1586—1638) and the Legacy of Millenarianism* (Dordrecht, Netherlands: Springer, 2006), chap. 9。以前的研究中仍然可取的包括 Joy Gilsdorf, *The Puritan Apocalypse: New England Eschatology in the Seventeenth Century* (New York: Garland, 1999), and Michael Eugene Mooney, "Millennialism and Antichrist in New England, 1630—1760" (Ph.D. diss., Syracuse University, 1982)。

① Miller, ed., *Works of Goodwin,* 3:127; Michael Fixler, *Milton and the Kingdoms of God* (Evanston, Ill.: Northwestern University Press, 1964), chap. 3. 在约翰·达文波特的文章中,那位无名的对话者提出了"暴政"的问题(第 8 页),1640 年代的英格兰人也会提出同样的问题。[John Davenport], *A Discourse About Civil Government in a New Plantation Whose Design Is Religion* (Cambridge, Mass., 1663).

的。英国宗教改革的历史提供了大量的例证——在亨利八世时期谨慎地前进，时有后退；爱德华六世时期大胆前进；伊丽莎白一世和詹姆士一世时期又变得谨慎；（在许多人看来）查理一世时期后退了。殖民地人可以如此公开地尝试圣徒之治并获得了如此多的成功都是因为他们远离查理一世的统治，远离英国革命时期阻碍圣徒之治实现的各种政治因素，再一次，环境使得新英格兰宗教改革的开展与内战时期的英国颇为不同。

下面这一章讲述了这个故事的主体，虽然有的方面要留待第四和第五章讨论。

一

圣徒之治根植于始于16世纪的一种《圣经》阐释传统，如果我们要理解殖民地人关于圣徒之治的政策和政治，有必要回顾一下这个传统。他们的许多思想都来自英国的新教徒，16世纪中期，这些新教徒使用一种混杂着预言和历史的话语方式谴责天主教，为英国的宗教改革辩护。

《圣经》中的预言对于解经者来说从来就难以捉摸，或者正如16世纪和17世纪的人们欣然承认的那样，《圣经》是“一个谜”，只有上帝可
101 以完全地理解。但是对于16世纪为英国宗教改革辩护的人来说，有一点是明确的，科顿围绕着这个观点写作了关于《启示录》的系列布道，那就是罗马天主教（更准确地说，是罗马教皇制度）是敌基督的工具，因此是真正基督教的对立面。1550年代，约翰·贝尔和约翰·福克斯已经传播这一论点，该观点也由此进入日内瓦《圣经》（1560）的注释文中。[①]

① Christopher Hill, *Antichrist in Seventeenth-Century England* (London: Verso, 1990), p. 4. 关于路德式的先例参见 Irena Backus, *Reformation Readings of the Apocalypse: Geneva, Zurich, and Wittenburg* (Oxford: Oxford University Press, 2000)。日内瓦《圣经》后来的版本加强了把《启示录》中的怪兽等同于罗马天主教和敌基督的身份认证，参见 Basil Hall, “The Genevan Version of the English Bible: Its Aims and Achievements,” in *The Bible, the Reformation and the Church: Essays in Honour of James Atkinson,* ed. W. P. Stephens

天主教嘲讽新教徒说在宗教改革前的那么多世纪中，新教徒都躲在哪里呢？为了还击这一嘲讽，贝尔建构了两个教会的理论：一个教会是虚伪、错误的教会，虽然它包含了大部分的基督徒，而另一个才是真正的教会，虽然规模很小而且一直处于危险之中，那就是逃往荒野的圣徒们组成的教会（《启示录》12:6）。根据他的方案，宗教改革的到来表明这些虔诚的少数人终于快要成功了，《启示录》第 13 章中的“怪兽”（敌基督；教皇制度）将被杀死。[①]《但以理书》第 2 章中尼布甲尼撒的梦可以被解释为讲述了一个类似的故事：忍受了一系列国王或皇帝（被比作四个怪兽）的圣徒们经过了“一次、两次还有半次”，直到最后他们终于自由了，他们将统治第五也就是最后的王国。

追随着福克斯和贝尔，英国新教的主流因为征讨罗马暴政和大量关于敌基督与圣徒之间战争的作品成长壮大，以至于 1608 年英国教会的一位主教宣称：“罗马教会是巴比伦的娼妓，是敌基督的老窝，是所有乱伦和秽乱的发源地，它被圣徒和耶稣的烈士的鲜血染红。”[②] 这个故事脚本被广泛地用来为英格兰和苏格兰的新教辩护，以至于连国王也复述过它，苏格兰国王詹姆士六世，也就是未来的英格兰国王詹姆士一世在他的《对启示录第 20 章成果丰硕的沉思》一文中就重复了该故事。詹姆士意识到英国的新教徒在断言王权的神圣来源为亨利八世与罗马教廷的决裂做辩护，他也采用了《启示录》的框架来提高国王作为真正宗教

[Sheffield: Sheffield Academic Press, 1995], pp. 124—149。

① 本段文章和以下几段都利用和吸收了以下关于英国文化中《启示录》的研究：Richard Bauckham, *Tudor Apocalypse: Sixteenth-Century Apocalypticism, Millenarianism and the English Reformation, from John Bale to John Foxe and Thomas Brightman* (Appleford, U.K.: Sutton Courtenay Press, 1978); Christianson, *Reformers and Babylon;* Katherine Firth, *The Apocalyptic Tradition in Reformation Britain, 1530—1645* (Oxford: Oxford University Press, 1979); and Gribben, *Puritan Millennium*。其中也包括反罗马天主教的研究，例如：Peter Lake, “Anti-Popery: The Structure of a Prejudice,” in *Conflict in Early Stuart England: Studies in Religion and Politics, 1603—1642,* ed. Richard Cust and Ann Hughes (London: Longman, 1989), pp. 72—106。

② Lamont, *Godly Rule,* p. 42.

的保护者的地位。①福克斯也支持同样的观点，他认为伊丽莎白一世是
102 基督教的庇护人，玛丽·都铎短暂的统治（1553—1558）导致了天主教的回潮，在她的统治刚刚结束之时，福克斯在文章中把他的新女王比作君士坦丁大帝，加冕她“真正……的皇冠”以此使得“上帝话语的荣光”可以“重新建立，挫败黑暗和错误的敌基督的国度”。福克斯还重复了少数幸存的基督徒几近奇迹的坚持，他们保持了“原始的”早期教会的纯洁，直到随着宗教改革的到来，他们对基督的忠诚才扩大为新教的事业。②

但是贝尔已经开始质疑国王和主教在即将到来的改革中的作用，他暗示说“圣徒们”在反抗敌基督的斗争中将比“行政官、王子、主教以及所有现存的权威”扮演更重要的角色。③到1570年代，有一些英国新教徒也争辩说主教职位“不合法”，并坚持认为主教制度（英格兰的教会政府形式）是敌基督暴政的工具。约翰·菲尔德和托马斯·威尔科特斯在《对议会的告诫书》中是这么说的，“教会分离主义者”从英格兰国教会退出的原因也是因为他们认为国教会“不合法”。他们和菲尔德、威尔科特斯的看法一致，认为当时的国教会还没有从罗马完全脱离，太多天主教的东西还被保存下来，比如“固定的”或“限定的”祈祷词以及某些圣礼仪式。根据他们的判断，英格兰国教会同样偏离了早期教会的做法，因为国教会拒绝清除教会中的“伪信者”，这种人不幸地缺乏基督徒的真诚。教会分离主义者呼吁把综合性的教区变为只由“最值得的，如果他们不是一直都那么少的话”真正的教众组成的教会。④为了支持他们的这一观点，教会分离主义者修改了早期教会历史中通常的测定年代的方式，与福克斯相反，他们主张教会是和君士坦丁一起滑向了腐败和暴政。

① Lamont,*Godly Rule* P31; Gribben, *Puritan Millennium,* pp. 106—107.

② Lamont, *Godly Rule,* p. 34.

③ Mooney, “Millennialism and Antichrist,” p. 36 (quotation in n. 53).

④ 同上，引用自 [Robert Browne], *A True and Short Declaration, Both of the Gathering and Ioyning together of Certaine Persons* [c. 1584]。

在新世界建立普利茅斯殖民地的“朝圣者”们把他们自己独有的斗争经历植入了这个故事中，正如威廉·布雷德福在《关于普利茅斯殖民地》一书中所坚持的，古老的“对基督在他的教会中的神圣实践的憎恨延续至今”，英国主教对“所有热情的信教者”的迫害就是明证，“如果他们不 103
肯屈服于教皇制度的垃圾”，对于布雷德福和他的殖民地同胞来说，教皇制度和英国主教制度一样，都是“敌基督的喉舌”。[①]

殖民地人采用了这个故事版本的大部分，这要多亏一位英国牧师约翰·科顿的影响，人们说他是被赐予了“先知精神”的人，他对《启示录》“所有内容掌握最精”。[②] 托马斯·布赖特曼是一位英格兰牧师，他一直过着安静的生活，直到1607年去世。两年之后，一位法兰克福的书商出版了布赖特曼对《启示录》长篇大论的注释，书名译成英文为《启示录的启示》，1615年和1635年在阿姆斯特丹印刷，1644年首次在伦敦印刷出版。布赖特曼是一位原始主义者，他想象着把教会恢复到最初的纯洁状态，他为《启示录》的框架增加了两个新的特征。在他之前，英国的新教徒和基督教神学家们一般来说都把《启示录》中预言的基督的千年统治（千禧年）认为是已经发生过的事情。布赖特曼同意这种看法，但是他同时认为类似于千禧年的某种事件，一次“中期的基督降临”或“他的降临的光辉”还未到来，这将是基督教教会进一步从天主教解放出来的一段时期。[③] 布赖特曼通过把但以理和拔摩岛的约翰所用意象和命理学，

① William Bradford, *Of Plymouth Plantation, 1620—1647,* ed. Samuel Eliot Morison (New York: Alfred A. Knopf, 1952), pp. 6—7; William Bradford, *A Dialogue or Third Conference Between Some Young Men Born in New England, and Some Ancient Men Which Came Out of Holland and Old England,* ed. Charles Deane (Boston, 1870)，第8页及各处。关于《启示录》的教会分离主义版本详见 Christianson, *Reformers and Babylon,* chap. 2。

② Cotton, *Thirteenth Chapter,* p. 87. 托马斯·古德温还善意地引用布赖特曼的话，古德温可能创作了《圣城锡安的荣耀之一瞥》。

③ 这个概念和基督的千年统治不同，也不同于基督的重临，而是真正教会的重建，当敌基督被击退时就会发生，并且就这一点来说，预示着末日的来临。千禧年前论和后论的区别对于18世纪及后来关于预言和《启示录》的研究颇有影响，但对本章中论及的作者们几乎没有影响。

与近期历史结合印证的方式来支持这一论点，根据他的推算，罗马（即或巴比伦）将在17世纪末崩塌。在他之后，许多其他研究《启示录》预言的英国学者也同意圣徒之治将在世纪末前后到来，因此布赖特曼教导他的同时代人找寻《启示录》宏大场景的种种征兆，圣徒和敌基督的战争将在他们的有生之年迅速终结。

布赖特曼用这个“千禧年理论”改变了《启示录》传统的发展轨迹以及对圣徒之治的期望，他不同意约翰·福克斯强调基督教君主或皇帝是圣徒之治的主要缔造者的看法，他认为一种新型教会即将产生，他把这个净化过的社区比作《启示录》第1章中的“非拉铁非”。布赖特曼称
104 赞伊丽莎白，但他还是认为英格兰国教会是老底嘉式的“不冷不热”，既不“热情”也不“冰冷”，因此有被基督拒绝的危险。可能使英格兰国教会成为另一个老底嘉的另一个原因是它未能消除天主教的所有遗迹，布赖特曼重申了带有清教思想的改革者一直抱怨的事情，他把国教会描述为一个真实和谬误危险的混合品。在他看来，英国教会的前途在于仿效尼德兰和苏格兰改革后的教会，没有主教并且运用惩罚手段赶走那些冷漠和亵渎神圣的人，这样的教会，而且只有这样的教会才符合《启示录》中所称颂的非拉铁非。因为伊丽莎白拒绝了这一请求并且支持对教会分离主义者的严厉对待，布赖特曼可能因此写道：“那些被称为基督教君主的人”“他们在该称谓之下，却行了那异教徒的残暴行径”。他比福克斯更强烈地强调那些逃亡团体，如瓦勒度派在保存和传播真正的基督教中所起的作用，在他看来，改革的希望在于一个“神圣”的民族。[①]

因其无限的可塑性，《但以理书》中的梦境以及《启示录》中的野兽、封印、小瓶、喇叭和命理学在17世纪初的几十年间继续吸引了许多阐释家。他们中的一些人不同意布赖特曼的政治观点并且为英格兰国教会辩护，但是他们都追随他对过去、现在和未来的解读，想要弄清基督的精

① Lamont, *Godly Rule*, pp. 50—51, 95; Christianson, *Reformers and Babylon*, pp. 100—107; Gilsdorf, *Puritan Apocalypse*, pp. 27—31.

神王国究竟什么时候重临。[①] 当然，还有一些其他的理论框架总是和《启示录》纠缠在一起，尤其是《旧约》中的复仇的上帝的主题，他将处罚那些执迷于罪恶和偶像崇拜的民族。英国布道中常见的一个话题是断言上帝将抛弃犯罪的人，哪怕是像英国人这样曾经受到上帝垂青的民族。托马斯·胡克在 1629 年开始这样的布道，很快就被流放至尼德兰，他警告他曾为之服务的镇民们：“你们这些有钱人要小心了，当上帝开始执行他的怒火，他将猛烈地惩罚你们甚于他人。”他引用《启示录》第 2 章第 5 节中著名的警告：“你若不悔改，我就临到你那里，把你的灯台从原处挪去。”（《启示录》2:5）1629 年一群伦敦商人和东盎格利亚郡的乡绅要移民到新英格兰去，他们陈述的理由之一就是英格兰正在变得危险， 105
而把教会迁往“荒野将有助于将福音传播到外邦人中”。理查德·马瑟在到达马萨诸塞后不久就曾评论说，英格兰国教会日益受到“严重腐败”的拖累，以至于“乐于拒绝改革”，这是《启示录》中的灯台将消失，英格兰类似于老底嘉的另一个征兆。[②] 在这些年间，尤其是 1640 年后，《启示录》预言有时和强调神灵的解放力量联系在一起，圣灵被理解为“光”，它将取代虚假教义和敌基督腐败的黑暗，代之以对真理的更多理解——一束“新光”，一种新的教义将引导崇拜、教会和敬虔的方式。[③]

以上主题为殖民地人在 1630 年代开始的圣徒之治实验提供了资料。科顿是这个实验最重要的代言人，他曾致信当时正流亡尼德兰的约翰·达文波特说，在新英格兰“教会和共同体的秩序是按公众的同意建立的，这使他想到正义居于其间的新天堂和新世界”；正是科顿促使布赖

---

① Christianson, *Reformers and Babylon,* pp. 98—99; Jue, *Heaven upon Earth.*

② George H. Williams et al., eds., *Thomas Hooker: Writings in England and Holland, 1626—1633* (Cambridge, Mass.: Harvard University Press, 1975), pp. 195—196; *Winthrop Papers,* 2:138—139; [Richard Mather], *Church-Government and Church-Covenant Discussed* (London, 1643), pp. 26—27.

③ Geoffrey F. Nuttall, *The Holy Spirit in Puritan Faith and Experience* (Oxford: Blackwell, 1946); David R. Como, *Blown by the Spirit: Puritanism and the Emergence of an Antinomian Underground in Pre-Civil War England* (Stanford: Stanford University Press, 2004).

特曼预见到“二次复兴”，这次复兴将带来教会的彻底改革；科顿还提出了一个推翻敌基督的时间线，他预测这将发生在 1650 年代。[①] 正是这个科顿，当面临选择是进行耐心、长时期的改革过程还是立刻行动之时，他敦促殖民地人“在圣灵的驱动下迅速行动”，呼吁他们不要“停歇……直到我们在家庭、教会和共同体中都为我们的后继者设立了神圣模式”。[②] 他继续使用他在《上帝应允他的种植园》（1630 年，伦敦）一书中所使用的契约论话语方式，科顿在 1636 年 6 月对殖民地人说他们已经信奉“基督为他们的王、做他们的牧师和先知”，正因为如此，他们就有义务要“改
106 革教会和共同体”，使之与“上帝要求遵守的道德律法、法令以及典章”相一致。[③]

科顿把这种话语转化为具体的改革规划。该规划的前提是科顿断言《圣经》所批准的唯一的教会形式是“公理会”式的，他在 1635 年前后用《圣经》评注的方式撰写的《一个特定的可见教会的真实构造》中对真正教会进行了简要说明，1640 年代早期，他撰写的其他几篇论文中也论述了类似观点。[④] 他的牧师同事们几乎毫无例外全都同意他的观点，大部分殖民地人也都同意，他们中一些人在 1629 年时就已经开始了改革之路，他们在塞勒姆组建了一个新型教会。从那以后，在全新英格兰，人们建立了几十个以契约方式组织起来的自治公理宗教会。有的地方记录异乎寻常的丰富，戴德姆镇新建的时候就是如此，根据这些记录，建立教会的过程是这样的：镇民们同意组建一个“特定的可见”教会，其成员

---

① John Davenport, *A Sermon Preach'd at the Election... 1669* ([Cambridge], 1670), p. 15; Cotton, *Thirteenth Chapter,* p. 87. 古德温承认他受惠于布赖特曼的思想，但是和布赖特曼过于关注封印和喇叭不同，古德温推测推翻敌基督应该发生在 1666 年 (Miller, ed., *Works of Goodwin,* 3:157—158)。

② Cotton, *Thirteenth Chapter,* p. 77.

③ John Cotton, *A Sermon... Deliver'd at Salem, 1636,* in Larzer Ziff, *John Cotton on the Churches of New England* (Cambridge, Mass.: Harvard University Press, 1968), pp. 56, 58, 47.

④ Cotton, *Powring Out,* fifth pagination, pp. 8, 3—4, 11, 21. 科顿在英格兰建立公理制（或教会独立性）的作用参见 Geoffrey F. Nuttall, *Visible Saints: The Congregational Way, 1640—1660* (Oxford: Blackwell, 1957), pp. 15—16。

是“一定数量的可见圣徒”，在其他地方和在戴德姆镇一样，教会的基础是“对恩典契约的双向声明”，这项程序立刻免除了主教以及任何超出当地教众的权威。同样重要的是，科顿和他的同事们还同意基督把“权力的钥匙”，或教区管理的直接权力（《马太福音》18:17）授予了每个教区的平信徒。新英格兰的牧师们非常大胆地坚持说教众们有权选择和解雇他们自己的神职人员，不是英格兰国教会主教们的授职仪式，也不需要任何外在权威，当地的选举才能授予教会领袖职务及其合法性。[①]

对于科顿和他的同事们来说，这些做法是消除专制和不受控制的权力的手段。科顿警告说“如果赋予任何人过度的权力，这权力必将凌驾于让渡权力的人，也必控制接受权力的人”，他特别强调该推论的必然结论：“所有地上的权力必须受到限制。”在公理会方式的新型秩序中，最高权力属于基督，然后才通过授权赋予圣徒们。与英格兰国教会的领 107
袖们对公众统治的蔑视相反（一些长老会教徒在 1640 年代也表示过同样的轻蔑），科顿赞同把权力赋予那些被称为圣徒的普通人。1630 年代早期，罗杰·威廉斯在塞勒姆教会做牧师时也表示了同样的观点，他在 1635 年写道，“不论主教大人们如何争辩说人民是软弱、轻浮又鲁莽的，因此不能享有自由权利”，但新英格兰人公认他们的教会成员“比他们更有智慧”。理查德·马瑟也持同样的观点，一群英国牧师指责说公理会方式给予那些“不通文墨”的普通人太多权利，马瑟对此的还击是把“读写能力”的意义稍作改动，他强调理解上帝的意旨不在于文字，而在于那些“理解了神《圣经》文教义基本精神的人”的“心中”。他质问道，怎么可能有人把用神圣契约联系组成的教会的教众说成是“不通文墨或是一文不值的呢”？因为他们在属灵的事务上是特别具有智慧的。[②]

① Don Gleason Hill, ed., *The Record of Baptisms, Marriages, and Deaths, and Admissions to the Church... in the Town of Dedham, Massachusetts* (Dedham, Mass., 1888) p. 3; Hall, *Faithful Shepherd,* pp. 104—110.

② Cotton, *Thirteenth Chapter,* p. 72; Cotton, *The True Constitution of a Particular Visible Church* (London, 1642), p. 5; LaFantasie, ed., *Correspondence of Roger Williams,* 1:24; [Mather], *Church-Government and Church-Covenant,* pp. 41—42.

托马斯·胡克也指责苏格兰和英格兰的长老会对民众的估计过于保守，他在《教会纪律总览》（1648）一书中引用布赖特曼的话说，“已经到了人民应该”接受并承担更多的统治和管理权的时候了。和之前的马瑟一样，他运用这种《启示录》的话语方式来颠覆长期存在的污蔑“民众”是无知的、没有技术的，因此“不适合分担”教会的管理等等说辞，在即将到来的新时代里，上帝将使他的人民“适合”做任何他希望他们做的事情。胡克赞美《圣经》预言书中的这些逆转预言，那些身份低下的人将要上升，因为“上帝曾经允诺：将在山上从所有的脸上拿走面纱，那软弱的将如大卫；大卫是上帝的天使，月亮的光芒将如阳光一样”。在《总览》稍后部分，胡克把他的观点和“人民利益是最高法则”这句格言联系起来，把这句格言阐释为教区中的所有权力的行使都必须有赖于“共同、自愿的同意”。①

继权力重塑之后，殖民地人还进行了许多其他实践，其中一些和向
108 圣灵的自由运动敞开教会大门这一主题相关。因为圣灵对平信徒的影响和对牧师是一样的，科顿认为允许男性平信徒（但是不包括女性平信徒）在牧师布道结束之后进行传教是合情合理的，他允许平信徒在牧师布道期间提问，也支持菲尔德和威尔科特斯在《致议会告诫书》中提出的对“固定”祈祷文的批评，教会分离主义者曾重申这些批评。没有固定祈祷文、没有礼拜仪式，让英格兰的稳健派大为吃惊的是，就连固定的薪俸和从教会成员收取费用的什一税都没有。科顿在到达马萨诸塞后不久就开始大肆赞扬维持原始基督教会的自愿捐款方式，在马瑟的著作《教会政府和教会契约》中，他转向《启示录》来证明这一做法的合法性，他指斥征税维持教会是不对的，理由是在教会成立初期“我们的主耶稣从未规定过”这种做法，在他看来，是君士坦丁破坏了这一切，他“把固

---

① Thomas Hooker, *A Survey of the Summe of Church-Discipline* (London, 1648), pp. 7—8; pt. 1: 188, 190.

定的赋税制度引入了教会”,马瑟认为这种做法是“毒药”。[1]

到1630年代中期,另一项公理会方式的主要做法也形成了,那就是把教会成员限制在那些能够讲述其“神恩”经历的“可见圣徒”之内。殖民地人在新世界重新开始他们的生活,他们自行制定了(用英国的公理宗教徒约翰·欧文的话说)方法来实施基督徒们长期寻求的把圣徒“从俗世以及世俗的人”中“区分和隔离开来”的办法。古德温曾在《启示录》注释和《圣城锡安的荣耀之一瞥》中表述过这一理想,他庆祝“发现伪信者并把他们驱逐出教会”的可能性。用马瑟的话说,公理会方式将最终使他们摆脱“猪和狗”,他们“没有权利享受教会的特权”。对科顿来说,最重要的是新英格兰的教会终于可以严肃地自问:“上帝究竟以何方式指定了哪些人成为他的教会的成员和弟兄?”在他看来答案很明显:不是乌合之众,而是圣徒们。在《真实章程》中,他明确提出了应用标准:“(1)只有那些上帝从这个世界中召唤出来追随基督的人;(2)那些自愿并乐于其事的人,首先信主;(3)其次忠于教会;(4)忏悔他们的罪;(5)
表明他们的信仰;(6)签订并遵守契约的人。”[2] 很快,这些标准进而扩展 109
为殖民地人称为与“神恩”的“联系”,所有这些对教会成员的期望把教会的成员制度由之前多多少少强制性的做法,例如在英格兰国教会的教区制度中和大部分长老会制度中所实施的成员制度,转化为一种自愿和选择性的做法。至于其《圣经》上的根据,他和他的牧师同事们根据的是《启示录》第21章27节:“凡不洁净的,并那行可憎与虚谎之事的,总不得进那城;只有名字写在羔羊生命册上的才得进去。”——虽然其深层的原因很可能是殖民地人在英国老家的时候和那些“邪恶的”、“粗野的”人共同生活的社会经验使得他们想要在新世界避免类似的经历。终于,

① Cotton, *True Constitution,* pp. 5—7; [Mather], *Church-Government and Church-Covenant,* p. 77. 其潜在的前提是对圣灵做工的信心,“确然无疑,上帝的确通过圣灵在私下的沉思和祈祷中说话,也在教会弟兄的会议上说话”(Cotton, *True Constitution,* p. 8)。

② John Owen,引用自 Nuttall, *Visible Saints,* p. 53; [Thomas Goodwin], *A Glimpse of Sions Glory* (London, 1641), p. 22; [Mather], *Church-Government and Church-Covenant,* p. 19; Cotton, *True Constitution,* p. 4; Cotton, *Churches Resurrection* , pp. 9, 11。

那些忠诚的少数人,真正幸存的基督徒进入了属于他们的全盛时期。[①]

授权给圣徒,把圣徒和伪信者及不敬神的人区分开来——这些都是不寻常的做法;当牧师们开始探讨教会和政府的关系问题时,其结果同样不同寻常。殖民地人在英国的生活经历教会他们不能让世俗政府把它的权力延伸到教义的制定、牧师的选择和教会成员的规训等领域。这些教训在布赖特曼不愿意支持基督教君主或基督教皇帝这一概念时体现出来,基督教君主这一概念是16世纪宗教改革派"政治神学"的主题,但是在《致议会告诫书》和教会分离主义者的评论文章中已经大打折扣。[②] 科顿说君士坦丁大帝是教会腐败的开始,这就表明他也不愿意支持基督教君主这一概念,这一观点的逻辑推理结果必然是推想圣徒们在任何地方一直都是被迫害的少数幸存者。因此产生了他的演讲的另一个论点:千万不要让教会的权威影响世俗政府,也千万不要让世俗政府制定教义或干涉教会的管理。清教运动的艰难历史,加上它对改革的请求一直受到不同情该运动的君主的阻挠,这些都证实了这两项相互交缠的原则的正确性。如果还需要进一步的根据,约翰·加尔文(在他之前还有马丁·路德)也曾坚持要把教会"属灵的"王国和世俗政府的"现世"
134 王国区分开来。因此,科顿只是重申了宗教改革传统的一个老话题,他说:"基督的教会不用世俗权力的武器来强迫人们信仰……因为这应该使用精神武器,凭借着精神的力量劝诫基督徒,而不是强迫他们。"[③]

科顿的同事们在《教会和世俗权力典范》[④] 一书中也论述了相同观点,该书讨论的中心问题是:"世俗政府和教会如何分配他们的管理才能

① Everett Emerson, ed., *Letters from New England: The Massachusetts Bay Colony, 1629—1638* (Amherst: University of Massachusetts Press, 1976), p. 94.

② 如欧洲的改革派神学家海因里希·布林格承认说他读过《告诫书》(W. J. Torrance Kirby, *The Zurich Connection and Tudor Political Theology,* Studies in the History of Christian Traditions 13 [Leiden: Brill, 2007], pp. 30—37)。克里斯蒂安松指出同样的担忧在《圣城锡安的荣耀之一瞥》中也很明显(Christianson, *Reformers and Babylon,* pp. 216—217)。

③ Cotton, *Thirteenth Chapter,* pp. 86—87; *CW Williams,* 3:50—51.

④ 《典范》一书得以存留是因为罗杰·威廉斯把它编入了《迫害的血腥信条》, Roger Williams, *The Bloudy Tenent of Persecution* (London, 1644)。

避免侵犯和指摘对方的权力和荣誉，上帝为此二者之间设立了哪些界限和限制。”《典范》一开始就断言精神世界和世俗事务是有差异的，并随之清楚地列出其结果，其中最基本的一点是“按照基督的话语”建立“适当的教会形式”的义务。其自然的推论是教会只能接受“基督”而不是任何其他人作为其首脑和规则的制定者，随之而来的是一系列的规则：教众自行选择其牧师；教众决定同意哪些人成为教会成员；教会实施“惩戒”，世俗政权不得干涉。另一方面，“教会只是教会，它没有权力（当然作为共同体的成员，他们拥有自己的权力）建立或变更世俗政府的形式、选举世俗官员或判处民事的惩罚”，这些规则还包括禁止牧师担任世俗官职，因此，殖民地人一举免除了英国国王和王后们教会首脑的身份以及相应的权力。①

这些原则都被写入了《马萨诸塞自由权利法案》，该法案受到圣徒之治社会思潮的潜移默化，法案第 95 条是“基督耶稣授予教会之自由权利的宣言”，其中一项条款授权任何殖民地人团体“有权组织建立教会”。其他条款描述了教会可以自行决定的内容，例如选举教会官员；允许成员加入；开除教会成员；惩戒牧师和教会成员等。所有这些手段最终达到一个总的规定，那就是限制世俗政府的权力：“除了上帝的机构，不论是实质上还是在任何情况下都不得在教义、崇拜或纪律方面将禁令加诸任何教会、神职人员和教会成员。”② 类似的规定（就算不是具体的规定，也是类似的看法）在所有殖民地的正统思想中都很盛行。所有这些规定和做法综合在一起颠覆了政府和国家教会保持密切关系的理想，这种理想在几个世纪以来使天主教保持着活力，并在 17 世纪早期使英格兰国教会保持活力。这也就是说，牧师决心要保护圣徒不受世俗政府的迫害，他们颠覆了詹姆士一世著名的论点，该论点被英格兰教会的支持者多次

① *CW Williams,* 3:222, 248—249. 禁止牧师担任世俗职务虽然是一条非正式的规定，从未写入正式法律，但却是宗教改革思想关于教会和政府关系的一条基本原则。

② Whitmore, *Colonial Laws,* p. 57. 在安・哈钦森事件之后还能坚持私人聚会的“自由”是对宗教自愿原则的坚定主张。

重复，詹姆士在1604年警告说如果按一些清教徒的要求取消主教制度，那么英王的职位立刻就会岌岌可危。约翰·科顿在1636年致英国贵族萨伊和塞莱勋爵的信中驳斥了该观点，科顿引用16世纪末清教运动领袖托马斯·卡特赖特的话，他坚持说："共同体适应上帝的机构，也就是他的教会，比调整教会结构来适应世俗政府要好得多。"①

限制世俗政府权力的范围也是保护良知自由的方法。殖民地人受惠于天主教和新教的决疑论，认为良知是每个人的"天然"能力，可以辨别神圣真理并接受道德律法的指引，在分辨对错方面，良知是绝对可靠的，如果谁犯了错，选择了不道德的或被禁止的东西，良知的痛苦就是上帝对"罪人"施加的"正义的判决"，并且，良知只有在其"自由"得到尊重的情况下才能起作用，良知的自由被解释为不受世俗政府和教会强迫的自由选择。② 与该教义一致，科顿在1630年代完全真诚地说："如果已经得到公正地告知，因为良知的缘故迫害任何人都是非法的，因为迫害良知就是迫害基督。"胡克在《总览》中也说："外在的强制和暴力严重地违背了基督在他的教会的治理。"他们强调的论点都是教会只能施加"精神谴责"，罗杰·威廉斯也知道这些言论，他承认他的正统派对手们是反对惩罚"秘密的灵魂之罪"的，科顿时刻铭记《启示录》中的基督
112 教殉道者们，他声明基督教会"不会迫害，而是被迫害"。③

① Sargent Bush, Jr., ed., *The Correspondence of John Cotton* (Chapel Hill: University of North Carolina Press, 2001), p. 245;《典范》中的相同观点，参见 *CW Williams,* 3:223—224。卡特赖特的原话要追溯到1570年代的告诫书事件（见 John Ayre, ed., *The Worksof John Whitgift, D.D.,* 3 vols. [Cambridge, 1851—1853], 3:189）。是否他或是新英格兰的任何人同意抵制不够神圣的地方行政官尚不清楚，虽然弗朗西斯·J. 布雷默指出在1646年的一篇文章中有一个段落似乎就是这个意思（Bremer, "In Defense of Regicide: John Cotton and the Execution of Charles I," *WMQ,* 3rd ser., 37 [1986]: 103—124），胡克特别将其排除在外（*Survey,* pt. 2, p. 80），但在英格兰，伊弗雷姆·于特反对这一前提（Huit, *The whole Prophecie of Daniel Ex plained* [London, 1643], p. 46）。

② James Calvin Davis, *The Moral Theology of Roger Williams: Christian Conviction and Public Ethics* (Louisville: Westminster John Knox Press, 2004), pp. 76—77. 在《真诚的皈依》一书中，托马斯·谢泼德把良知说成是"上帝的记号，或公证人，它在每个人心中……告诉他们上帝是存在的"，并提到"良知的恐惧"会打击那些背离上帝的人（Shepard, *Works,* 1:11）。

③ Hooker, *Survey,* pt. 1:120—130; *CW Williams,* 3:42, 163, 48.

这种保护教会不受不公正或强权的迫害，同时也不实施任何错误权力的决心和世俗政府在宗教事务上起积极作用的观点是同时并存的。科顿和他的牧师同事们虽然不愿意接受基督教君主的概念，[①] 他们还是根据《旧约》和《新约》的篇章（《以赛亚书》49:23；《提摩太前书》2:1—2）认为国王在与上帝的圣约中代表了“养父”，是“偶像崇拜”强劲的敌手，是上帝所乐见的“外在和平”的支持者。和威廉斯不同，他们仍然相信圣徒和堕落的世界都处于上帝的统治之下，上帝君临万有的明证，同时也是授权世俗政府插手宗教事务的一个充分理由是部分摩西律法是“永恒不变的”这一事实。因此，基督教君主或地方行政长官的双重责任是：首先也是最重要的是保护教会不受异教徒和其他敌人的侵扰；第二是执行那些“永恒的”律法。理查德·马瑟在《为新英格兰教会的教会契约辩护》（写于1637年，1643年在伦敦出版）一书中提到了第二个责任，他提出：“基督教君主在他的领土上不容忍任何公开的偶像崇拜或是洗礼过的人公开崇拜虚假的神祇，打击这些做法只不过是在履行他的职责。”[②]

虽然他们是为了保护良知自由而受到驱逐的，但是当基督徒走上歧途之时，强迫就变得合法了。对于殖民地人和约翰·加尔文来说，良知必然会误导众人这一前提就足以授权世俗政府推翻其自由了。科顿在他关于《启示录》的演讲中坚持认为，在1640年代与威廉斯的辩论中又再次重申，如果良知背离了真理，那就是背叛了它存在的理由。一旦这

① 科顿在英国做牧师的时候做的关于雅歌的布道中对“好国王”支持“宗教纯洁”的作用要看重得多，他说“不能因为这么做而指摘”人们的“基督教自由权”（*A Briefe Exposition of the Whole Book of Canticles* [London, 1642], p. 44），在该布道的后面部分，他把世俗行政官描述为“基督领导的教会的首脑”（p. 213）。

② John Cotton, “How Far Moses’ Judicialls Bind Mass[achusetts],” *Proc. MHS,* 2nd ser., 16 (1902): 276—84; John Cotton, *Powring Out,* second pagination, pp. 16—17; William Perkins, *A Commentary on Galatians,* ed. Gerald T. Sheppard (New York: Pilgrim Press, 1989), pp. 201, 202; *CW Williams,* 3:179; [Richard Mather], *An Apologie of the Churches in New-England for Church-Covenant* (London, 1643), p. 30（但他又说任何使用暴力的行为都是不正当的）。为了与威廉斯争辩，科顿不得不正面引用了君士坦丁的话。

种情况发生，世俗行政官就有权惩罚亵渎神明、煽动暴乱和偶像崇拜，这三项是科顿特别指出的破坏上帝律法的极端罪行。他提醒威廉斯说殖民地人把这三项罪行定义为民事犯罪而不是宗教罪行，他再次强调了真
113 正的教会只能使用精神武器来反对罪行的观点。[①] 但是到了 1640 年代中期重新出现了一种关于行政官及其权力的更有力的阐释，与科顿路德式的教会永远被迫害的观点并存。胡克在《总览》中认为世俗官员可以“强迫神职人员做他们应该做的事情”，但是迟至 1649 年，在一个半官方的教会纪律总编《教会纪律汇编》中关于教会和政府的章节中，只是在好几个强调教会独立的部分之后才承认了虔诚的行政官的作用。科顿在他关于《启示录》的布道中有关不公正的权力的说法在殖民地人中间引起了长时间的不安，他们担心新教教义涉及官员权力的某些方面，尤其是基督教君主的传统。[②]

圣徒之治的倡导者总是注意着基督教教会历史上错误是怎样发生的，他们决心要阻止另一个君士坦丁在他们中出现，因此他们坚持另一个影响教会和政府关系的规定，那就是政府的官员要接受教会的“监督”，如果他们做错了任何事，他们可能被教会审查（规训）。实际上，牧师和那些支持这一规定的平信徒曾说，在最坏的情况下，教会可以禁止世俗行政官参加圣餐，也不给他们的孩子施洗。从未有任何一个英国君主承认教会有权这么做，当埃德蒙·格林德尔大主教提醒伊丽莎白一世她也是“一个凡人、上帝的创造物”，她应该尊重教会的精神权威时，她的回应是暂停了他的一切职务。当威斯敏斯特会议把该规定作为新《崇拜

---

① Davis, *Moral Theology,* pp. 84—85; Cotton, *Powring Out,* 17—18; John Cotton, *The Bloudy Tenent, Washed, and Made White in the Bloud of the Lambe* (London, 1647), pp. 9, 125. 科顿还详细说明矫正的过程应从教会内部开始，使用教会规训的正常手段；*CW Williams,* 3:44—45.

② Hooker, *Survey,* pt. 1, p. 13; Walker, *Creeds and Platforms,* pp. 234—237. 理查德·吉尔德雷认为《总览》的语言代表了牧师们对世俗政府越权行为的机敏回应，虽然我很怀疑他参照“政府管制教会说”的做法。（Gildrie, *Richard Mather of Dorchester* [Lexington: University Press of Kentucky, 1976], pp. 112—120.）

目录》的一部分提交给长期议会时，议会对此反应也很冷淡。[1] 虽然不像科顿和他的同事们希望的那样容易，但是只有在新英格兰这条规定被写入了《自由权利法案》。[2]

到 1641 年，圣徒之治的倡导者们达成了他们的大部分目标。他们计划实施的广度最明显的证明是他们的做法在英国和苏格兰长老会派中造成的惊慌；同样明显的是长期议会却不能结束阻碍英格兰国教会的权力和特权的滥用——仅举一例，世俗贵族通过赞助和捐赠控制教会的“职位”。殖民地人所做的远不止植入一个教会政府系统，而这一做法 114
在 1635 之前只有尼德兰的流亡者或英格兰的教会分离主义逃亡者曾经尝试过，该做法本身及其影响都是惊人的。他们已经取消了什一税和教会法庭（长期议会也做到了这一点），并禁止神职人员担任世俗官职，他们编撰了成文法明确区分教会和政府的关系，允许教众规训教会成员，不论其社会地位为何，并且，如前所述，民法和刑法都和《圣经》相结合，这是更广泛的法制改革进程的一部分，这一点没有哪个英国议会能够做到，虽然他们尝试这么做。在科顿关于《启示录》的布道中，他庆祝权力体系的基本重构，这是许多清教徒长久的梦想，他这么说并不为过，他在布道中向他的听众说，在新英格兰，“上帝赐予我们享有自己的教会，以他的契约结成的公理宗会议，依着他的神圣法令来崇拜他……他赐予我们唯一的法律就是他的话语；唯一的规则、唯一的崇拜方式就是他在《圣经》中所设定的方式；唯一的教义纲领是他在先知书和使徒传中教导我们的教义”。[3]

前景诱人，对于科顿、达文波特和埃利奥特这些领袖来说，把圣徒之治的范围扩展到世俗管理的结构和实践中是势在必行。这种想法虽然

---

① Patrick Collinson, *The Elizabethan Puritan Movement* (London: Jonathan Cape, 1967), pp. 195—197.

② Whitmore, *Colonial Laws*, p. 57; *CW Williams*, 3:227. 围绕着该规定产生的张力，参见 Hall, *Faithful Shepherd*, p. 135. 这个问题是在唯信仰论事件中开始的 (Hall, *AC*, p. 243)。

③ Cotton, *Thirteenth Chapter*, pp. 24—42.

很吸引人，但也充满了不确定性：《圣经》对于世俗政府的说法远没有教会治理方面那么明确，而且如果把世俗政府限定在圣徒之内很可能导致疏离那些不能成为教会成员的人。但是有的殖民地人（就像在英格兰，那些第五王国的信奉者）他们决心要采取决定性的行动授权给圣徒们。正如一个英国的激进小团体在1649年根据《但以理书》、《以赛亚书》和《启示录》所提出的论点，如果“在地球上要建成一个教会的王国和领地，或是基督与圣徒的王国”，那么教会成员而且只能是教会成员才能“在选举中有发言权”。这一论点包含了《启示录》式基督教历史解读的中心设想，那就是必须推翻现存的权力结构，必须要把那些“不敬神的人”从
115 他们的权位上赶走。[①] 类似论点在英格兰得到表达前很久，1631年4月，马萨诸塞政府已经投票决定把自由民身份限定在教会成员之内，在此之前不久，政府刚刚授予116名成年男性公民权，其中一些人当时还没有加入当地教会。几年之后，殖民地的牧师们为该规定拟定了一份基本原理及其必然结论，那就是任何担任殖民地官职的人都必须同时也是教会成员。除了其他诗篇，他们还引用了《箴言篇》第29章第2节（义人掌权，民就喜乐），1635所建立之“典范”给出了两个理由为什么“只有教会成员才能被选为自由民”：第一是担心教会之外的人会选举“不是教会成员的人”来统治人民，第二是“要遵循以色列模式，在以色列，只有以色列人，或是那些加入了上帝子民的人，才有权选举”。[②]

几个月之后，萨伊和塞莱勋爵致信温斯洛普和其他人，要求与他身份相应的政治特权，科顿回信为马萨诸塞法律辩护。无疑受到温斯洛普的敦促，科顿把该法律表述为“神圣的法令”，他引用《出埃及记》第18章第21节（并要从百姓中拣选有才能的人、就是敬畏神、诚实无妄、恨不义之财的人、派他们……管理百姓），并解释说“没有人比教会成员更适于接受人民的信任，得到殖民地的自由权利了”。正是这些“自由权利”

① Woodhouse, *Puritanism and Liberty*, pp. 242, 246.

② *CW Williams*, 3:412—13.

在殖民地人中的广泛性使得这种做法如此重要——科顿举了自由民在选举行政官和制定及废除法律方面所起的作用作为例证。他指出，如果不是有马萨诸塞的法律，殖民地人可能会被一些对圣徒充满敌意的人统治，这一警告是基于发生在英格兰的事实发出的。伊弗雷姆·于特在他对《但以理书》的评论中也持相同的观点，想到1630年代英格兰的情况，他说："上帝的信奉者和世俗之徒永远不可能真心相爱。"①

另一个采用这一做法的殖民地是纽黑文。在康涅狄格海岸定居下
来一年之后，城镇的非正式领袖们召集了大约70人来"商议按照上帝的
意旨建立世俗政府"。这些城镇的领袖都来自于在伦敦的时候约翰·达
文波特的教会，而这70个男人几乎可以肯定是当时整个社区所有的"自
由拓殖者"。根据该镇的文献记载，会议是以某人提醒所有的人"他们聚 116
集在此的目的是建立一个最令上帝满意的世俗秩序"。很可能是达文波特制定了提交讨论的最初问题："《圣经》是否提出了指导和管理所有人的完美规定……既包括教会事务，也包括家庭和共同体的管理和统治"，对于这个问题的肯定答案，每个人都"举双手赞同"。回想前一年这些"自由拓殖者"签订的一份"契约"，他们承诺"遵守《圣经》提出的规则"，该团体再一次重申了遵守这些规定的义务。当所有人都表态同意之后，达文波特提醒每个人，从此以后在纽黑文，所有的官员和自由民都必须是教会成员，只有一个人提出异议，达文波特对他做出回应之后要求所有人投票对该提议做出决定，于是，（根据该镇的文献记录）"该决议得到一致同意"。②

也许是为了回应那个提出异议的人，达文波特撰写了一份完整的原理阐释来说明为何将公民参与限制在教会成员之内，该手稿在1663年出版，题为《论宗教设计的新种植园中的世俗政府》。③ 他在文中用"利

① Bush, ed., *Correspondence of John Cotton*, p. 245; Huit, *The whole Prophecie of Daniel*, p. 67. 另见 Shepard, *Works*, 3:339。

② *Recs. New Haven*, 1:11—14.

③ 1663年时，该书被归于约翰·科顿名下，但是根据20世纪的最新研究成果，该文本确

益”分类来证明把教会成员资格和公民权联系起来的合法性，利益是英国政治哲学的主题，通常被用来分析哪些社会团体会是政府的忠实支持者，答案是：那些与政府政策利益攸关的人。① 达文波特和其他圣徒之治的支持者提出的问题是利益问题的一个更具体的版本：如何确保新英格兰的世俗政府支持一个广泛的“正义”事业。达文波特想要保障的利益是宗教利益，尤其是教会和牧师的利益，因为他知道在镇上建立一个集中教会的决定很可能产生分歧。把公民权限制在教会成员内部可以预先防范集中教会制度的两大威胁：一个是可能“强迫”教众“接受不合
117 适成员”的世俗政府；另一个是可能把“世俗法令”强加给宗教事务的政府。在他看来，英国政府和英格兰国教会同时犯了这两个错误。②

在其他地方，圣徒之治也得到了一定的支持，但在罗得岛没有一个镇采用，康涅狄格采用的是一种较弱的方式，只有总督要求必须是教会成员。在牧师亨利·惠特菲尔德的催促下，吉尔福德的镇民 1643 年投票决定“只有教会成员才能被称为自由民，只有自由民才有权选举行政官、代表和其他官员”。③ 当纽黑文开始组建殖民地政府后，圣徒之治开始在附近的城镇推行开来。最终圣徒之治在新英格兰产生了有限的意义，而在英国，它只是在 1650 年代早期短暂地影响了英国政治，当时少数第五王国的信奉者开始向奥利弗·克伦威尔强烈要求实施类似的政策。因为需要一个新议会，克伦威尔和他倚重的军官们在 1653 年初决定自行选择议会成员，虽然也从聚集的牧师（有独立派，也有浸信会牧师）和教众中听取意见。1653 年 7 月，在向新议会成员讲话时（该议会

定是达文波特的作品，参见 Bruce E. Steiner, “Dissension at Quinnipiac: The Authorship and Setting of *A Discourse About Civil Government in a New Plantation Whose Design is Religion*,” *New England Quarterly* 54 (1981): 14—32。

① J. A. W. Gunn, *Politics and the Public Interest in the Seventeenth Century* (London: Routledge, 1969).

② [Davenport], *Discourse*, pp. 14—16.

③ *Recs. Conn.*, p. 22; Bernard Steiner, *A History of the Plantation of Menunkatuck and of Guilford, Connecticut* (Baltimore, 1897), p. 35.

是 1640 年代和 1650 年代唯一的一次未经选举产生的议会）克伦威尔引述了圣徒之治的原则，他承认说他“从未指望能看到这一天……基督耶稣得到了应有的承认，就在此时，就在此宏大的计划之中”。在同一次讲话中，他为根据“利益”来选择议会成员的做法辩护，解释说若非如此，他的政府必将堕入“邪恶之人和敌人的手中！我确信，上帝必不允许其发生”。克伦威尔引用《何西阿书》第 11 章第 12 节作为主题，“犹大却靠神掌权、向圣者有忠心”，他敦促新的议会成员把自己看作是“真正受神的召唤，靠神掌权，为神掌权”，要求他们同时要记住他们必须“向圣者有忠心，而圣者也会辅助你们”。①

1653 年的残缺国会是一届短命的议会，圣徒之治的激进支持者发现他们陷入了僵局，这促使少数第五王国的信奉者在 1657 年和 1661 年 118
采用了革命暴力手段。② 在新英格兰也进行了一场短命的奇特尝试，唯信仰论回潮期间，一群对马萨诸塞政府不满的人在纽波特岛上兴建了阿奎德内克。这群人中有威廉·科丁顿，他很富有，曾是马萨诸塞海湾公司的持股人，但因为抗议政府对约翰·惠尔赖特的处理而遭到驱逐。科丁顿和威廉·阿斯平沃尔、威廉·哈钦森等人在 1638 年签订契约，他们承诺“把我们个人的生命和财产都奉献给我们的主耶稣基督，万王之王、众主之主，尊奉他以神圣真言赐予我们完美、绝对之律法，从而得到引导和裁决”。该社区实施的圣徒之治方式的中心是恢复法官的作用（这是一个终身任期的职位），科丁顿在《旧约》中找到这种做法的依据。1639 年初居民“全体大会”同意尝试这样的政府，并认同了一条平行原则：“当法官和长老们不能在《圣经》中找到某案件的具体规定时，法官和长老们可以根据圣言的基本规定来裁定和管理。”但是，这一神权政治的尝试刚刚开始，地方上的反对派就终结了该尝试。③

① *The Works of Thomas Carlyle*, 30 vols. (London, 1897), 8:62, 64, 54, 58—59.

② Capp, *Fifth Monarchy Men*, chap. 9.

③ Samuel Greene Arnold, *History of the State of Rhode Island and Providence Plantations 1636—1700* (Providence, 1894), p. 124; Howard M. Chapin, *Documentary History of Rhode*

还有一个新英格兰的社区似乎特别适合圣徒之治方式——为数很少的皈依基督教的印第安人。马萨诸塞罗克斯伯里的牧师约翰·埃利奥特是向当地印第安人传教的领袖，他受1649年1月查理一世被处死的激励，认为时间的终结就要到来，他想知道是否他所转化的印第安人可以根据《圣经》组织一个"祈祷城镇"。1650年代初，埃利奥特在手稿中描绘了他的想法，大约在同一时期，他帮助兴建了第一个祈祷城镇，纳蒂克。埃利奥特想象的是一个共和政府，基督是其唯一的君主，这一主张在1659年手稿终于出版之后令马萨诸塞政府颇为尴尬。《基督教共
119 同体》根据出埃及记第18章21和22节制定了一种自治团体，由10人、50人、100人和1000人组成，每个团队都由自己的领袖负责管理。埃利奥特在他的文章中说，他之所以赞成《旧约》中的体制，是因为通过这种方式印第安人社群可以和上帝的选民所实践的最早的政府体制看齐。当他撰写该文章时，埃利奥特还把英格兰看作基督重临之地，但是到1651年8月，他向一群聚集在纳蒂克选举自己领袖的印第安人宣读了《出埃及记》第18章。和科顿、达文波特以及第五王国的信奉者不同，埃利奥特没有说过教会成员资格是获得公民权的条件，几乎可以肯定是因为当时还没有一个印第安人的教会。他如此强调回归《旧约》，十分独特，但是由于他赞同共和制，而他的文章在英格兰发表正好碰上帝制复辟，可谓运气欠佳。①

二

如此多的成就，如此多的理由来庆祝：1647年1月，一位平信徒致信约翰·温斯洛普："当犹太人来的时候，难道教会和共同体政府（根

Island, vol. 2, *Being the History of the Towns of Portsmouth and Newport to 1647* (Providence: Preston and Rounds, 1919), pp. 48—49.

① Richard W. Cogley, *John Eliot's Mission to the Indians Before King Philip's War* (Cambridge, Mass.: Harvard University Press, 1999), pp. 76—82, 111—112.

据上帝本人的规定）不是正如新天堂和新世界所允诺，已经完全建成了吗？那就是这贫瘠的新英格兰产出的第一轮硕果。”[①] 但是，到了 1640 年代中期，圣徒之治的计划开始蹒跚难行了，其困难的核心是教会成员资格和圣徒的归类。二者在 1630 年代晚期都受到多方围攻，英国的批评者坚持说教会的成员资格标准限定在公理会方式之内使得许多好基督徒被排除在外，而一些新英格兰人却又持完全相反的论点。1636 年在马萨诸塞意外爆发的唯信仰论论战是关于神圣化（成圣）[②] 和自由神恩的关系的，但在某种程度上又开始了关于决定谁才是可见圣徒的标准的不同意见。科顿再次成为这次骚动的核心人物，在 1630 年代中期的许多布道中，他都抱怨说殖民地人过于倾向相信“私下的祈祷，家庭宗教仪式，安息日良知……频繁的布道”，他和他的盟友安・哈钦森称 120
所有这些为“做工”，仅仅是“改善”，与之相对的是由圣灵启示而产生的深刻转变。1636 年科顿在塞勒姆的布道中尖锐地指出：“仅仅改善并不能确保上帝与我们签订永久契约”，在同一次布道中，他把这些抱怨和接受新教会成员的程序联系起来。其他人的不满表现得更为明确，在 1637 年 9 月召集的一次解决争议的宗教会议上，大会提出由科顿对“做工”的批评而引申出的三大“错误”，以及他对“圣灵印记”的强调，第 24 条错误尤其针对科顿对圣灵印记的强调，以及该强调中暗示的谁才有资格成为教会成员。大会拒绝科顿的这一观点，认为这是对《圣经》中以下观点的误解：“拥有圣灵印记的人完全可以判断任何人是否被拣选”；另一个错误是关于以下观点的：“在他们确信上帝之爱给他们印记之前，那些自称看到上帝神恩的人是不能被接受为教会成员的”；第三个错误是关于坚持断言：“接受成员的教会不是看世俗生活是否高尚，

---

① *Winthrop Papers*, 5:126. 文中“犹太人来的时候”意思是指当第七个封印被打开，末日就要到来的时候，根据广泛接受的假说，这时犹太人将会皈依。

② 成圣或神圣化是指基督徒在日常生活中表现良好，符合律法规定的生活方式，因此强调的是基督徒的“行为”，而唯信仰论一派则更强调基督徒的精神转变，即“神恩”，以及在精神转变中神恩所起的决定性作用，这也是唯信仰论论战的两个主要对立观点。——译注

也不是要证明世俗的崇高”——这一论断是和科顿对做工的批评相一致的。[①]

在科顿和哈钦森的一位牧师朋友看来，关于究竟谁是真正的圣徒，谁不是圣徒的困惑可以回溯到《启示录》。约翰·惠尔赖特在1637年1月波士顿的一次斋戒日布道中提到《启示录》中基督真正的追随者，“选民”和那些想要用“虚假的基督……来替代真正基督”的人之间的斗争。在他看来，真正的选民和虚假的信徒之间“战争”的核心是自由神恩和自以为正确的行为或“神圣化”之间的根本差异。惠尔赖特多次强调说，这不是什么遥远的战事，而是当他布道之时正在他的面前发生的战斗。他遵循《启示录》的内在逻辑，认为在新英格兰真正的圣徒仍然是少数，他们被“伪信者”包围着，这些伪信者表面上和圣徒一样，但却掩盖了他们对基督的真实敌意。还是遵循同样的逻辑，惠尔赖特想象这些真正的
121 圣徒是受迫害的殉道者，直到胜利到来的那一天，届时他们将“统治各邦，他们将用铁棒将敌人击为粉碎；那铁棒不是别的，而是上帝的话语”。1637年11月哈钦森在常设法院的证词中讲述了这个故事的另一种变体，她引用《但以理书》中但以理奇迹般的从狮子洞中生还的故事，预言说那些高高在上的压迫者终将被打倒，而她自己却像但以理一样必将获救。[②]

有时候圣徒之治有些失控，圣徒和圣徒争吵不休、相互攻击，“唯信仰论者”把反教皇制度的言论用来反对他们不喜欢的牧师。[③] 圣徒之治的基本前提是圣徒与世俗之人是不同的，但有时这却被用来攻击掌权的圣徒们。如果我们一定要很牵强地把此次冲突的胜利者看作是最早的民主主义者，那么要把惠尔赖特和哈钦森想象成相信投票，赞同多样性、赞同异质性多数都可以发表各自意见的人就更为勉强。在残破国会失

① Hall, *AC*, pp. 412, 48, 226, 227, 236; Ziff, *Cotton on the Churches of New England*, pp. 62, 63.
② Hall, *AC*, pp. 159—160, 166, 163, 273.
③ 同上，第209页。

败前很久，殖民地人就已经面临克伦威尔觉得难以解决的难题：圣徒内部的分歧；声称拥有圣灵的少数圣徒绝不妥协；而一个权威来自于教会成员的世俗政府的合法性也不确定。

圣徒之治是否应该被修改以保护教会和政府不受这些动荡的侵害？应该引进什么制度保障以防止那些爱争议的圣徒不会推翻他们的牧师呢？1636年波士顿教区就差点发生这种情况。除了这些问题，1640年代的事件和趋势又增加了另一个：是否应该引入某种形式的宽容，政府强制实施正义的规划是否应该削减呢？没人在1630年代的新英格兰可能预见到一些英国清教徒，尤其是一些公理宗教徒改变了观念，开始主张更多的良知自由。事态的这一变化完全出乎意料，实际上，令人震惊，正如温斯洛普在他的日记中写道，一些“最神圣、最正统”的人1645年从英格兰写信抗议马萨诸塞常设法院在1644年11月实施的反浸信会教徒的法律。一年之后，“一些最近从英格兰到波士顿来的人”以“自由”为依据，反对召集宗教会议，该会议负责准备《教会法典总汇》。 122
同时，马萨诸塞当局获悉长期议会已经发布命令同意“良知自由”在百慕大和西印度群岛地区实施。[①] 同样的情况发生在普利茅斯殖民地，新教统治从未在当地真正地建立起来。令爱德华·温斯洛吃惊的是，1645年底，一份请愿书呈递给普利茅斯常设法院，敦促其“对所有遵守治安和服从政府的人充分给予并维护其宗教宽容自由”。不同寻常的是，这里的“所有人”包括了“土耳其人、犹太人、天主教徒、阿里乌斯派信徒、索齐尼派教徒、尼古来派教徒、家庭主义教派信徒和其他人”，或如温斯洛所声称是如此，他和殖民地的少数官员阻止法院接受该请愿。虽然并不总能成功，普利茅斯政府在此后的20年间尽量减少异议，尤其是反教权

---

① Winthrop, *Journal*, p. 635; 1645年的信件参见 *Winthrop Papers*, 5:23—25。托马斯·谢泼德对英格兰这些转变事件的反应，参见第五章。对“宽容的兴起”的概述，详见 William Haller, ed., *Tracts on Liberty in the Puritan Revolution*, 1638—1647, 3 vols.（New York: Columbia University Press, 1934）。

主义的大爆发，纽黑文和康涅狄格的情况也是如此。[①]

其他地方出现了对圣徒之治的不同挑战，他们抱怨说集中教会以及把公民权限制在教会成员内部违反了英国人的基本权利。1646 年与罗伯特·蔡尔德医生有联系的请愿者就是如此断言的，蔡尔德和其他一同请愿的人采用了每个人都可以使用的修辞手法，把圣徒之治的做法称为"专制"和暴政。他们不能理解温斯洛普、科顿和达文波特等人所说的利益分类，他们恳请英国政府用一种类似英国国教会的教会组织来替代圣徒之治，把所有殖民地人都包括在内。[②] 在英格兰，有的人还有别的不满，国会里思想保守的贵族总是很警惕圣徒之治，因为圣徒之治有可能剥夺他们的特权，他们反对一套由威斯敏斯特大会起草的规定，该规定给予长老会方式的教会有权驱逐或不接受那些被认为不合适的人。对于这些贵族和一些更大胆的英格兰改革者例如诗人约翰·弥尔顿来说，任何授权神职人员监管道德行为的做法都类似于暴政，或如弥尔顿 1647 年在一首诗中富于修辞地对英国和苏格兰长老会表示不满："新的长老
123 只不过是旧的神父，这是显而易见的。"[③]

新英格兰的教区会众和牧师们是如何应对教会成员和可见圣徒的意义等问题的？这将在第五章对坎布里奇的个案研究中进一步讨论。而究竟有多少牧师尝试加强他们的权威的问题也将在其他论文中讨

---

① *Winthrop Papers*, 5:56; George D. Langdon, Jr., *Pilgrim Colony: A History of New Plymouth, 1620—1691* (New Haven: Yale University Press, 1966), p. 65. 请愿者可能是斯基尤特镇的威廉·瓦萨尔，一年以后，他在罗伯特·蔡尔德组织的《劝谏请愿书》上签名。普利茅斯牧师们的困境参见 J. M. Bumsted, "A Well-Bounded Toleration: Church and State in the Plymouth Colony," *Journal of Church and State 10* (1968): 265—279。

② "A Remonstrance and Petition," *Hutchinson Papers*, 1:214—223。

③ J. T. Cliffe, *Puritans in Conflict: The Puritan Gentry During and After the Civil Wars* (London: Routledge, 1988), pp. 112—120. 诗歌引用的是约翰·弥尔顿《长期议会治下之良知压迫者》，另见 W[illiam] R[athband], *A Briefe Narration of Some Church Courses Held in Opinion and Practise in the Churches Lately Erected in New England* (London, 1644), p. 26。反对教会规训的运动是由长期议会中一个"伊拉斯图"派团体（国家高于教会论）领导的，新英格兰没有类似团体。

论，[1] 虽然他们这么做是否有所收获也是很成问题的。与此同时，正义事业的其他方面已经因为民事法院不愿强制实施成文法的“全部处罚”条例受到影响，还将继续逐渐消退，正如在英格兰和新英格兰更为狂热的对新锡安的热望也终将减退。但是，该事业的大部分仍然在殖民地继续下来，就算不是全部，也是部分地存留下来——教区会众参与教会管理的原则；成年人自愿加入教会的原则；限制世俗政府控制宗教事务的原则；这些都是英格兰的清教徒从 16 世纪中期就开始追求而未能成功的。[2]

殖民地人与平等派在宗教宽容或良知自由的问题上走上了不同的道路。平等派希望世俗政府不再插手监管宗教事务，平等派从未赞同圣徒之治的任何相关规定，除了以他们自己的方式赞同授权给普通民众和削弱不公正的等级制度。对于平等派，社会改革和解决社会不公正是他们最初也是最终目标；而对于殖民地人，首先是教会改革，紧接着就是以正义的名义改革世俗社会。1640 年代圣徒之治的“权威”方面遭到抨击，就在当时，隐藏的宗派主义也爆发出来，长期议会和马萨诸塞政府的反应都是重新主张世俗政府对宗教事务的管理权以及加强强制执行机制。因为平等派对这些做法持批评态度，所以看上去更现代或更倾向自由主义，而殖民地人则比较保守和专制。

但是正如在本章和前一章中的许多证据显示，殖民地人从未重新创建教会和政府之间的联盟，而这是 16 和 17 世纪的英格兰依靠政府命令
的死刑、监禁和各种残酷的刑罚妄图创建或维持的。殖民地人继承了两 124
个版本的真正宗教（一个版本围绕着少数为了躲避迫害逃往荒野的圣徒；另一个则是围绕着新以色列的形象，这是一个教会和世俗社会联合起来抵制偶像崇拜的形象）当殖民地人设计公理会方式之时，他们赞同

① 关于这些过程的简介参见 Hall, *Faithful Shepherd*, chaps. 5, 9, and 11。

② William K. Holdsworth, “Law and Society in Colonial Connecticut, 1636—1672” (Ph.D. diss., Claremont University, 1972), p. 124.

的是第一个版本，虽然他们也融入了第二个版本的某些成分。虽然权威和秩序很重要，但是授权给普通民众参与教会事务和限制世俗政府不得干预宗教事务同样也很重要。在这种背景下，1638 年反对使用民事处罚加诸任何被驱逐出教会的人的呼声显得尤其重要。从那以后，没有任何一个教会可以要求民事法庭强制实施惩罚决定——这正是约翰·弥尔顿担心如果长老会接管英格兰国教会之后可能发生的情况。与此同时，所有公理会方式内部正统的做法都由于其自由裁量权的使用而变得温和适度，该裁量权允许每个教区自行决定如何管理接受和处罚其会员的事务。因此又重新出现了地方宗教——但总是和展示一致性（通常是为了向英国观众展示）的目标相左。[①]

圣徒掌权：这样的提议使得 17 世纪的许多人惊慌，正如现在如果有人提议如此也会导致同样的惊慌。但在早期新英格兰，或更明确地说，在马萨诸塞和纽黑文，“圣徒”究竟想要或期望得到什么样的权力呢？证据显示在马萨诸塞和纽黑文几乎没有人为了获取政治或社会权力而寻求教会成员资格。世俗政府监督什么人可以成为教会成员也不是什么了不起的事情，因为教区会众完全有权决定吸纳他们愿意接收的成员，他们把道德行为和“神恩”见证作为入会的标准，决定哪些人可以加入教会而哪些人不能。因此，在大约 10 年的时间里，已婚妇女比她们的丈夫更早地加入了教会，这一点特别能说明教会成员资格和社会权力之间的距离。

另一个不宜将英国的平等派和殖民地人进行简单比较的原因是：未能充分考虑社会实践的中介效应。平等派从未有机会把他们的想法
125 付诸实践，而殖民地的情况和欧洲现代早期的情况相似，是一种一致和

① 新英格兰把圣徒形象描绘成无论在哪里总是受迫害的少数人，参见 Adrian Chastain Weimer, *Martyrs' Mirror: Persecution and Holiness in Early New England* (New York: Oxford University Press, forthcoming)。另见约翰·科顿对 1650 年以来新英格兰多样性的评论（Bush, ed., *Correspondence of John Cotton*, pp. 500—503）。

服从的修辞变成了几种调节国家推行的规则的折中方案。[1] 没人因为通奸罪被执行死刑是一个很突出的例子。虽然在任何严格的意义上都算不上是妥协，但是可以把持异见者发配到罗得岛或是监视他们自行前往，这使得马萨诸塞政府不用采取更为严厉的措施。作为一种社会政策，圣徒之治得以在世俗社会继续是因为约翰·达文波特在土地权利方面持有的现实主义态度，他主张土地权利不受教会成员身份的影响，他在《论文》中阐明了该观点，并在纽黑文加以实施。使得整个系统得以运转的原因还在于它包含了许多公众参与的方式，更能说明问题的是教会和民事法院进行调解、弥合社会分歧的能力。 126

① Alexandra Walsham, *Charitable Hatred: Tolerance and Intolerance in England, 1500—1700* (Manchester, U.K.: Manchester University Press, 2006).

第四章　公正社会

伦理、法律与权威

希望日常生活能符合一套友爱（慈善）、和平与公正的伦理，这种想法与基督教的历史一样悠久，也和我们21世纪教会里上个礼拜日的布道一样新鲜。同样古老的观点是现实与理想总是不一致的，因为人们追寻错误的神、放纵沉溺于暂时的欢愉，日常世界进一步滑入了混乱。在古以色列人们就是这样认为的，而在16世纪早期，托马斯·摩尔似乎也是这样认为的，他在《乌托邦》（1516）中想象了一种更好的生活。在莎士比亚的英格兰，"神迹"故事将上帝对不遵守安息日的人的报复加以戏剧化，在《天路历程》（1678）中，约翰·班扬描写了基督徒在通往名利场的道路上可能遇到的种种诱惑。安妮·布雷兹特里特在1666年写作了一首诗来记录一次火灾带给她的悲伤，《我们的房屋被焚毁》一诗的主题是世俗事物的诱惑，以及对神的指示的再度觉醒的可能性。诗中描写了火灾毁坏了许多她珍惜的东西，但也阐述了她坚定地期待上帝允诺给忠实信徒的"家"。她在一篇沉思录中写道："难道智者不曾教给我们这样的教训：一切都是虚妄，一切都是精神的烦扰？"[①]

① Helen C. White, *Social Criticism in Popular Religious Literature of the Sixteenth Century* (New York: Macmillan, 1944); Alexandra Walsham, *Providence in Early Modern England* (Oxford:

殖民地人的另一个抱负是理想和现实终将合一，他们对实行等待已久的“进一步改革”的希望形成和加强了这一抱负。牧师和平信徒首先期望教区会成为友爱、相互照顾和正义繁荣盛行起来的地方，然后是世俗社会。殖民地人下定决心要把价值转化为行动，他们为每一个社区都 127
特别设计了实践方式。除了友爱、相互照顾和正义，他们还设立了另一套价值，这些价值可以用一个词来概括：“公正”（equity）[①]。公正一词被广泛地使用于各种场合，公正的概念传达了殖民地人对他们社会生活中公平和正义的希望。

和其他情况一样，这些希望都源于殖民地人对早期教会的美化。带着恢复真正宗教的热望，他们阅读使徒书信和使徒行传，他们对保罗在《加拉太书》中的建议产生了共鸣：“所以有了机会，就当向众人行善，向信徒一家的人更当这样。”（《加拉太书》 6:10）他们也同意保罗在给哥林多人的第二封信中给出的劝告，在“患难中受大试炼的时候”，基督徒应该展现“满足的快乐”，“格外显出他们乐捐的厚恩”。但在所有这些劝告中，他们可能最偏爱保罗把基督和教会的联合比作“世间最完美、最匀称的身体”，其完美是因为它的每个部分都是“一致的”，“相互地”参与“其他部分”的活动。约翰·温斯洛普在他 1630 年的“仁爱”演讲中引用了以上观点和其他段落，并从该观念延伸至《马太福音》中的道德忠告：“所以无论何事，你们愿意人怎样待你们，你们也要怎样待人，因为这就是律法和先知的道理。”以及那条最大的诫命，“就是要爱人如己”（《马太福音》22:36—40）。[②] 温斯洛普没有引用保罗给加拉太人的忠告，要避免“奸淫、污秽、邪荡……邪术、仇恨、争竞、忌恨、恼怒、结党、纷争……

Oxford University Press, 1999), chaps. 2, 3, 6; David D. *Hall, Worlds of Wonder, Days of Judgment: Popular Religious Belief in Early New England* (New York: Alfred A. Knopf, 1989), chap. 2; John Harvard Ellis, ed., *The Works of Anne Bradstreet in Prose and Verse* (Charlestown, Mass., 1867), pp. 40—42, 61.

① “equity”一词在英文中兼有“公平”和“公正”之意，是本书中很重要的概念，在和原作者商讨之后，决定使用“公正”作为其译文。——译注

② Winthrop Papers, 2:284, 288, 289.

嫉妒、凶杀”和“醉酒”（《加拉太书》5:19—21），但殖民地人把这些教导都转换成了他们的法律。和《圣经》中的许多其他内容一样，最早的基督徒所实行的地方自治主义和这些刚刚以订立契约的方式和上帝联系在一起的人们有着强烈的关联，正是在此前提下温斯洛普创作了他的“仁爱”演讲。[①]

除了《新约》，殖民地人还用其他来源做加强和补充。在他们的英国老家，殖民地人总是参加英格兰国教会的活动，因此他们重申了保罗对《十诫》的改写（《罗马书》13），这个段落被并入了英国国教的祈祷书。在那本书中，他们还得到警告，必须对穷人显示“怜悯”，如果他们对邻居
128 感到“怨恨或嫉妒”，就不能参加圣餐。教理问答手册多次重复上下级之间的相互义务或互惠互利的作用，既强调第五条诫命，也强调服从家长、国王和其他上级的必要性。针对奸淫的禁令（第 7 条诫命）扩展为一系列基督徒不得违犯的罪过：强奸、乱伦、鸡奸、卖淫、穿奇装异服。[②] 教区教堂几乎每个礼拜日都要提到《圣经》中关于公正、慷慨和要爱你的邻居的段落，这些主题不仅可以从《圣经》和神学思考方面追溯到天主教教义，而且它们也是文艺复兴时期人文主义及其对美德重视的结果，人文主义希望如果美德盛行则可能在人类社会进行大范围的改革。[③]

在英国的时候，殖民地人也曾见证了世俗政府、教区教堂和教会法庭的作用，看到他们试图减少社会冲突，并为穷人提供帮助。每一位国王都要公开表明他要致力于人民的福利；地方政府在物质短缺的时期都必须进行干预，保障食物的供应，抑制“萧条”；行政官要求陪审团负责

---

① 关于保罗书信创作背景的强调详见 John S. Coolidge, *The Pauline Renaissance in England: Puritanism and the Bible* (Oxford: Clarendon, 1970)，其中还分析了其“教诲”。

② *The First and Second Prayer Books of Edward VI* (London: J. M. Dent, 1910), pp. 33, 378, 381, 385; Ian Green, *The Christian's ABC: Catechisms and Catechizing in England, c. 1530—1740* (Oxford: Clarendon, 1996), pp. 455, 457.

③ Margo Todd, *Christian Humanism and the Puritan Social Order* (Cambridge: Cambridge University Press, 1987); Quentin Skinner, *The Foundations of Modern Political Thought*, vol. 1, *The Renaissance* (Cambridge: Cambridge University Press, 1978), chap. 9.

“确保好的事情平静进行，错误得到纠正；保持富裕，消除贫困；促进公共福利，抑制有害和个人私利”。这些伦理观念被原封不动地带到了新英格兰。1640 年纽黑文政府投票决定“人和人之间应该公正，（因为在上帝看来缺斤短两和分量不足是令人厌恶的事情），所有的商品计量，无论买卖，都应该遵守纽黑文所使用的标准”。这一举动旨在与某种根深蒂固的设想保持一致，那就是公正而不是私利，应该在商业领域占据主流地位。①

另一个使殖民地人期望能做得更好的原因是关于在新世界拓殖的文学。自从 17 世纪初以来，英国促进该计划的人一直在鼓吹，说参与殖民冒险的人将从旧世界的腐败中解放出来。约翰·怀特是一位稳健派清教牧师，他支持马萨诸塞海湾公司，他在《种植者的恳求》（1630）一 129
书中持同样的观点。怀特在书中列举了殖民的好处和弊端，他推断说只要殖民者能够“为了共同利益”实行“正义和友爱”，那么新殖民地的创建者们很可能获得成功。在他看来，海外殖民还可以抑制“贪婪、欺骗和暴力”。在印刷成书之前，《种植者的恳求》以手稿的方式广为流传，几乎可以肯定，温斯洛普曾经阅读过该书。怀特对英格兰道德风气的担忧被写进了温斯洛普 1629 年起草的“值得思考的理由”一文中，而怀特的一些建议也被温斯洛普灌注到他所领导的殖民地的社会道德之中。他在“理由”一文中承认，任何去往新英格兰的人都不得不“忍受……艰辛”，但是他把这一“缺陷”改造成了一个积极的命题，那就是殖民是上帝的“手段”，是“让我们悔改我们以前的放纵”。他在《圣经》中找到了与之相对应的内容，他追溯了以色列的孩子们逃入荒野的故事，那是为了逃离“埃及的暖衣饱食”。②

① Mark Fortier, *The Culture of Equity in Early Modern England* (Aldershot: Ashgate, 2005), pp. 88—91; J. H. Gleason, *The Justices of the Peace in England, 1558—1640* (Oxford: Clarendon, 1969), p. 13; Clive Holmes, *Seventeenth-Century Lincolnshire*, vol. 7 of *History of Lincolnshire*, ed. Maurice Barley (Lincoln, U.K.: History of Lincolnshire Committee, 1980), chap. 2; Edward Lambert, *History of the Colony of New Haven* (New Haven, 1838), p. 94.

② *Winthrop Papers*, 2:143, 144.

因此，除了公理会方式、圣徒之治和一个世俗政府的“恰当形式”，殖民地人的目标还包括建立一套从几个不同来源综合产生的社会伦理道德，而他们新近获得的自由也使得他们有可能真正地期望弥合价值与其实践之间的鸿沟。没有国王像查理一世那样来阻止他们严守安息日，圣徒刚刚在他们的教区掌权，这也使得在英国国教会显得非常虚弱的教会惩戒机制在新英格兰终于能够开始生效了。没有了他们在英格兰的对抗者——那些嘲笑圣徒和妨碍他们社会规划的人，社会和平似乎也伸手可及。一位牧师在到达马萨诸塞后不久写信给他在英格兰的朋友说：“在这里，好人是大多数，没有彼列之子来敲我们的门，打搅我们甜蜜的和平或是用暴力相威胁。”① 同样，改革民事和刑事法律使其符合公平与公正的伦理道德，这样的可能性似乎也伸手可及。

希望很崇高，但总是太快就出现了令人怯步的挑战和失望，这些困
130 难是所有《圣经》阅读者都能看出来的。从社会实践的历史来看，重要的不是所谓的“衰退”是否开始，而是教区、政府和民事法庭作为理想的伦理道德的工具的运作状况。如果圣徒们开始动摇，而使得和平与友爱成为可能的仪式的实践也变得脆弱，是否能找到其他方式来维系该伦理道德？前面讨论了各教区采取的行动以及世俗政府是如何代表和平与友爱进行干预的，本章转而探讨公正的概念、法律的改革以及“权威”作为伦理道德根源的复杂性。②

① Everett Emerson, ed., *Letters from New England: The Massachusetts Bay Colony, 1629—1638* (Amherst: University of Massachusetts Press, 1976), p. 97.

② 在下文中，我省略了马克斯·韦伯认为理解清教社会伦理的关键主题：财富和“职业伦理”，这两点已经得到很多研究，伯纳德·贝林与众不同地提出清教主义体现了一种“传统的”伦理观，其核心概念是“公正的价格”，斯蒂芬·福斯特对以上两种看法都提出了有力的质疑，参见 Stephen Foster, *Their Solitary Way: The Puritan Social Ethic in the First Century of Settlement in New England* (New Haven: Yale University Press, 1972)；另见 Todd, *Christian Humanism and the Puritan Social Order*，托德不同意克里斯托弗·希尔的观点，希尔把清教主义的社会价值解读为基于阶级差别的社会控制手段和工具。还有许多伦理观的重要方面和伦理实践在本章中均未提及，包括“压迫”；严守安息日主义；美德；丈夫、妻子和家庭的道德规范；新教决疑论；关于最后一点可参见 William Ames, *Conscience with the Power and Cases Thereof* (in Latin, 1630; in English, 1643)，该书是颇具影响力的指导书籍。

一

在 17 世纪，讲道德就意味着不能在上帝面前犯错，这样的话，就可以进入一种特别的时空，一个虚拟的“天堂”，就像托马斯 · 谢泼德告诉坎布里奇人的那样。[①] 人们则体验了不同的经历，他们知道那种滋味，印在书上的格言警句式的伦理道德或是周日布道中劝诫的伦理道德转变为体现在日常生活中各种遭遇的伦理道德。人们回想这些遭遇，就像我们会重看那些感动过我们的小说和电影，他们回顾那些时刻来恢复他们对和平与公益的希望。为了这个目的他们创作了哀歌和散文来纪念那些为了公众的利益而付出劳动的人和事——威廉 · 布鲁斯特在普利茅斯的第一个严冬照顾病人和垂死的人；约翰 · 温斯洛普在到达马萨诸塞的最初几个月里“用自己的双手”劳动。[②]

因为他们是以公理会方式用契约结合在一起的社区，这些期望都处于很高的标准。约翰 · 科顿对圣徒伙伴关系的简要阐释（1635 年）说得很清楚，和之前的温斯洛普一样，科顿同意保罗对最早的基督教会的忠告，呼吁圣徒们要实行“兄弟之爱……以及由此产生的结果，兄弟般的团结”以及“兄弟之间的平等”，他所说的团结是指整个教区“紧密地团结在一种思想、一种判断之下……不能相互嫉妒、挑衅……而要互相宽容、宽恕”；[③] 他所说的平等与基督教的金律不同，基督徒“要将他人置于自 131
己之上……为他人谋福利……把他人的利益视为自己的责任”，在此处，“利益”既指现世的财富，也指精神的、属灵的状态。大约 30 年后，托马斯 · 谢泼德在坎布里奇的继任者乔纳森 · 米切尔是一位辩才无碍的牧师，他特别擅长在虔诚的信徒中唤起同样的兄弟之情，他呼吁他的教众

① 见第五章。

② William Bradford, *Of Plymouth Plantation, 1620—1647*, ed. Samuel Eliot Morison (New York: Alfred A. Knopf, 1952), pp. 324—328; “Narrative Concerning the Settlement ofNew England,” *Proc. MHS*, 1st ser., 5 (1862): 129—131.

③ John Cotton, *The True Constitution of a Particular Visible Church* (London, 1642), p. 8.

“想一想人世中高尚的圣徒间的交融、陪伴和交谈是多么甜美；想一想你们的心如何在聆听《圣经》讲解的时候火热（就像《路加福音》第24章32节中所说）”，他提醒他的教众那些知觉上的“甜美……你们可以从中感知；只要和他们多待一会儿，你自己就将带有同样的气息；你的心将多多少少变成了它的风味”。科顿和米切尔一样都暗示说，在殖民地的社会生活中，教会成员拥有独特的特权，他们可以恢复使徒时代的做法，这也正是温斯洛普《仁爱》这篇演讲的假设前提，那就是“在基督徒和其他人之间”存在着“差异”，而这一结果是来自真正基督徒体验到的“新生”。①

教会既是一个圣徒团体，也是一个以契约结成的团体，每一个这样的契约都约束教众要遵守伦理道德价值及其行为方式。1639年，康涅狄格布兰福德教区的创建者们同意“摒弃任何不虔诚的、世俗的欲望，弃绝我们所曾经历过的所有的腐败和污染”，并且，展望未来，要“携手并进……以兄弟之爱和神圣的慎重共建信仰和友爱”。沃本镇的教众也宣称要致力于“相互帮助”，并补充说要弃绝“普通的爱和对俗世之物的追求”。在康科德，教会契约以对殖民地人英国生活的回顾开始，指出那些岁月是“人类传统的束缚和负担”，而与之对应的是他们在新英格兰所享有的“上帝的法令的珍贵自由权”。教会成员们同意臣服于基督，以他为王，他们以罕见的现实主义态度谈论“人吃人”或是人堕入“利己主义”的可能性。因此，他们承诺要“小心避免任何压迫……和冷酷行为，相互
132 之间要实行和平、友爱、仁慈和公正，对待他人要像希望他人对待自己一样”。1647年，康涅狄格的温莎教区更新其将致力的目标为“友爱、谦逊、智慧、和平、温顺、和蔼、仁慈、宽容、精神相助、警觉、纯洁、正义、真理、克己”，并以“忠告、告诫、安慰和监督”的方式相互鼓励。② 类似的契约都

① Cotton, *True Constitution*, p. 5; Jonathan Mitchell, *A Discourse of the Glory To which God hath called Believers* (London, 1677), pp. 51, 53; *Winthrop Papers*, 2:284, 290.

② Walker, *Creeds and Platforms*, p. 156; Lambert, *History New Haven*, p. 101; Samuel Sewall, *The History of Woburn, Middlesex County, Massachusetts*(Boston, 1868), p. 21; Lemuel

是以《旧约》和《启示录》主题为假设前提的,《旧约》的主题是从人群中选出一个特定的民族,而《启示录》的主题是虔诚的少数人获救——也就是说,契约就像是上帝为了保护他的选民不受这个世界的危害而树立起来的一面墙。而温莎教区契约的长度也说明了其他问题,那就是这个世界和教会并不是那么容易隔离开来的,公元1世纪的基督徒们通过痛苦的经历也证实了这一点。那么新英格兰的教区是否拥有足够的装备能确保他们的城墙固若金汤呢?

除了契约,还有一些具体的社会习俗。英格兰国教会的圣餐仪式中友爱和互助的伦理道德是圣餐的意义所在,在殖民地也是一样,在新英格兰,每个人都知道任何想要参加圣餐的人都必须和他或她的邻居和平相处,这一点并不需要写在祈祷书上——也许从未被正式写下来,但是大家都知道。[①] 另一项类似的做法是惩戒,这是一个教区谴责或驱逐某些行为不端的人的过程的总称。惩戒类似于法庭审判,证人陈述嫌疑人的行为,教区会众向他提问并最终投票决定是否应对某人提出警告或将其驱逐出境,一个与之相关的做法是让受惩戒的人赎罪。直到受惩戒的人对他的过错表示"懊悔"并寻求原谅,惩戒作为一项仪式才算完成,而教区会众很乐意原谅犯错的人,对任何人来说,悔罪与和解都是令人生畏、但必须克服的障碍。[②]

对圣徒们来说与众不同的是,惩戒作为一种神圣的监督和规训方式在波士顿、罗克斯伯里以及其他地方的教会日常生活中都扮演着非常重要的角色。在波士顿教会一条很典型的记录中,记载了人们获知"我们 133
的兄弟罗伯特·帕克"卷入了"压迫他妻子的孩子们,不许他们出售遗产的丑闻",教众投票把他逐出教会,过了几个月之后,他们又重新接纳

Shattuck, *A History of the Town of Concord, Middlesex County, Massachusetts* (Boston, 1835), p. 151; Walker, *Creeds and Platforms*, p. 131.

① Richard D. Pierce, ed., *The Records of the First Church in Boston, 1630—1868*, in Pub. CSM 39 (1961): 52.

② 更广泛的社会背景参见 Hall, *Worlds of Wonder*, chap. 4。

他成为教会成员“条件是他公开地表示忏悔”。约翰·埃利奥特记录了发生在罗克斯伯里教区的类似事件:一个仆人“虽然有许多缺点,但是在教会的警告下悔过了”;一个在唯信仰论风波的后续事件中因为“骄傲和轻蔑的举止”而被逐出教会的人在“上帝唤醒他的内心”之后“又回来并做了忏悔,和教会和解”——这些都是非常令人满意的时刻,显示出仪式和程序在防止教区会众做出“可能会败坏”其纯洁性的行为方面所具有的力量。[①] 在其他一些事件中,其结果可能是妥协的产物,使人怀疑当事人是否真的悔过了;而在另一些事件中,和解的企图失败了。1650 年代早期,雷丁教会本着“仁慈”的精神重新接受了一位女士,虽然她所提供的证据“还达不到他们认为所需的要求”;在约翰·菲斯克的温汉姆教区,妥协和持续的争端再三发生,在罗克斯伯里也时有发生。[②]

惩戒的案例显然可能导致冲突和分裂,因此,作为一种平衡,波士顿教区把达成一致作为他们的目标。1638 年初,教会在讨论如何处理安·哈钦森的时候,要做到这一点可不容易。她的家人都在场,包括她的女婿谢泼德,他从附近的坎布里奇来分析说明哈钦森的神学观点,他公开表示不同意把哈钦森逐出教会,他建议那些尚在迟疑的人说他们可以“对她的灵魂显示更多的关爱”,只需让她“对这些可怕、危险的错误负责”。此时科顿已经不再是哈钦森的同盟,他警告说“自然但非宗教性的情感”如果“阻碍了教会事务的进展程序”,那就是“邪恶的”。最终,“教会全体”达成了一致,接受了处罚她的决定。但是和其他人不同,哈钦森拒绝扮演她应该扮演的角色,不肯向教会“赎罪”,她轻蔑地把那些长途跋涉到纽波特岛来找她、让她悔罪的波士顿教会代表团撇在一边。因此,
134 虽然从某个角度来讲教会对哈钦森的审判是教区会众达成一致的成功

① Pierce, *Records of First Church Boston*, p. 20; *Roxbury Land and Church Records*, 2nd ed., *Sixth Report of the Record Commissioners* (Boston, 1881), pp. 78, 79; Walker, *Creeds and Platforms*, p. 212.

② James F. Cooper and Kenneth P. Minkema, eds., *The Colonial Church Records of the First Church of Reading (Wakefield) and the First Church of Rumney Marsh (Revere)*, in *Pub. CSM* 72 (2006): 70, 71.

时刻，但它也凸显出在教会惩戒的过程中积累起来的压力，以及这种压力威胁到它的有效性。[①]

一个教区要维持和平、友爱和亲密无间不能只靠惩戒和订立契约，话语很重要，同样重要的还有斋戒日以及重申契约的种种仪式，这些仪式使得整个教区重温了清教精神核心的忏悔、悔罪和复原的循环过程。在洁净教会（就这件事情而言，对整个世俗社区也是一样）使其免于仇恨、修复破碎的和平方面，忏悔是最重要的方式。教会成员常常称呼对方为“兄弟”或“姐妹”，这种称谓说明他们是伙伴关系（也就意味着他们是平等的），贵格会的信徒使这一点更为明确，他们在自己人中使用的人称代词是“thee”和“thou”。17世纪晚期，纽伯里教会的一位长老威廉·莫尔斯提醒他的一位教友要注意在教会的语言中暗含的兄弟和姐妹情谊及其期望，这位教友向民事法庭揭露了他老婆的刻薄言辞和母夜叉式的作为，莫尔斯提醒他“在宗教团体中，人们应该像基督徒一样”，如果有什么怨言，应该直接来找莫尔斯本人，他认为当地的圣徒要为教会话语中兄弟和姐妹情谊所包含的相互信任的崩毁负责。[②]

教区生活的另一个方面也考验了相互信任，那就是要照顾弱势群体，不论他们是因为病痛还是因为缺乏足够的土地和物资。没有人提议说要仿效早期基督教会的原始共产主义生活方式，[③] 但是教众们很认真地看待照顾他们中的穷人的责任，或如《教会法典总汇》所说，要帮助那些“有需要的人”。为了这个目的，并时刻记住《使徒行传》第4章35节中描述的早期教会的榜样，每个教区都指定了两三个人担任执事，监督

① Pierce, *Records of First Church Boston*, p. 21; Hall, *AC*, 356, 364, 368. 温斯洛普在他的日记中提到一群以前的唯信仰论者的情况（*Journal*, p. 321），“因为他们拒绝听从教会，所以教会的长老和大部分会众想要把他们驱逐出教会，但是不能达成全体一致，因此该决议搁置了”。

② *NEHGR* 4 (1850): 124，这一誓言也包括“居民们”，David D. Hall, *Witch-Hunting in Seventeenth-Century New England: A Documentary History, 1638—1693* (Boston: Northeastern University Press, 1999), p. 257。

③ 但另见 Henry S. Nourse, ed., *The Early Records of Lancaster, Massachusetts, 1643—1725* (Lancaster, 1884), p. 18。

慈善事务。一周又一周，执事们汇集自愿捐赠的财物来支付牧师的薪金，
135 每年还有好几次要收集捐赠的善款来支付圣餐所用的面包和葡萄酒的费用。教会的“股金”也需要捐赠，这是执事们用来处理其他有需求的情况的一种基金。[①] 教会股金是如何具体使用的，几乎没有证据存留下来（我们将留待第五章来讨论），但是为了帮助他人而做的捐赠都包括在圣徒的遗嘱中，这也引出圣徒间相互信任的其他方面。波士顿商人罗伯特·凯恩曾卷入了一场关于走失的母猪的争执，该事件在1640年代早期引起了马萨诸塞常设法院的分裂，他在其冗长、多次改动的遗嘱中把他的部分财富捐赠出来用于改善波士顿的市民生活，特别是用于帮助城镇的穷困居民，他在遗嘱中还说明，作为一名基督徒和教会成员，他总是在手边准备一点“备用金”，这样他就可以随时借钱给“任何穷困而虔诚的基督徒或牧师了（除了我已经捐赠出去的钱物之外）”。波士顿的其他人和其他地方的人也都做了类似的捐赠，也许数目不及他的庞大，但是他们这么做都是因为教会伙伴关系、兄弟情谊的原则。再举几个例子也就足以证明这一点了。有的人没有多少可以捐出来的，就像塞勒姆的一个人，他留下一头山羊给穷人使用，他明确指出，“在使用的头一年”，只有“虔诚的人”才可以使用，也就是说只有教会成员才可以使用，他还请求城镇的牧师照顾他年幼的孩子。1648年在温莎镇，一个濒死的人要求在付清他的债务并支付他的寡妻的费用之余，其他的钱财都用来帮助“教会中的穷人”；同年，温莎镇的另一位居民留下3英镑“请执事们发给穷人”，还有一个人留下55先令给“教会的穷人”。哈特福德镇一位有地位的商人乔治·威利斯留下“20英镑给镇上的穷人”，还给其他3个社区的穷人留下了一小笔钱。1648年，另一个哈特福德镇的居民给教会60英镑，很可能也是出于同样的目的。[②]

---

① Walker, *Creeds and Platforms*, p. 213.

② Bernard Bailyn, The *Apologia of Robert Keayne: The Self-Portrait of a Puritan Merchant* (New York: Harper Torchbooks, 1965), p. 20; *Essex Antiquarian* 1 (1897): 160; Recs. Conn., pp. 488, 468—472; Charles William Manwaring, comp., *A Digest of the Early Connecticut Probate*

一些遗嘱也证明了一种无形但同样重要的关于遗赠的方面，那就
是个人的支持以及人们所依赖的信任，这在生命周期的特定时刻显得尤
为重要。在选择谁来监督执行分配他们的土地、牲畜和家产时，人们总
是要求他们的牧师、执事和长老来做监护人和执行人。伊普斯威奇镇的
萨拉·迪林厄姆在遗嘱中把五英镑托付给镇上的牧师纳撒尼尔·沃德，
但更能说明问题的是她在遗嘱中要求沃德牧师要“保证我的遗愿在基
督徒的友爱中实现”。伊普斯威奇镇的另一个居民，一位未成年孩子们 136
的鳏夫父亲（这种情况往往给财产的分配造成额外的压力）要求“我们
尊敬和虔诚的牧师约翰·诺顿先生”做他遗嘱的“监督执行人”。韦琴
斯菲尔德镇的一位牧师委托他的妻子做他遗产的执行人，但同时也要求
“教会监督照管”他的4个孩子，“确保他们被教导真正敬畏上帝，并确
保我的遗嘱得到忠实地执行”。1643年，罗克斯伯里镇的塞缪尔·海格
伯恩“恳请我们教会尊敬和挚爱的长老和执事做监察员，我委托他们全
权照管我的财产，并在各方面引导我的妻子”。不少人还会遗赠礼物给
他们的牧师。乔治·威利斯送礼物给“我亲爱的朋友”哈特福德镇的两
位牧师，并送给附近镇上的两位牧师礼物“作为我的友爱的表示”。凯恩
送礼给他“亲爱的弟兄”约翰·威尔逊，波士顿的资深牧师，“表示我对
他所显示的所有仁慈的爱与感激”，并且，他的其他遗产一部分赠给了科
顿的寡妻，一部分赠给了波士顿地位尊崇的长老和当地的牧师。教会记
录中的某些参考文献也使我们注意到这种感情纽带。罗克斯伯里教会
的一条记录表明，1640年教会的一名执事去世时，“教会的穷人都为痛
失他而悲悼”。另一位执事生前曾担任多项镇上的“信托”职务，当他在
1657年去世时，教会的记录写道：“他是一位带来和平的人，非常忠诚可
靠……上帝赐予他如此多的人从心里接受他，信任他。”[①] 还有一例很独

Records, vol. 1, *Hartford District, 1635—1700* (Hartford, 1904), pp. 30, 43, 4. 捐赠给普利茅斯教会的钱物详见 *NEHGR* 4 (1850): 33, 35。

① *Essex Antiquarian* 1 (1897): 13; *Roxbury Land and Church Records*, pp. 76, 81; Manwaring, comp., *Digest*, p. 35; *Recs. Conn.*, p. 471.

特（奇特地具有天主教色彩）的表达信任的兄弟情谊的事例，波士顿的詹姆斯·阿斯特伍德1653年要求“将我的尸体葬在科顿先生的脚边，尽量靠近他，但是不要妨碍到我的尊长”。[①]

教区也许是体现相互照顾、和平相处的道德伦理的核心，但是该伦理的许多方面对于世俗社会的运转也同样重要。因此，人们常诉诸于契约，而更常见的方式是请求仲裁。戴德姆镇的镇民们在签订其民事契约时和其他教区会众签订其教会契约一样庄重地承诺要相互照顾、和平相处、以集体利益为重，他们承诺要“以和平的方式、温和的思想相互提醒……相互鼓励在各方面获取世俗的安康；为双方利益着想以达成真正
137 的和平”。镇民们还同意以仲裁的方式解决纠纷。稍后建立的兰开斯特镇的户主们对于困扰其他许多城镇的矛盾颇为了解，他们郑重宣告“为了更好地维持和平与友爱，同时保障公平与公正”，他们决定绝不“因为债务或是损害赔偿的问题而打官司……而是通过仲裁或其他方式在内部解决类似的争端”。其他城镇和殖民地政府也采用了同样的方式，普罗维登斯在1640年为此制定了一系列的程序规则，韦琴斯菲尔德也在常设法院敦促用该方式解决一项土地争端之后尝试采用同样的做法。[②]

通过这些方式和（几乎可以肯定地说）其他一些教会和市镇档案中没有记录的其他做法，殖民地人想要成为真正基督教正统的一部分。但是他们的这一姿态仍然是不确定的，因为他们从《圣经》中和基督教教会历史中认识到许多在他们之前尝试这么做的人都失败了。虽然他们也许并不需要更多的警告，但牧师们还是不断告诫他们人性的罪恶，警告说他们也可能背叛友爱和兄弟情谊的道德伦理。在一份呈递给政府

① *Essex Antiquarian* 2 (1898): 161; *NEHGR* 2 (1848): 261; *NEHGR* 7 (1853): 337, 335; Bailyn, *Apologia of Robert Keayne*, pp. 41—42.

② Don Gleason Hill, ed., *The Early Records of the Town of Dedham, Massachusetts, 1636—1659* (Dedham, Mass., 1892), p. 2; Nourse, ed., *Early Records of Lancaster*, pp. 28, 21; William R. Staples, *Annals of the Town of Providence* (Providence, 1843), pp. 41—42; *Recs. Conn.*, pp. 49, 53. 这一做法值得更详细的研究说明，本章限于篇幅，只能简略概述；民事法院和殖民地政府往往反复询问矛盾双方是否愿意以仲裁方式解决争端。

的请愿书中，兰开斯特的镇民们把冲突和争端归咎于一种更普通的原因，“只不过是有的人特别难以取悦，(争端的原因) 就是这些人怒气的突然爆发”，在同一份请愿书中，他们还要求政府让一位当地人来处理小型争端，请求政府派遣一位土地测量员并请求再分配给他们一块土地。① 每个镇都有这样“难以取悦的人”，就像大部分的城镇都有自己的争端调解员一样。

我们不可能精确地测量，更不可能提出一个准确的数据来说明和平、友爱和相互照顾的标准价值是多少，在多大程度上得到了实现。但某些趋势很明显，尤其是人们越来越依赖世俗政府的干涉来解决争端。在马萨诸塞的两个县，萨福克和米德尔塞克斯，遗嘱中给穷人留赠钱物的只占小部分，而代表机构捐助穷人的甚至更少。② 在刚建立的 10 年中，各个教区很积极地保持着惩戒的做法，而此后就没有那么热心了，这
种转变是和对公理会方式的极高期望联系在一起的。在英国的时候， 138
清教徒们很容易(通常他们也是这样做的) 把教会惩戒的松弛归咎于英国国教会的结构性缺陷，并认为这种松懈会很容易消除，只要当局采取训诫手段而各个地方教会又有权把不合格的人驱逐出教会即可。但是这种假定渐渐被改变了，这是因为为了社会和平，人们更愿意妥协，同时，在新世界的城镇和教区中存在着复杂的社会阶层和各种裙带关系网络。管理长老们不得不放松他们的监督，这种压力体现在不少记录下来的投诉中，人们抱怨说担任这些职务的人失去了他们“狮子般的勇气”，他们不再继续处理惩戒的案件。更深层的压力来自于一种共识，人们都认为和解更利于和平相处——这一共识是民事法庭大量的降低罚款金额以及减轻其他判决的做法的原因，罗伯特 · 凯恩记录了他在 1639 年

① Nourse, ed., *Early Records of Lancaster*, p. 59.

② 遗嘱中遗产的重要性在洛克里奇的文章中被极大地忽视了，参见 Kenneth A. Lockridge, “The Charitable Impulse in Old and New England: An Enquiry into the Origins of the American Character”，该文为未经发表的文章，转引自 Foster, *Their Solitary Way*, p. 138 n. 31，并福斯特自己的研究，同上，第 138—139 页。

因为收费过高而受申斥之后的一系列想法，其中也记录了这一共识。他认为他的教区有失公正，对此他很愤怒，他建议对罪人的谴责“不应该阻碍……爱的交流”或是“拒绝其参加圣餐”。①

凯恩提出的建议引申出一个更广泛的问题，那就是教会的惩戒是否能够在圣徒之间维持和平的兄弟情谊。凯恩的建议不同于当前的做法，这种做法来自于教会契约所提出的高期望，并通过公开的惩戒过程来执行。另一种可能性就是加大世俗政府的干预力度。1638 年，常设法院通过了一项法律规定了一系列的民事处罚，针对那些被逐出教会又不肯忏悔，在 6 个月的期限内未能与其教会和解的人，处罚从罚款到驱逐出境不等。法院为证明该法律的合法性引用了“许多悲剧性的事例，许多人罪有应得地被逐出了教会，却渎神地蔑视这同样神圣庄严的法令，胆大妄为地参加其他教堂聚会，他们对自己受到的申斥轻描淡写地一笔带过，严重地冒犯了虔诚的信徒”。当时最直接的挑衅可能是安·哈钦
139 森和其他唯信仰论者不肯妥协，迁移到了罗得岛。一年以后，科顿在他的《启示录》布道中公开抨击了这条法律，常设法院随即废止了该法律，1644 年，行政官提出要重新实施该法律，代表们表示反对。②

究竟是什么地方出了问题？答案很明显：惩戒的前提是有一个封闭、稳定的社区，而事实却是那些心怀不满或是持不同意见的人很容易搬迁到别的地方去，从而正式或非正式地避免了参与整个惩戒仪式过程的压力。③ 惩戒还假定留在教会内部和被教会驱逐二者之间截然不同，

---

① Edward Johnson, *The Wonder-Working Providence of Sions Saviour in New England*, ed. J. Franklin Jameson (New York: Scribner, 1910), p. 27; Increase N. Tarbox, “Ruling Elders in the Early New-England Churches,” *Congregational Quarterly* 14 (1872): 401—415; Bailyn, *Apologia of Robert Keayne*, p. 63. 类似的倾向于妥协和和解的做法在英格兰教会法庭的运作中也很明显；但这种倾向在这两个地区都不应被看作是“衰退”或松弛的证明，虽然清教徒们对教会法庭的批评中是这么说的。(Martin Ingram, *Church Courts, Sex and Marriage in England, 1570—1640* [Cambridge: Cambridge University Press, 1987], chap. 11 and passim).

② *Recs. Mass.*, 1:242, 271; 3:16; John Cotton, *An Exposition upon the Thirteenth Chapter of the Revelation* (London, 1655), pp. 17—18.

③ 正如一封 1639 年中塞勒姆教会致多切斯特教会的信中所示，信中列出了 14 个人在塞勒

但是世俗政府也正在混淆二者。1638 年马萨诸塞政府命令所有该殖民地的纳税人都必须出钱支付当地牧师的薪金，每个成年人都必须参加主日崇拜，这样一来，留在教会的人和被教会驱逐的人就没有多大区别了。所有这些都有悖于公理会方式的精神，因为这些做法都使得新世界的公理宗教会更接近于英国式的教区教会，在教区教会体制中，整个城镇的每位居民多多少少都和该教会有关。因此，一点也不奇怪的是约翰·科顿公开要求牧师薪金要由教众自愿出资支付，而他的教会的确也设法做到了这一点。这些措施再加上 1640 年代中期爆发的关于"亵渎神明"和其他犯罪的立法热潮，使得政府以和平和秩序的名义加大了对宗教的监管，这些做法受《圣经·新约》的影响较少。①

在法院采取这些步骤的同时，政治和社会生活中的分歧也在影响着某些仪式的作用。一个很恰当的例子是马萨诸塞每年的选举日布道，这是牧师们对原则和政策做广泛思考的一个时机。出人意料的是，1642 年 5 月，一群自由民和代表声称他们有权选择布道的人，他们选出的是罗利镇的伊齐基尔·罗杰斯，罗杰斯随即呼吁自由民实现职务轮换，当时温斯洛普正在打算再次竞选（实际上他的确再次当选了）。从那以后，由于行政官和代表常常意见不一，于是形成了每年他们轮流选择布道者的传统。到了 1670 年代，殖民地的派系斗争比 1640 年代严重了很多，代表和行政官利用选择布道者的权力来促成有利于各自派系的议事日程；也是在这十年中，代表和行政官的紧张关系已经发展为起草斋戒日公告并 140
争论究竟是谁或究竟是什么原因应该为殖民地的"衰退"负责任。②

与此同时，道德伦理实践的其他方面正在倾向世俗政府。教区没有

姆遭到申斥，但离开了该城镇。（Joseph B. Felt, *The Ecclesiastical History of New England*, 2 vols. [Boston, 1855], 1:379—380.）

① *Recs. Mass.*, 1:240; Winthrop, *Journal*, p. 288; Hall, *Faithful Shepherd*, pp. 146—147.

② Winthrop, *Journal*, pp. 430—431, 572; Hall, *Faithful Shepherd*, chap. 10. 更多关于衰退的政治学研究，参见 Stephen Foster, *The Long Argument: English Puritanism and the Shaping of New England Culture, 1570—1700* (Chapel Hill: University of North Carolina Press, 1991), chap. 5.

能力在贫民救济方面扮演重要角色，正如事实很快证明的那样，城镇和殖民地有更多的资源来做这件事。最简单，从各种可能性来讲也是最有效的帮助贫困和残疾人的办法就是分配给他们额外的土地或是减免他们的税收；到1640年代末，各镇都允许贫困家庭（大部分是寡妇）通过出售葡萄酒、啤酒和烈性酒来维持生计。[①] 在社会治安方面，教会法院的废止意味着监管酗酒和色情业的责任归民事法庭管辖，并且几乎是同时，民事法院也开始处理财产纠纷；惩罚诽谤言论；裁决教区或城镇各处的争端。殖民地政府还从另一个维持和平的方式获得好处，那就是仔细地记录土地分配的份额、边界和居民的遗嘱。长岛的南安普顿镇是1640年由林恩镇的居民建成的，在其市镇档案的首页记录道："在这个国家，正是因为拖延了设定城镇之间的边界以及未能及时划定城镇界内的土地毁坏了这些城镇。"对于这些双倍经验丰富的移民来说，马后炮变成了先见之明，当他们面临如何对居民的财产征税时，他们选择"以最和平的方式"。同样的实用主义精神使得康涅狄格和马萨诸塞殖民地政府都坚持要求各镇指定一名办事员记录所有土地的分配和买卖、遗嘱及其相关事务；罗得岛有一条法律规定，为了避免"不必要的诉讼案件"，所有的交易都应"起草记录，要有书面记录……以尽量简单的文字，尽量清楚的格式，越容易理解越好"。[②] 当然诉讼和官司还是依然存在，但是在这样一些简单明了的措施和一个人人都很容易接近的法律体系中产生了对某些冲突的长期解决方案。[③]

就这样，道德实践受到了修正，而当初热忱的圣徒订立契约实践兄

① *Records of the Town of Plymouth*, 3 vols. (Plymouth, 1889), 1:3, 12, 30, 35; Edward Warren Capen, *The Historical Development of the Poor Law of Connecticut* (New York: Columbia University Press, 1905); 参见第二章。

② *Recs. Southampton*, 1:3, 44; *Recs. Conn.*, pp. 37—38; John D. Cushing, ed., *The Earliest Acts and Laws of Rhode Island and Providence Plantations, 1647—1719* (Wilmington, Del.: Michael Glazier, 1977), pp. 33, 34.

③ 我的这一观点要感谢戴维·托马斯·柯尼希，David Thomas Konig, *Law and Society in Puritan Massachusetts: Essex County, 1629—1692* (Chapel Hill: University of North Carolina Press, 1979); 尤其是第二章"Real Property Litigation"。

弟情谊的前提也渐渐耗尽了其在日常生活中的重要性。1650 年代，当奥 141 利弗 · 克伦威尔逐渐认识到不是所有批评他的人都是敌基督时，他同样也得面对《启示录》式的对纯洁和安宁的期望与社会实践之间的差距。克伦威尔失望的根源来自 1650 年代英国文化与社会显著的深刻分歧，表现得更为明显的是虔诚的信徒内部产生的分歧。殖民地人比英国人要团结一致得多，其中的部分原因是殖民地不少的冲突都因为各个城镇和教区可以按自己的方式来处理而得到了缓解。此外，在北美的四个正统清教殖民地，不论是民事法院还是地方行政官都认为世俗政府的干预是正当的，而在克伦威尔的英格兰，这一做法却因为护国主对良知自由的同情而受到了损害。尽管如此，但是任何仪式过程或是热忱的行政官员都无法弥补这个规划的脆弱性，因为它必须依赖“圣徒”来运作。

1638 年 12 月托马斯 · 胡克致信温斯洛普抱怨马萨诸塞政府过度干预康涅狄格的事务，在信中，胡克引用了温斯洛普自己在“仁爱”一文中所使用的原话——“兄弟情谊”，并评论说撒旦对圣徒的“恶意和仇恨”可以多么轻易地毒害“精神的团结，吞噬、蚕食把社会连接在一起的和睦的筋腱”。胡克指责温斯洛普和马萨诸塞的其他人对康涅狄格的新移民定居点怀有敌意，胡克暗示说，他们正在散布的不实之词就像是撒旦的“恶意”，是和基督教友爱的道德伦理完全相悖的。“这种事情能算是兄弟情谊吗？”胡克颇为讲究修辞地质问道，抑或是因为对“兄弟的必要性”感到“遗憾”？[①] 胡克完全有理由抱怨，因为康涅狄格和马萨诸塞的利益是完全冲突的。新建的康涅狄格殖民地想要完全的独立；二者都想要得到斯普林菲尔德，因为该地有利可图的皮货生意；二者也都想从与佩科特人的战争中获利，而胡克也指出，马萨诸塞政府一直指责是康涅狄格导致了这场战争。类似这样的争执在 1640 年代早期比比皆是——各个城镇因为想要额外的土地或是在边界的划定方面得到好处而相互 142 竞争；埃塞克斯镇的商人一致对抗波士顿的商人；从英格兰某地区来的

① *Winthrop Papers*, 4:75—77.

移民想要独享某城镇的控制权而排斥来自其他地区的人；或者像在韦琴斯菲尔德镇那样，三个来自不同地区的移民团体，每个团体都有自己的期望，他们相互过不去，为其他两个团体制造麻烦。虽然他们有如此多的共同点，但是各个殖民地、城镇、教会和人们还是无法摆脱争执。①

尽管如此，在殖民地，道德伦理与其实践的结合还是比在英格兰的任何国王治下都远为有效。按照主要的尺度来衡量，殖民地人是遵守有关婚外性行为的道德准则的，他们也尊重民事法庭和他们的牧师，非婚生子的比率在殖民地要低于英国，而在1640年代和1650年代发生在英格兰的反教权主义混乱在殖民地也不明显，很可能是因为令人厌恶的什一税制度在殖民地被废弃了，而各个教区也有权选择他们自己的牧师。②虽然诉讼不断，还有许多内部的纷争，但人们还是很崇敬他们的领袖（尤其是温斯洛普，但还有普利茅斯的布雷德福，以及纽黑文长期执政的总督西奥菲勒斯·伊顿）人们也很尊敬他们的调解员：1662年新伦敦的理查德·洛德上尉去世的时候人们写诗来纪念他的善行，一位不知名的诗人写道："谁能否认对穷人他是救星？对付混乱他是首领？"温莎镇的马修·格兰特几十年都在镇上担任办事员职务，他在自我评价中说他"从未在未核实市镇授权同意书的情况下把土地授给任何人……我可以凭良心说，我从未屈从于任何人的私欲"。③

但殖民地人最了不起的成就可能还是重塑了民事和刑事法律，这一

① 各个殖民地之间关于土地的争执详见 Francis Jennings, *The Invasion of America: Indians, Colonialism, and the Cant of Conquest* (Chapel Hill: University of North Carolina Press, 1975)；地方上的争斗可以参见一些地区和社区研究，包括 Richard P. Gildrie, *Salem, Massachusetts, 1626—1683: A Covenant Community* (Charlottesville: University Press of Virginia, 1975)。

② Roger F. Thompson, *Sex in Middlesex: Popular Mores in a Massachusetts County, 1649—1699* (Amherst: University of Massachusetts Press, 1986)，该书的第三章提供了一个关于未婚先孕的比较研究视角。

③ Frances Manwaring Caulkins, *History of New London, Connecticut* (New London, 1895), p. 153; D. Williams Patterson, *A Genealogical Study of the Grant Family Descended from Matthew Grant* (Hartford, 1892), p. 3. 我把伊顿加入这份名单是基于一份他的传记，现已不存：Coll.·MHS, 4th ser., 8 (1868): 282。另见 Plymouth Church Records, 1620—1859, *Pub. CSM* 22 (1920): 110（这段话赞美布雷德福是"在所有行为中都毫无偏私的法官"）。

过程部分动因是殖民地人的另一个核心价值——公正原则。对该术语的描述以及法律改革的过程详述如下。

二

慈善、正义和相互照顾通过《圣经》以及数世纪的布道和写作宣传这些美德的重要性融入了殖民地人的社会道德伦理，而公正这个原则是 143
否和前面几个原则拥有同样的重要性和同样的《圣经》起源则不那么确定了。公正（equity）这个词起源于希腊和拉丁词的混合体，在《圣经》中也出现过少数几次，[1] 当它在16、17世纪重新出现的时候，在当时的宗教改革决疑论中扮演了重要角色，公正这一概念在殖民地人当中广为流传，却未受到当代历史学界的重视。要重现这个词的历史，第一步是要知道这个词的使用已经脱离了其最初的法律含义——那就是，法官们有权修正或是否决成文法以促进达成正义的目标。虽然这部分的词义还在殖民地人中继续沿用，但是在当时其最主要的用法还是新教的决疑论。伊丽莎白时代的神学家威廉·珀金斯是把公正一词转向基督教伦理方面的人之一。在其著作《论基督教公正》中，他认为公正的特点是“只要用心实践，公正是非常好的，因此它是一个共同体的精华和力量所在；只要保持公正，则一定会带来和平与满足”。在他看来，公正作为道德行为原则的前提是要有一个调整得当的良知，而公正更超越良知指向圣约的最基本的性质，正如《圣经·诗篇》第72章所示，上帝与他的选民订立的圣约是达成公正的手段。的确如此，整个道德律法都只是一项工具，它约束基督徒就像当年约束以色列人民，是因为其永恒的“公正”。[2]

① 如日内瓦《圣经》中的《诗篇》72:2：“他要按公义审判你的民、按公平审判你的困苦人。”诗篇总的来说是赞美国王有责任照顾“贫寒和穷乏的人”（第13行），以及对和平、公平和正义负责。

② Fortier, *Culture of Equity*, chap. 1 (quotation on p. 43); 珀金斯的论文参见 Ian Breward, ed., *The Work of William Perkins* (Appleford, U.K.: Sutton Courtenay Press, 1970), pp. 481—510; 另见 John Eliot, *The Christian Commonwealth* (London, 1659), sig. C3v。

和殖民地人的许多其他重要的道德伦理词汇一样，“公正”一词远不止一个含义。国王用这个词证明皇家职务的合法性，而每当人们认为统治者违背了道德律法之时，他们就用这个相同的词来质疑他们的权威。[①] 为了掌握在殖民地人中“正义”一词的各种词义，我们必须找出它在新英格兰使用的各种语境。财产所有权就是这样一种语境或情况。马萨诸塞海湾公司的管理者在考虑殖民过程的时候，意识到让那些在更早一次殖民尝试中留下来的人安心是很重要的，他们告诉那些留在安妮角的“老种植者”，“我们不想把你们变成奴隶”。为此，海湾公司决定给予他们已经开始垦殖的土地的所有权，并且答应分配给他们更多的土
144 地，只要是“符合公正与良知”。10 年之后，1640 年，罗利镇脾气暴躁的牧师伊齐基尔·罗杰斯向马萨诸塞常设法院施压，要求他们分配给该镇额外的土地份额。他对法院拒绝这么做感到很愤怒，但同时也意识到他自己做得太过分了，罗杰斯为他的行为致歉并提出了一项妥协方案，他“将把案件提交给教会长老，仅就该提议是否公正获取建议”。韦琴斯菲尔德镇的一位牧师亨利·史密斯在一块有争议的土地上围栅栏，触怒了一些镇民，康涅狄格政府派遣了两位行政官去该镇“解决此事，按照他们认为公平与公正的方式，以确保和平与真理得以维持”。在马萨诸塞与康涅狄格争夺斯普林菲尔德的控制权时，康涅狄格的爱德华·霍普金斯对马萨诸塞政府征收的一项税收提出争议，他质疑“该项征税是否合法、正当，是否以公正与正义为基础？”[②]

总体来说，这些说法有一个共同的前提，那就是关于财产和税收的决定都必须符合“基本”的公民权利（正如 1657 年一项牵涉争议的征税案件中所说）以及最高标准的道德伦理——亦即由“良知”所认可和规定的道德标准。因此，在马萨诸塞自由民的宣誓词中是这么说的：“我宣

① Fortier, *Culture of Equity*, pp. 101—104.

② *Suffolk Deeds*, 14 vols. (Boston: Suffolk County, 1880—1901), 1: iii—iv; Winthrop, *Journal*, p. 338; *Records of the Particular Court of Connecticut, 1639—1663* (Hartford: Connecticut Historical Society, 1928), p. 9.

誓要遵守公正原则”（这也就是说：我要凭良心）。将此二者联系起来也就是把公正与正义和正直放在同样的高度，这些词都经常出现在道德伦理演讲中。财产交易市场、价格的制定和土地分配（所有这些都要遵守这一价值及其伟大的守护者）良知。1656年戴德姆镇的一次镇民大会的决议显示了它的一些影响和结果。镇民们在反复讨论土地分配应该遵循什么“永久规则”时意识到，大家普遍同意的按比例分配的原则“对于几个穷人来说负担太重”，因此，根据“公正”的逻辑，大会同意分配给这些穷人额外的土地。在第二章我们也曾谈到，公正原则也指导税收征订的决议。对于英国的平等派来说，公正是一个非常重要的术语，殖民地人和他们一样把这个词与公平和平等的观念联系起来。[①] 145

“平等”（equal）这个词的含义可以说是一个谜，虽然对于大部分殖民地人来说平等一词更接近于“不偏不倚”而不是“相同”或“相似”，可以肯定地说，殖民地人不是1789年的法国人，他们也不用“平等”（égalité）作为口号（这个法语词本身就语义非常含混，不论是在当时还是在那以后）。另一方面来讲，无论是平等派还是殖民地人都和17世纪像罗伯特·菲尔默那样主张父权制和君主主义的人没有任何共同之处。在托马斯·胡克1638年12月写给温斯洛普的信中，胡克三次使用了“公正”一词，他要求的是在康涅狄格和马萨诸塞的关系中拥有平等的权力，要与“自由国家联盟中的平等关系”相一致。紧随其后的两次重复使用该词有着相同的意味：“公正法则”或是“公正的界限”将会影响治国之道的方方面面；那些不遵守该原则的做法既不能“消除分歧”也不能带来社会和睦。而约翰·李尔本和其他平等派人士使用公正一词时，常常采用一系列的同义词或相关联的词，比如李尔本合并使用的“法律、正义、公正与良知”。[②]

---

① *NEHGR* 3 (1849): 41; *Hutchinson Papers*, 2 vols. (Albany: Prince Society, 1965), 2:12; Erastus Worthington, *The History of Dedham from the Beginning of its Settlement* (Boston, 1827), p. 18.

② *Winthrop Papers*, 4:80—81; Fortier, *Culture of Equity*, pp. 172—173.

值得注意的还有其他几个暗示公正是对执政者或政府权力的约束的用法。公正一词出现在1641年马萨诸塞权力法案的卷首，宣称生命和财产不受中央政府的干预，“除非是在通过其他明确规定的法律保持公正的情况下”。1631年，普利茅斯的威廉·布雷德福答应温斯洛普和他的官员同事可以和这个较大的殖民地进行谈判，条件是谈判过程要遵照“公正的原则”。在1669年约翰·达文波特所做的选举布道中，他敦促统治者必须“公正”和（引用《诗篇》的第72章）“按公正审判”，从其上下文来看，他是暗示他们必须要不偏不倚。1650年的一封信中，康涅狄格政府为它的某项征税进行辩护，其理由是该项税收是“公正”的，1639年，康涅狄格政府要求建立一个新城镇的过程必须“尽量遵照公正和有理”。纳撒尼尔·沃德在1640年代中期返回伦敦之后写作了《阿格
146 瓦姆纯朴的补鞋匠》，在书中他认为拿起武器反对国王是正当合理的，其理由是“人民理应得到公正，正如国王们得到光荣”。[①] 在这样的语境之中，公正被抬高到成为衡量政府权力是否合法的标准的程度，它完全可能呈现一种平民主义的意味，正如沃德（出人意料地）在他的文章中表现的那样。

公正常常用于一些具体的做法，但也是一项影响所有政治管理的原则，它常常和其他一些很重要的词一起使用，但也可以单独使用。也许公正最好被理解为在一个不公正的世界中对“一碗水端平”的强烈愿望，在这里，“不正当和不公正”明显地存在于英国政治、市民社会、教会管理和法律的运作方式之中，社会生活的方方面面都和特权以及权势的结构网络丝丝相扣。[②] 在平等派的改革规划中，“对公正的更多要求随之而

---

① Whitmore, *Colonial Laws*, p. 33; *Winthrop Papers*, 3:64; John Davenport, *A Sermon Preach'd at the Election of the Governour* ([Cambridge], 1669), p. 8; *Recs. Conn.*, pp. 206, 36; Nathaniel Ward, 转引自 James O'Toole, "New England Reactions to the English Civil Wars," *NEHGR* 129 (1975): 7.

② W[illiam] A[spinwall], *The Legislative Power Is Christ's Peculiar Prerogative* (London, 1656), p. 32.

来的是更多的激进主义”。[1] 在新英格兰，公正作为一项社会道德原则，情况也是如此。作为一项与实践紧密联系的价值，公正获取了一定的力量是因为它和等级制度的假定毫无关系，它也不在乎那些躲藏在和平与友爱的原则之后的社会不公；因为所谓和平可能是从上面强压下来的，友爱也是如此，都是圣徒之治的计划而已，都得依赖圣徒。因为和这些都没有关联，公正就算不是完全世俗性的，也可能是非宗教性——虽然在某些新教决疑论的说法中，公正是和良知联系在一起的，但是在大部分新英格兰的用法中，公正完全独立于圣徒之治及其圣徒的分类。期待公正与理性能胜过顽固的积习或根深蒂固的特权并没有使殖民地人变成革命分子，但是这种态度使得他们踏上了与他们的大部分同时代人不同的道路，他们想要一个公正的司法体系，而他们也得到了一个公正的司法体系。

三

和建立公理会方式时的大肆宣扬或是多次论战不同，殖民地人静悄悄地创建了一个与英国法律体系明显不同的法律制度。在整个移民过程中，马萨诸塞海湾公司的组织者们没有对外提及任何相关的改革，实际上，除了一个例外，在整个 1630 年代，没有一个人清楚地说明为什么
要这样做。除了重新实行死刑这一项是带有明显清教特征的之外，殖民 147
地人所做的所有改革都没有特别的清教特色。相反，他们的这一规划要归因于对英国法律制度长期的不满，这种不满也促使长期议会及其 1650 年代的继任者尝试（但从未成功）对英国的法律体系进行重大改革。当然，殖民地人的成功还是要感谢移民的社会效果，正是因为移民才减少甚或排除了阻碍了英国改革的利益集团。

常设法院在这方面采取的第一步是回应民众对官员权力的反感，

---

① Fortier, *Culture of Equity*, p. 159.

法院在 1635 年指定了一个二人委员会（温斯洛普和理查德·贝林厄姆）来复审“所有已经做出的决议”以及对可能被“撤销、修正、扩展或进一步阐释”的决议向政府提供意见。14 个月之后，亨利·韦恩出任总督，法院指定了三个牧师和五个平信徒组成一个委员会来“遵照上帝之道起草一部成文法，作为本共同体的基本法”。在这个过程中产生了一个重要文本——约翰·科顿的《新英格兰法律摘要》，书的题目是 1641 年在伦敦印刷时伦敦的书商擅自印上去的，因此不够准确，该文本第一次显示出殖民地人意义深远的雄心壮志。到 1630 年代末，殖民地的其他人，尤其是沃德，他是一位以法律知识丰富而闻名的牧师，他们一起起草了权利法案，1641 年常设法院批准该法案暂行三年。1640 年代中期，另一个团体开始汇编已经生效的法令并撰写其他可能需要的条文，其成果是《马萨诸塞居民普通法律条文及权利汇编》，该书于 1648 年在当地印刷。其他殖民地很快也学习马萨诸塞的做法，通常是大量地借用《法律及权利汇编》一书的内容。[①]

《法律及权利汇编》一书被法律历史学家称为西方世界的第一部成文法，[②] 它是对英格兰法律体系长期不满的产物。人们不满打官司需要高昂的费用；处理民事纠纷花费太长的时间；大部分法院都离人们的住地很远；法律条文含混不清；律师贪婪；法官腐败；对盗窃和欠债处罚过
148 于严厉，以及贵族阶级拥有各种特权。托马斯·莫尔虽然在许多方面都很保守，但也同意其中的一些观点，他在《乌托邦》中辩论说盗窃不应该被判死刑。另一个政治保守派，弗朗西斯·培根也曾在 17 世纪早期提议简化法律以减少英国法律体系中固有的不确定性，他警告说，正是这些不确定性导致了如此多的诉讼，它们“没完没了地拖延，躲躲闪闪”。在 1620 年代，许多下议院的议员都对与国王特权紧密联系的法院

① *Recs. Mass.*, 1:137, 174—175.

② George Lee Haskins, *Law and Authority in Early Massachusetts* (New York: Macmillan, 1960), p. 120.

不满，例如星法院，也没人为大法官法庭或是英国国教会管制的教会法庭说好话。在长期议会任职初期，它废除了星法院并限制教会法庭的特权；尾闾议会呼吁所有的会议记录都使用英文；1653 年的皮包骨议会（Barebones Parliament）尝试取消大法官法庭。虽然人们普遍期望改革，但是在英国革命的数十年间，几乎没有任何其他的改变。[①] 改革期望最强有力的支持者是平等派和第五王国的信奉者，在平等派看来，英国法律制度最大的问题在于它保留了诺曼人的束缚，这是一种充满特权与繁琐程序的制度，例如所有的法律诉讼记录用的都是过时的法律法语，（他们争论说）在 1066 年诺曼征服之后就强加于英国人头上；在第五王国的信奉者看来，改革的目标是把《圣经》和法律结合起来，虽然他们也希望有更广泛的改革。为了这一目的，威廉·阿斯平沃尔在 1655 年安排重印了科顿的《摘要》。[②]

正如阿斯平沃尔所意识到的，科顿的《摘要》和另一个相关的文本《摩西的审判》（这是一个仅以手抄本形式流传的文本）是圣徒之治强有力的表现，因为他们把死刑与《圣经》中的判例结合起来，而使法律的其他方面世俗化，并抛弃了英国法律体系中的某些特权。科顿从未谈及诺

---

① Donald Veall, *The Popular Movement for Law Reform, 1640—1660* (Oxford: Clarendon, 1970), 第 69 页及各处; Ivan Roots, "Cromwell's Ordinances: The Early Legislation of the Protectorate," in *The Interregnum: The Questfor Settlement, 1646—1660*, ed. G. E. Aylmer (London: Macmillan, 1972), pp. 143—164; Patrick Little and David L. Smith, *Parliaments and Politics During the Cromwellian Protectorate* (Cambridge: Cambridge University Press, 2007), chap. 8。维尔著作标题上的日期具有误导性，因为实际上书的内容涵盖了 1640 年以前法律性质的详细内容。许多官员的职务系购买而来，因此他们通过收取高昂的费用或是接受私下贿赂来偿还买官的费用，对这样的腐败，诟病四起。弗朗西斯·培根就是因为这种做法弄到声名狼藉并且受到议会一个委员会的腐败起诉（同上，第 43 页）。

② H. N. Brailsford, *The Levellers and the English Revolution* (Nottingham, U.K.: Spokesman University Paperbacks, 1983), pp. 129—130; Brian Manning, *The English People and the English Revolution, 1640—1649* (London: Heinemann, 1976), chap. 10; B. S. Capp, *The Fifth Monarchy Men: A Study in Seventeenth— Century English Millenarianism* (London: Faber and Faber, 1972), chap. 7（书中并未注意到与新英格兰的关联）。法律改革的规划研究参见 Hugh Peter, *Good Work for a Good Magistrate* (London, 1651)，以及 *Aspinwall in Legislative Power*。

曼人的束缚，但他想要摆脱长子继承制这一封建原则的遗留，而这种做法在英格兰的许多地方还是一种标准做法。科顿建议家产分为若干等
149 份，长子获得双份份额，其他兄弟得到相同份额。科顿还希望在日常事务中建立类似经济公正的做法，他提出了一项规定（其依据是《申命记》第 15 章），每过 7 年就要豁免欠债，"因为你的兄弟不可穷乏"，并且，他还警告各城镇不要分配给"绅士们"额外的土地，这句话可能指的是像萨伊和塞莱勋爵那样的人。[①] 马萨诸塞常设法院通过《摘要》（该文本以手抄本的形式流传），也通过反对那些英国法律制度中明显的腐败行为，渐渐地建立起一个法院体系，并创建了一整套法律来实现人们长期未能实现的期望。现在他们不必再面对特殊利益集团（最重要的是律师们自己），这些集团阻碍了英格兰进行重大改革，殖民地人抛弃了大法官法庭和教会法庭，他们也从未在殖民地重建类似星法院的机构，所有这些做法在殖民地都没有引发争议。[②]

四个构成改革的重大因素都出现在制定《权利法案》、《法律及权利汇编》以及 1640 年代中期投入运转的法院体系之中。

第一个因素是关于打官司的程序和地点的。殖民地人抛弃了 1630 年代英格兰人还在继续使用的法律法语，并为原告和被告引入了一系列的权利或特权，这些都是在英国的法律中没有的：规定"在法律判决之前"，任何人不得被投入监狱；除了特殊案件，所有人都可以保释；向上一级法院上诉的权利；原告和被告在法庭上代表自己的权利。[③] 取消了大律师，取消的原因是防止"不公正以及频繁的无休无止的诉讼"，同时也

① [John Cotton], *An Abstract of the Lawes of New England, as They Are Now Established* (London, 1641), pp. 4—7; Cotton, "How Far Moses' Judicialls Bind Mass[aschusetts]," Proc. *MHS*, 2nd ser., 16 (1902): 281—282.

② 长岛南安普顿的市镇记录中复制了一份该"司法制度"，是由一些马萨诸塞林恩镇人带来的，他们创建了南安普顿镇 (Recs. Southampton, 1:18—22)。另见 Theodore Dwight Bozeman, *To Live Ancient Lives: The Primitivist Dimension in Puritanism* (Chapel Hill: University of North Carolina Press, 1988), chap. 5。

③ *Lawes and Liberties*, p. 28; Whitmore, *Colonial Laws*, pp. 41, 39, 45. 英国方面的做法参见 Veall, *Popular Movement*, pp. 17, 18。

取消了任何基于法律术语的争论或抗辩。[1] 把法律事务放在市镇和郡县进行，当地的行政官员或由自由民组成的委员会有权“审理和决定……非重大案件”，授权“季度法院”或地方法院处理除了“涉及生命、成员资格或驱逐出境”等案件的所有其他案件，以上重大案件必须由常设法院或全体行政官一起做决定。引入了证物发还规程以及避免延误的决心，
一旦对某人提出控罪，案子必须在“下一次开庭”时开始处理。引入了 150
仔细的证据和决议记录制度，“这样当有人提出要复审某个案件时”就可以“派上用场了”。[2] 引入了一项预期比英国传统远为公正的选择陪审团成员的方法，要求陪审团成员由“自由民”在“他们居住的城镇”选出，这条规定符合法律事务就近处理的原则。取消了官职的买卖，终止了法官通过收费谋私利的可能性。取消了酷刑。[3]

第二个因素是关于罪行和处罚的。对可能处以死刑的罪行进行了极大简化——比方说，取消了英国法律中盗窃价值超过一先令的财物即可判处死刑的规定。在 17 世纪早期，英格兰三分之一的刑事案件包括盗窃和其他罪行都是以法官判决死刑结案，如果不是陪审团和地方官员联合起来规避法律的某些方面，这个比例可能还要高很多。殖民地人引入了赔偿处罚来取代对于盗窃罪的死刑，这是对于此类罪行“最常用的惩罚方式”。根据《圣经》，殖民地人增加了一项程序规则：任何人因任何控罪被宣判死刑都“必须有两个或三个证人”。[4] 殖民地人还减少了因负债而入狱的可能性，并彻底改变了因自杀而导致的法律后果，降低了

---

① *Lawes and Liberties*, p. 4; Whitmore, *Colonial Laws*, p. 39. 讨论是允许的，但要在一定的范围内，这些限制逐渐地放松了。(Edgar J. McManus, *Law and Liberty in Early New England: Criminal Justice and Due Process, 1620—1692* [Amherst: University of Massachusetts Press, 1993], pp. 94—96.)

② *Lawes and Liberties*, pp. 8, 14—15, 54, 16, 46; Whitmore, *Colonial Laws*, p. 43.

③ *Lawes and Liberties*, p. 50. 关于英国的背景，参见 Veall, *Popular Movement*, pp. 25—26。

④ Whitmore, *Colonial Laws*, p. 43; *Lawes and Liberties*, p. 54; Bozeman, *To Live Ancient Lives*, pp. 183—184; Veall, *Popular Movement*, pp. 3—4; 另见 Cynthia B. Herrup, *The Common Peace: Participation and the Criminal Law in Seventeenth-Century England* (Cambridge: Cambridge University Press, 1987), chap. 6.

“英国法律令人厌恶的残暴”，不再强制执行没收私人财产。[1]

第三个改革因素是关于经济或社会特权的，并且，虽然没那么明显，但也涉及男性和女性在控制财产方面的不平衡。垄断被很轻易地废除了；除了极少的例外（比方说，马萨诸塞索格斯镇的钢铁厂），在新英格兰完全没有类似斯图亚特王室的做法：把某项产业的经营权授予某些人来获取额外的收益。同样被取消的还有所有的“罚款和许可证”费用，这些是英国政府在某人去世之后其财产进行分配时针对“土地和遗产”所
151 征收的费用。[2] 也不再有监护法院，这是又一个英国体制中被过分滥用的方面，曾有多位国王利用该法院来增加他们的收益。殖民地人制定了一系列的法律来说明关于遗嘱和财产分配的某些权利或特权：允许所有 21 岁及以上的男性订立遗嘱，哪怕他被“逐出教会或已被判刑”；在法院同意的情况下，寡妇或未成年人可以进行财产交易；[3] 最重要的是，引入了可以分割的财产继承制，而不是围绕长子继承权建立财产继承制度，长子继承制对男性后代有利，特别是长子。虽然不是每份遗嘱都得到了严格执行，但是遗产可以分割这一做法从根本上否定了长子继承制并鼓励给女性后代也留下一些财产，到 1640 年代晚期，平等派也将提倡在英格兰实行分割遗产。殖民地人也许没有平等派那么坚决，但是却远为有效地消除了大部分充满了英国法律制度的种种特权，只留下了少数社会特权的遗迹，他们重塑了法律制度，力求做到法律面前人人平等。[4]

---

① Whitmore, *Colonial Laws*, p. 41; John Noble, “A Glance at Suicide as DealtWith in the Colony and in the Province of the Massachusetts Bay,” Proc. *MHS*, 2nd ser., 16 (1902): 521—532.

② Whitmore, *Colonial Laws*, p. 35. 1620 年代关于垄断权在英格兰引起的不满和骚动，以及殖民地人态度的必要背景参见 William Hyde Price, *The English Patents of Monopoly*（Cambridge, Mass.: Harvard University Press, 1913）。

③ Whitmore, *Colonial Laws*, p. 35.

④ Veall, *Popular Movement*, pp. 157—158; *The Book of the General Laws of... New-Plimoth* (Cambridge, Mass., 1672), p. 42. 可以分割的财产继承制并未得到严格执行，参见 John J.Waters, “TheTraditionalWorld of the New England Peasants: A View from Seventeenth-Century Barnstable,” *NEHGR* 130 (1976): 3—21，尤其是第 20 页。社会等级制通过一些规定又重新出现了，例如禁止因为不重要的违法对绅士执行鞭刑，麦克马纳斯指出：“羞辱性的惩罚……是专为下层人保留的刑罚。”其他方面的差异参见 McManus, *Law and Liberty*,

第四个因素是关于法律是实现正义的手段。牧师们不厌其烦地一直在说明，上帝期望签订圣约的人民的公义都体现在“公正的摩西律法”中。在殖民地人开始移民到新英格兰之前很久，这一推论在英国以及宗教改革对法律的反思中就已经是老生常谈了，虽然它从未在英格兰成为一项正式的原则。现在，殖民地人充满了希望，他们想要恢复神圣的律法，《权利法案》从《出埃及记》、《利未记》、《申命记》和《民数记》各章中引入了 12 项“死刑”，比科顿在他的《摘要》中列出的死刑条目要少。在 1640 年代中期又增加了两项死刑，一项是强奸，另一项是任何 16 岁及以上的儿子忤逆父母。[①] 正义得到伸张，同时起作用的还有许多有趣的因素——灵活性以及临时发挥。其中之一已经在第二章论及，在任何一个殖民地都有一些“死刑”罪从未被执行过，巫术是其中很明显的一个例外。第二点是在这些立法的实际用语中，“没有证据说明有《圣经》的实质影响”。虽然看上去死刑似乎是清教徒拘泥于《圣经》字面用法和道 152
德凶残的最好例证，但实际上死刑的规定从来也不是前后一致或一成不变的。关于通奸的法律是因为人们对英格兰的教会法庭不满，在清教徒看来，教会法庭对待此类事件过于宽松，而关于忤逆父母的法律是 1646 年才增加进去的，当时殖民地人对英格兰正在发生的权威崩溃的情况很不安。另一种实现正义的方式体现在判决盗窃案件需要赔偿的条款中，这体现了《圣经》中的原则，但又带有一种明显不同的风味。与此同时，殖民地人把社会和道德生活的某些方面从宗教律法的范围中剥离开来，其显著的例子是他们把婚姻完全世俗化了（皮包骨议会也采用了相同的步骤），并且允许离婚。[②]

除了正义、公平和公正，还有哪些价值引导了殖民地的法律改革？

---

pp. 175—176。财产不可分割做法的社会含义参见 Jack Goody et al., eds., *Family and Inheritance: Rural Society in Western Europe, 1200—1800* (Cambridge: CambridgeUniversity Press, 1976); 尤其是古迪写的序言部分。

① 几个殖民地关于死刑的法律参见 McManus, *Law and Liberty*, app. A。

② Haskins, *Law and Authority*, pp. 149, 153—154.

最重要的价值是英国社会思想的共识（在 1620 和 1630 年代，许多斯图亚特统治的观察家都认为，这一共识正在面临极大危机），那就是共同体中的所有成员都拥有不可改变的“权利、豁免权和特权”，这些权利必须得到保障。对殖民地人来说，同样重要的还有第二条价值，那就是融入他们社会道德伦理方方面面的平等观念：正义必须平等地给予所有人，或如 1641 年权利法案第二条所述：“每个人……无论居民与否，都享有同样的正义，适用同样的法律，这通用于全殖民地。”当时的背景是所有殖民地人对特权阶级的共同反感，厌恶他们对法律制度的不良影响。[①]权利法案还包含了英国社会思想的另一个共识，那就是没有人可以被剥夺生命或财产，“除非有国家法律或是等同于此的明文规定”，还有两个附带的限制性条款，这样的法律必须“由常设法院制定”（也就是说，不能仅仅由特权制定），而且必须“充分公开”——也就是说，要大家都知道。[②] 总的来说，殖民地人想要一个透明、容易理解的法律制度，因此他们特别印刷了一份按字母索引的法律汇编，可以很容易地找到相关的条
153 款，在 17 世纪的英格兰还没有类似的东西。成文法、保障被告诉讼权利的一系列规定、允许上诉（如果任何人认为任何法庭“对他”做出了“不公正”的判决）——这些做法和其他法律条款，包括遗产可分割，完成了法律制度的改革运动，而这个运动在大西洋彼岸整个 17 世纪都受到了阻碍。[③]

---

① Whitmore, *Colonial Laws*, p. 33.

② 同上，类似的语言也出现在《新普利茅斯公共法律》第 1—2 页，其中一些可能还要早于《自由权利法案》。

③ Whitmore, *Colonial Laws,* pp. 41, 33. 法律历史学家有时候也承认这一点。乔治·李·哈斯金斯很了解英国方面的情况，他指出“在好几个方面《自由权利法案》远远超出了维护英国人的传统权利”（Haskins, *Law and Authority*, pp. 129—130）。

威廉·K. 霍尔兹沃思是对 17 世纪康涅狄格的法律和社会研究最为彻底的学生，他比较了英国制度的“笨重”和“复杂”与殖民地的“司法程序”，他认为在殖民地司法要“快捷得多，而不公正的几率要低得多，法庭本身要容易接近得多，而人们也毫不迟疑地利用他们”，并且法律还“并不昂贵”（Holdsworth, “Law and Society in Colonial Connecticut, 1636—1672” [Ph.D. diss., Claremont University, 1972], p. 157）。关于这部分讨论的法律程序最明晰的阐述详见 G. B. Warden, “Law Reform in England and New England, 1640 to

人们和他们的教区会众和解之时流下了热泪；把遗产留给穷人显示了爱心；要求葬在约翰·科顿脚边表现了忠诚——与这些感人肺腑的时刻相比，法律的改革以及公正作为主导原则似乎显得没那么激烈。要求一项规则或规范价值“做”点什么总是很成问题，对于公正原则就更是如此，因为它几乎是无处不在的。但正是基于这一事实，看来似乎很合理的是人们认为政府、教会和民事法庭会依照公正的原则运行。在这一点上，公正原则扮演了两位英国历史学家认为“法律规则”在 17 世纪英格兰所扮演的角色，他们把它称为“把国家政体的各种因素粘结在一起的”“政治口令”。[①] 在这一点上，公正原则并不是独一无二的，因为殖民地人也相信“法律规则”。但是殖民地人中思想更深刻的人意识到“政体的各种因素”并没有汇聚在一种特定的宗教经验形式（重生）的周围，这是一种对《圣经》的《启示录》式的解读，是他们在英国时被迫害的精神状态，或被称为公理会方式，他们清楚这一点，因此他们也支持围绕着所有人的其他原则和做法。因此他们的策略是务实的，是包容性的而不是排斥性的——这一策略体现在五月花公约上，公约是在 1620 年底由一群“朝圣者”和其他人共同签署的；也体现在达文波特的《演讲》为圣徒设定了特权；还有康涅狄格和普利茅斯决定放松选举权与教会成员资格之间的联系。因此，公正作为一项道德规则非常重要，每个人，任何人都可以以此要求他人负责。在早期现代社会，社会和平都很脆弱——在新英格兰，许多方面都是临时性的，权威随时处于危机之中，社会和平就更加脆弱。但殖民地人还是保持了和平，这就说明了包容性的道德伦理的重要性和有效性以及它对法律所产生的影响。
154

1660," *WMQ*, 3rd ser., 35 (1978): 68—90; 另见 G. B. Warden, "The Rhode Island Civil Code of 1647," in David Hall et al., eds., *Saints and Revolutionaries: Essays on Early American History* (New York: W. W. Norton, 1984), pp. 138—151。

① John Brewer and John Styles，转引自 Anthony J. Fletcher and John Stevenson, "Introduction," in *Order and Disorder in Early Modern England*, ed. Fletcher and Stevenson (Cambridge: Cambridge University Press, 1985), p. 15。另见 William M. Lamont, *Godly Rule: Politics and Religion, 1603— 1660* (London: Macmillan, 1969), chap. 6，论“圣徒”的脆弱性。

四

“权威”是殖民地人道德词汇中另一个关键词，在法庭、教区集会和常设法院，这个词具有真实分量，因为无论谁要是诽谤了行政官和牧师立刻就会被追究责任。相信权威是好的，这是因为，正如托马斯·谢泼德在他撰写的一篇关于服从的文章中所指出，上帝对成为一个真正基督徒的基本要求就是服从他的意志。神恩和天意的好处只会惠顾那些出于对上帝的真诚之爱欣然服从道德律法的人。仅仅是简单重复或表现是不够的，权威是活生生的东西，是这个世界上至关重要的体现，服从也是如此。谢泼德在这篇文章中宣称：“人心是如此野蛮、大胆和随便，以至于他们不仅需要法律，还需要有人来监督他们，确保他们规规矩矩；因此上帝在每个城市、每个村庄都指定了一些警察和法官……而且，上帝还运用他神圣的智慧使得这种温良的服从成为每个人自己的本性。”[①]

权威概念引发了许多修辞，大部分是用来描述如果人们忽视了该原则会有什么后果。危险是多方面的，只有果决的统治者才能防止这些恶果。作者采用一些耸人听闻的方式来烘托违法的恐怖性，使用很极端的语言，罗列冗长的词汇和动作来生动描写这些恐怖。托马斯·韦尔德为《唯信仰论者、家庭主义者和自由放任者的出现、盛行和毁灭的小故事》（1644 年，伦敦）所做的序言是这类作品的代表，这是被称为“关于异教的论著”的文学类型的新英格兰版本，这种类型在英国长老会派作者托马斯·爱德华兹的《坏疽：或目录与发现……关于错误、异端、亵渎神明以及异端宗派的邪恶行为》（1646 年，伦敦）一书中达到了高潮。两位作者都采用了“怪物”这个比喻，都反复强调这些行为对社区和平所造成的损害，而且二者都惊骇于在这些暴乱中那些没教养的人们声称他们
155 拥有圣灵的权威。韦尔德在一个长达好几页的罪状罗列的开始部分这

① Thomas Shepard, *Subjection to Christ, in All His Ordinances and Appointments, the Best Means to Preserve Our Liberty* (London, 1652), in Shepard, *Works*, 3:293, 294, 289.

样写道："如今，噢，他们如此大胆、骄傲、傲慢无礼，疏远了他们最亲密的老朋友；他们在我们中间挑起了动乱、分裂和争论。"其中一部分概括了唯信仰论者反教权主义的做法："现在人们向那些基督忠诚的牧师们脸上扔大便，（他们受到的对待）比那些法定布道人、巴力祭司、教皇代理商、文士、法利赛人和基督的敌人好不了多少。"和其他许多在 1640 年代对这些现象大惑不解的人一样，韦尔德把它归咎于撒旦的影响。除了是"撒旦的工具"，安·哈钦森还能是什么呢？她是"最适合、最训练有素的工具，要把撒旦的王国引入我们世界的这块地区"——然后又罗列了一大串她的行为和观点作为补充。[①]

撒旦（及其代理人敌基督）对基督和圣徒：从这两个极端产生了其他的对立面，例如"无政府状态"对政府；温斯洛普所区分的"公民"自由对"自然"自由。被公理会方式激怒的长老会信徒拿出了修辞的三段论，争论说它会导致丈夫与妻子的分裂（因为教会成员资格就是这样说明的），并且会导致教会中的"无政府状态"取代牧师的职务。温斯洛普对关于他"专制"统治的批评反应激烈，而科顿则是过分夸大罗马天主教的"暴政"。对忤逆的孩子的担心曾体现在殖民地的死刑中，也出现在 1648 年的《法律和权利汇编》中；另一个在这些年中反复出现的主题是如果实施良知的完全自由将导致的种种恶果。[②]

殖民地的日常政治活动和公理会的管理都带上了这种狂热语言的色彩，但是却不能把它当成清教独裁主义的最好证明，起码有两个原因：第一，关于权威处于危险之中的修辞只能以有限的方式影响社会实践；第二，同样重要的是，殖民地人同时还对权威观念本身建立了相应的制约和制衡。以上第二点曾多次出现在本章和前几章的内容中——司法

① Hall, *AC*, pp. 209—211, 307—308, 308—309, 301—303. 此类修辞的另一个例子是谢泼德的《服从基督》，书中发出沉重的警告：如果不接受基督的权威则后果是敌基督的统治，没有和平，只有血腥的战争和迫害。

② 英国批评者把"大众政治"这个词猛掷向公理会方式，因为它授权给平信徒，参见 Thomas Lechford, *Plain Dealing: Or, News from New England* (London, 1642)。

制度中非常显著的折中与妥协的特点；在每一套法律中都有值得注意的对权力滥用的防范措施；在教会管理中赋予平信徒权利，并且虽然经
156 历了一些调整和重新考虑，但在整个1640年代都保持了这一权利；在安·哈钦森事件之后仍然保持了私人聚会的权利；尝试公正分配土地；对公众开放参与政治和宗教事务，尤其是积极地使用请愿的方式；坚持法治的原则，这也是推动创建《权利法典》的理由。因此，早期新英格兰权威统治的社会历史与其修辞并不一致，在大部分情况下，都是爱叫的狗不咬人。

在神学和社会方面，殖民地人也并不认为权威是专断和独裁的。上帝毫无疑问是至高无上、全能全知的，每个人都应该服从他。但是殖民地人的上帝自愿决定缩减其权力范围，授权给他的辅助“工具”——教会、牧师和行政官。用学院派的话来表述同一个观点，那就是因为人是“有理性的”动物，因此上帝必须要尊重人的理性（理解）能力和愿望，所以他会使用说服的方式而不是使用武力。[①] 一个自我约束的上帝也是对每一个担任行政职务（包括国王）和牧师职务的人进行约束的上帝。科顿在他关于《启示录》的布道中，还有其他人在其他一些场合中都坚持说，这些官员的权威只是“行政权力”或是来自于授权，意思是说，他们并不能为所欲为，他们的统治是受到《圣经》中明确规定的责任义务和规则条例的严格约束的，这些规则和义务在对《圣经》的阐释历史中不断得到重申，在最近的布道中也多次重复。无论何时何处，权威都应该被正确地理解为一种义务，有的来自于上面，有的来自于社会生活。温斯洛普“仁爱”演讲的第一句话看上去是赤裸裸的等级制度的宣言（有人生来是统治人的，而其他人则生来就该服从）但他这句话是在一个更

① John D. Eusden, “Introduction,” in William Ames, *The Marrow of Theology* (Boston: Pilgrim Press, 1968), pp. 22—24; Hall, *Faithful Shepherd*, pp. 55—60; David F. Wright, “Calvin's Accommodating God,” in *Calvinus Sincerioris Religionis Vindex: Calvin as Protector of the Purer Religion*, ed. Wilhelm H. Neuser and Brian G. Armstrong, Sixteenth-Century Essays and Studies 36 (Kirksville, Mo.: Sixteenth Century Journal Publishers, 1997), pp. 3—19.

大的语境中来说的，他的主题是根植于圣徒之间的共同契约以及圣徒与
上帝之间的圣约而产生的义务。上帝的圣约比合同更为神圣显明，比委
员会的工作更有权威。但在新英格兰的市镇和教区，虽然他们都是签订
圣约建立起来的，但所有这些圣约的最重要的特征是人民的自愿同意：
圣约是公众共同制定决策的手段和表现。这样，权威和自由权利就变得 157
相互交缠。不论在殖民地人的观念中还是实践中把二者完全对立起来，
也许是我们可能犯的最严重的错误，因为这将导致一种“自由主义”的
误读，认为殖民地人拼命要维持权威，就好像他们是实行寡头政治的人。
责任义务和限制范围是决定性的中间条款，它们改变了这些分类，并且
正如随后的历史个案将再次显示的那样，当场就形成了新的实践。 158

第五章 “已入天堂”?
马萨诸塞坎布里奇的教会与社区

查尔斯河沿岸波士顿上游的这块土地,最早定居的人把它叫作纽敦,它的某些地方着实让人伤脑筋。托马斯·胡克和那些追随他从英格兰来到这里的人们在到达纽敦以后不到一年的时间就开始寻找别的地方定居,他们觉得“可耕作的土地太干、太多沙子”,牧场的供应也不足。[①] 1636 年,胡克和他的朋友们离开去了康涅狄格河谷,他们在那里建立了哈特福德镇。对他们来说很幸运的是,好几拨人在 1635 年来到纽敦,大部分和牧师托马斯·谢泼德有关,他们同意买下移民们抛下的土地和房屋。[②] 很快,这些新来的人也开始对任何愿意听的人抱怨说土地太少了。因为谢泼德可能要到康涅狄格去和他的岳父胡克会合,使得这些人的抱

---

① John Pratt, “Exposition” or “Answer,” in *Records of the Court of Assistants of the Colony of the Massachusetts Bay, 1630—1692*, ed. John Noble and John F. Cronin, 3 vols. (Boston, 1901— 1928), 2:109—111; 1632 年,在获悉对英国朋友来说,他所写的“内容不真实或不名誉”之后,普拉特被要求撤回该书。Winthrop, *Journal*, pp. 160—161; Edward Johnson, *The Wonder-Working Providence of Sions Saviour in New England*, ed. J. Franklin Jameson (New York: Scribner, 1910), p. 106; Winthrop, *Journal*, p. 115. 另见 *Winthrop Papers*, 3:203, 在同时代人看来,坎布里奇是“贫困的”。

② 1635 年之后定居坎布里奇的家庭在英国的原住地及他们与谢泼德的关系详见 Roger F. Thompson, *Cambridge Cameos: Stories of Life in Seventeenth-Century New England* (Boston: New England Historic Genealogical Society, 2005), pp. 3—5。

怨更急切了。殖民地的政治领袖们获悉了可能发生的迁移，于是他们拨给谢泼德和他的教会沙欣河沿岸一块 8000 英亩的土地，在纽敦西北 20 英里的地方。失去一位约翰·温斯洛普信任的密友，一位在唯信仰论论战中的正统中坚，一位得到几近于圣徒传记般称颂的牧师对于纽敦来说损失过于重大，尤其是法院很清楚，只要他一走，镇上的很多人都会追随他，因此敲定了这项交易：法院将会批准拨地，条件是"教会及其当前的长老们"留在坎布里奇。①

坎布里奇的镇民们开始分配公地，调控镇上的其他资源，分配木材 159
供应。在坎布里奇和在其他城镇一样，镇民大会、当地的行政官员和行政委员的主要工作就是分配土地、决定公路的位置和降低乱跑的动物造成的损害。但在 1640 年代晚期，坎布里奇镇的人们最关心的还是沙欣的拨地怎么分配。使得整个过程可能产生问题和潜在破坏性的是此次拨地的性质，这块土地是常设法院拨给谢泼德和他的教区会众的，大家都知道，镇上有的人不是教会成员。这些人是否可以参加沙欣拨地的分配呢，还是教会把土地在自己内部进行分配？坎布里奇的圣徒之治是否会偏惠某些人而置其他人于不顾？圣徒和非圣徒的区别在当地政治中会有什么影响和后果？这种区别内置于自由民的权利中，也体现在谢泼德关于盛行在教会内部的特殊伙伴关系的呼吁和召唤之中。教会和市镇是否真的相互独立？当谢泼德说教会成员们"已入天堂"的时候，他是否就此推论不论是否教会成员，镇民们作为一个整体共享同样的价值？要回答这些问题，各个方面都必须要深入地探究，如果我们要批判性地认识清教徒使用频繁的概念"社群主义"（communalism）、专制独裁

① *Recs. Mass.*, 1:119, 122, 130. 谢泼德考虑迁移的理由写在一份写给自己的未注明日期的笔记中，参见 Michael McGiffert, *God's Plot: The Paradoxes of Puritan Piety, Being the Autobiography & Journal of Thomas Shepard*（Amherst: University of Massachusetts Press, 1972）, p. 89n. 6。1640 年一封胡克写给谢泼德的信中说明迁移的决定就要做出，参见 John A. Albro, "Life of Thomas Shepard," in *Shepard, Works*, 1:cxlii—clv。两个被派去勘测沙欣地块的人 1642 年向常设法院报告说："就质量而言，据我们的理解，并不合适，山地很贫瘠，四周没有草地，也没有适合各种用途的木材"(*Recs. Mass.*, 2:10)。

或寡头政治和圣徒之治的运作方式，我们必须要了解教区和城镇的更宽泛的历史，在历史记录允许的范围内尽可能多地收集关于牧师、道德伦理、经济和政治多方面的信息。[①]

一

许多殖民地人都对恢复基督教会的本来面目、重建基督教王国抱有很高的期望，谢泼德也是如此，他对他本人以及几个少数其他人 1636 年 2 月在坎布里奇建立起来的教区寄予厚望。（除了几个人是来自胡克的教区，其他人都是和他一起从英国来的。）在建立教会的仪式开始时，即
160 将上任的总理长老，很可能是埃德蒙·弗罗斯特做了祈祷。“随后，谢泼德先生深切地忏悔罪及其他，并引用《以弗所书》第 5 章第 27 节，说他‘可以献给自己、作个荣耀的教会、毫无玷污皱纹等类的病、乃是圣洁没有瑕疵的’”，在讲道结束前又引用了诗句“也要凭爱心行事……方合圣徒的体统”（《以弗所书》5:2—3）。谢泼德接受了在场其他牧师的建议，决定要有 7 个人才能“建立一个教会”，他和另外 6 个或 7 个人“当众说明了上帝的神恩对他们所做的工”并“庄严宣誓”加入教会的圣约。整个仪式以谢泼德的就任神职和一个简短的布道结束，在布道中他劝诫“教区会众要认清他们圣约的性质，要坚定不移地遵守圣约”。[②]

到这不平凡的一天结束的时候，镇上的每个人都清楚地知道教会将会是有选择性的或是只包括教会成员的。从那以后，任何人想要加入教

---

① 关于英国研究提出类似问题的，详见 David Underdown, *Fire from Heaven: Life in an English Town in the Seventeenth Century* (New Haven: Yale University Press, 1992)。该书的核心论点是：多切斯特的改革计划来自于社会各个阶层，该计划有一些启蒙主义成分，例如，对值得帮助的穷人提供额外的帮助，该计划引发了慈善捐赠的大潮，并且因为它对社会行为造成了极大冲击，因此它既是成功的，也是断断续续得以实施的，法院也努力尝试居间调停。这一观点提供了与我的观点有趣的比较点，虽然多切斯特是一个大得多的城市，它的社会阶层也更多、更复杂。总的来说，圣徒之治或是“社会礼仪改革”的运作方式在关于 17 世纪新英格兰市镇的研究中没有得到相应描述。

② Winthrop, *Journal*, pp. 168—170. 契约的文本未能存留。

会都必须令人信服地证明“神恩对他们所做的工”并接受圣约的责任和义务。对于其中的一位新成员亨利·邓斯特来说（他是一位经验丰富的牧师，在 1640 年出任哈佛学院的第一任校长），圣约在纯洁的信徒和不洁的人群之间建起了最重要的分界线，它把基督的真正追随者和那些不能遵守他的律法的人分开。用邓斯特的话说，这是一个分两步的过程，首先是要捐弃世俗世界，然后下定决心服从：“受过洗礼的人们，你们签订了圣约……要抛弃邪恶，远离骄傲、世俗和肉体的欲望……把自己奉献给基督全然地服从他。”邓斯特更尖锐地坚持公理宗教会的基本原则就是“差异”：“宝贵的和鄙俗的之间应该有差异”，不应该允许后者参加教会。①

谢泼德同意他的观点。他从《以弗所书》中选择这段文字表明他热忱地希望新建立的教会“是个荣耀的教会……圣洁没有瑕疵”，正如保罗劝诫早期基督徒的那样。在组织教会的那天，谢泼德的第一个举动是祈祷、“深切地忏悔罪及其他”，这一举动是自我洁净过程的一部分。当时在场“大量聚集”的人群会看到、学到并意识到，这个仪式强调了纯洁的 161
公理会方式与腐败的英格兰教会的决裂：重新授予谢泼德圣职；有选择性的教会成员资格；不采用英国国教祈祷书中的祈祷文。在英国做牧师的时候，谢泼德一直是一位稳健的不属于英国国教会的新教徒，自从查理一世改革英国新教的得力助手威廉·劳德让许多新教徒“保持沉默”之后，他的思想产生了变化。现在他很乐意公开谴责“英国的仪式、十字架、牧师袍和跪拜的邪恶”，在 1640 年代撰写的一篇为公理会方式辩护的文章中，谢泼德向英国的批评者们解释说他和其他移民同胞不能再“研究一些区别（说明我们和其他人是不同的）来抚慰我们的良知去遵守如此多崇拜上帝时各式各样的腐败”或是继续忍受不合法的“主教大人们的暴政”。对他来说，整个新英格兰，尤其是新世界的坎布里奇正是

① George Selement and Bruce C. Woolley, eds., *Thomas Shepard's Confessions*, in *Pub. CSM* 58 (1981): 159.

这非常需要的改革的发生之地。①

对谢泼德来说，1636 年 2 月的这一天之所以意义非凡也是因为它对他的妻子玛格丽特的影响。她当时已经病得非常严重了，当天下午的晚些时候，那些组成教会的人来看望她，他们“问她是否想要成为他们中的一员”，她说是的，他们“握住她的手，接受她成为了教会的一员，她的信仰和之前的生活接受了完整的考验和经历”。对玛格丽特来说，这是意义非凡的一刻。其中一人，可能是托马斯简要地记录了这件事，事件以在场的人认为是上帝“显现”的一种迹象和“他接受我们的证明”作为结束，临终的玛格丽特对这个简单朴素的加入教会的仪式的反应是：“上帝因此以难以言喻之欢乐充溢她的心，并确证了上帝的爱，以至于她对我们说她现在拥有得足够了。”——意思是说，她拥有了足够的信心可以满足她与基督结合的渴望。②

一个接一个，坎布里奇的其他女人和男人也成为了教会成员。对他们来说，这个新世界的教会也具有非凡的意义，因为它是一个没有歧视、冲突和腐败的地方，而他们在英格兰的生活则被这些东西所污染。有一
162 套独特的文件保存了 67 份他们的“关系”，在这些记录中，许多人回顾了在英格兰做一名清教徒的经历，回忆了他们从罪到恩典的过程——跌跌撞撞、令人困扰的经历，但这种转变是教会认为真实可信而普遍接受的。谢泼德的教会对所有人都一视同仁：年轻的女佣和博学的邓斯特一起晋升为教会成员。那些在英格兰的时候直接“嘲弄和蔑视”神权的人特别高兴他们在新世界拥有“圣徒的特权”。有人说，在所有这些特权中，最重要的是作为教会成员的“甜美”；其他的也很重要，比如宗教仪式的“纯洁”，清除了所有人为的影响；签订了圣约的人们相互之间的“友爱”，以及教会成员的孩子因为父母的成员身份，可以被视为“在圣约之

---

① McGiffert, *God's Plot*, p. 50; Thomas Shepard and John Allin, *A Defence of the Answer made unto the Nine Questions* (London, 1648), pp. 3—4.

② 从一份手稿中印出，现已不存，转引自 [Cotton Mather], *The Temple Opened* (Boston, 1709), pp. 30—31。

中”。所有这些可能性和期望都是坎布里奇某位居民以下声明的根据和原因:“我热爱安息日和圣徒”;它们也可以在一位新到移民的祈祷中找到共鸣:“请让我能成为教会成员吧!”钱普尼太太用一句话总结了这些期望:“我看上帝的子民是这个世界上最幸福的人。”①

谢泼德也有着同样的希望和期盼。1636 年 6 月他开始就 10 个童女的比喻(《马太福音》25:1—13)做系列布道,布道充满了对教会作为一个共同体的理想化描述,或如他所说,教会是这个世界上真正的“天堂国度”。他告诉他的教众,在新英格兰他们建立了一个“纯粹、纯洁、贞洁的教会,没有被人为的种种做法所污染,也没有因为邪恶的人在内而受到玷污”。为了保持这种纯洁,他督促教会一定要密切监督加入教会的人,而且既然现在他们可以“只和圣徒们”一起庆祝上帝的圣餐,千万不能“向所有的人打开大门”。这和他们在英国的经历是多么不同!那时,他说,虔诚的人们多么痛心看到那些“亵渎神圣的人”也被允许参加圣餐。只要确保纯洁,圣徒们就可以享受到类似于天堂里圣徒们的兄弟情谊了,因此,他在关于比喻故事的布道中向他们保证说,他们将会知道那种滋味“正如从天堂来的人,又要回转那里去,简直就像是已入天堂”。一个天堂般的社区是一个致力于遵守相互关心、和平共处和仁慈友爱等规则的社区,这些规则是保罗曾经规定而约翰·温斯洛普在他 1630 年 163
的“仁爱”演讲中也反复强调的。1640 年代中期,谢泼德告诉他的教区会众,大家都处于圣约的约束之下,因此所有人都应该实行“相互友爱”,所谓“友爱”他的意思是必须要“寻求整体利益……共同福利”。②

要做到这一点,教区依赖的做法和其他教区所采用的做法很类似。1630 年代末至 1640 年代早期的经济动荡使得其中的一项做法具有了新

① Selement and Woolley, eds., *Shepard's Confessions*, pp. 107—109, 83, 63, 64, 191; Mary Rhinelander McCarl, "Thomas Shepard's Record of Relations of Religious Experience, 1648—1649," *WMQ*, 3rd ser., 48 (1991): 451.

② Thomas Shepard, *The Parable of the Ten Virgins* (London, 1660), in Shepard, *Works*, 2:65, 20, 622; Shepard and Allin, *Defence of the Answer*, p. 80.

的重要性，那就是给那些需要帮助的人提供援助。谢泼德强调说教会一定要有所作为，他在日记中私下里写道，他很“担心教会中的穷人”，他要求每一位教会成员都“关照整个教区会众，为每个兄弟姐妹的产业着想：看看谁穷了、败落了；另一个也在走下坡路；还有人变了很多”。[①] 1638 年 12 月，在他的敦促之下，教区会众发起了一项特殊的自愿捐赠，提供给“基督教会的需要”，并规定任何以此目的而筹集的资金也可以被用于“坎布里奇有需要的人”。许多捐赠是在教会礼拜仪式上做出的，但第一笔重要的捐赠来自于谢泼德一位“亲密的朋友”，富有的罗杰·哈拉肯顿，他在 1638 年临终的时候留下了 40 英镑遗产给谢泼德，另外 20 英镑给“我们教区贫穷的兄弟”，他还不再要求教会长老归还“那些他们手中的借款”。另一位地位崇高的居民赫伯特·佩勒姆在 1640 年赠与教会一头奶牛，同年，托马斯·比托斯通留下 5 英镑给谢泼德，并且在他的妻子和唯一的孩子去世之后临时决定把他三分之一的财产捐给教会。罗伯特·斯金纳，未婚无子，1641 年去世的时候留给教会他的“土地和房产”一半的价值，并在遗嘱中把他的仆人的契约合同转让给弗罗斯特长老。马修·戴是一名印刷工，死于 1649 年，没有子女需要担心，把他的财产进行了广泛分配：分赠给谢泼德和他的妻子、弗罗斯特长老、哈佛学院、他的母亲和许多其他朋友。谢泼德自己也在 1649 年他的遗嘱中留下 5 英镑“给长老们平均分配”。在该项基金的支付记录中有：“给我的兄弟
164 唐恩用于治病的花费”1 英镑；“给我们的兄弟霍尔用于修建他被吹倒的房屋”1 英镑；“给我们的姊妹弗朗西斯·摩尔（供他们的需要）”5 先令；“给我们的兄弟布里格姆给他的儿子买布做衣服”7 先令 6 便士。[②]

一旦经济危机减缓，深受打击或陷入贫困的教会成员可能会依赖全

---

① McGiffert, *God's Plot*, p. 126; Shepard, Works, 3:329.

② Lucius R. Paige, *History of Cambridge, Massachusetts, 1630—1877* (Boston, 1877), pp. 254—58; "Abstracts of the Earliest Wills upon Record in the County of Suffolk," NEHGR 2 (1848): 103, 182; Robert H. Rodgers, *Middlesex County... Records of Probate and Administration, October 1649—December 1660* (Boston: New England Historic Genealogical Society, 1999), pp. 11, 3.

镇来供养他们，这种情况也发生在别的地方，但教区教众还坚持其他一些与相互关照和友爱相关的道德伦理的做法，他们相互之间用“兄弟”和“姊妹”来称呼对方。他们还保持着英格兰的清教传统，组织私下的聚会讨论《圣经》以及重温他们听过的布道，谢泼德在布道的时候，人们就是为了这个目的做笔记，教会成员还不时地举行“私下的斋戒”。当有人生病或是处于生命危机之中时，人们相互祈祷，相信以恰当的方式祈祷可以使病人或是处于困扰的人受益。谢泼德可能就曾接受要求为人做特殊的祈祷，因为他在日记中记录道，他“为我们在海上的兄弟科林斯”祈祷，这种表示是和他为自己订立的规则相一致的，他决定，作为全镇牧师，他应该“用祈祷向上帝倾诉全镇人民的热爱、感想和请求”。一位年轻的女人经历了一次“精神紊乱”，她的家人认为是一个邻居怨毒的结果，“为她做了许多祈祷”，一位“长老”还特意赶来，到她的床边为她祈祷。教会中的一些人支持伊丽莎白·霍尔曼，她被人控告是女巫，这些人为她的虔诚做担保，虽然她并不是教会成员，两位执事和 21 个平信徒教会成员，其中 12 个是女性，他们在米德尔塞克斯县法院宣誓作证霍尔曼“一直很勤勉地参加和听从上帝之道”。① 在这样的情况下以及在慈善活动中，相互关照和公正的道德伦理超出了签订圣约的教会团体的范围。

在教会中担任世俗职务的人，比如执事和长老，他们在教区生活的另一方面处于中心地位，他们被要求做遗嘱的执行人和年轻孩子的监护人。教会的一位长老在他的兄弟约翰·钱普尼 1650 年去世之后，应该 165

① Edmund S. Morgan, ed., *The Diary of Michael Wigglesworth, 1653—1657: The Conscience of a Puritan* (New York: Harper Torchbooks, 1965), pp. 59, 60, 67, 101; McGiffert, *God's Plot*, pp. 225, 236; David D. Hall, *Witch-Hunting in Seventeenth-Century New England: A Documentary History, 1638—1693* (Boston: Northeastern University Press, 1999), chap. 8; Thompson, *Cam-bridge Cameos*, pp. 87—97. 谢泼德的一些印刷出版的布道是基于教友的笔记，参见 David D. Hall, *Ways of Writing: The Practice and Politics of Text-Making in Seventeenth-Century New England* (Philadelphia: University of Pennsylvania Press, 2008), pp. 99—101。

帮着分配他的财产，但是约翰的遗孀和他本人在临终时都要求约翰·布里奇，一位执事（也是前长老），来参与财产的分配。西蒙·克罗斯比1645年去世之后留下了妻子和3个儿子，教会的"长老和执事们"以及谢泼德本人帮着她处理财产问题。一位执事在约翰·弗伦奇1645年去世之后为他估算财产。布里奇的名字再次出现在1651年，是一份遗嘱的两位证人之一。亨利·邓斯特被一位镇民称为"我忠实的值得信赖的朋友"，在他1651年底或1652年初去世的时候，委托邓斯特与他的妻子共同执行他的遗嘱；1652年乔治·库克在爱尔兰去世，邓斯特是他女儿的监护人，并和库克家的另一个人负责处理他在新英格兰的产业；几年之后，虽然因为他反对婴儿洗礼而和教会疏远了，邓斯特仍然留下20先令遗产给"上帝忠实的仆人弗罗斯特长老"。参与分配个人财产是很重大的责任，而且总是容易产生争执，例如邓斯特就很郁闷地发现他被控对某人的财产处置不当。但是那些善于处理此类事务的人是坎布里奇镇的调解员，他们相信哪怕在信任遭到背叛的情况下也要公正地处理。①

对于许多教区会众来说，成为教会成员最大的好处是可以参加洗礼。谢泼德晚年的时候为婴儿洗礼辩护，当时英国的浸礼宗信徒已经开始公开反对这种做法。1650年代，教会中有人转而反对婴儿洗礼，其中包括亨利·邓斯特，但大部分人还是认为把他们的孩子包含到圣约之中的仪式是非常重要的。有几个人在教会面前讲述了他们感受神恩的故事，他们强调教会成员资格与他们的孩子的福利之间的联系。玛丽·安吉尔·斯巴霍克还记得当她的丈夫决定移民时，她感到很焦虑，但是她说服自己同意他的决定是因为"想到我们的孩子可能从中获得好处，那也就值得这趟旅程了"。此处暗含的背景是新英格兰施行的洗礼是婴儿
166 洗礼，是当他们还处于原始的纯洁之时实行的，这和英格兰的做法不同。
克拉克布恩夫人（我们只知道她的姓，不知道她的名）还记得当她的一

① Rodgers, *Middlesex County*, pp. 37, 15; *Recs. Mass.*, 4, pt. 1:65; *NEHGR* 49 (1896): 146; Thompson, *Cambridge Cameos*, pp. 67—73.

个孩子去世时她非常悲伤，并且她也很担心其他的几个孩子，担心他们将要“下地狱……因为我没有为他们祈祷”，在这句自我责备的话后面紧接着说明了她移民的原因：“于是我来到了新英格兰。”因为她接收到一个令人欣慰的消息，那就是她将“在基督的羽翼保护之下”，而（从神学的逻辑来讲）她的孩子们也将受到保护，只要她能成为教会成员。同样对孩子的责任感以及对洗礼的高度重视也体现在安·艾琳顿的讲述中，她告诉教众她知道一些孩子会“咒骂自己的父母因为父母不能给他们提供（接受神恩的）机会”。①

言行一致。那些相信洗礼重要性的人只要孩子一出生，他们就带孩子到教会来洗礼。两个例子就足以说明这一点了：在印刷工、土地投机商塞缪尔·格林的家里有 3 个孩子，其出生和受洗之间的时间分别是 2 天、6 天和 1 天；谢泼德在坎布里奇的继任者乔纳森·米切尔在他的一个新生儿去世之前未能对他施洗，虽然另一个孩子出生后第 7 天就接受了洗礼。米切尔对未能为儿子洗礼感到痛苦万分，他在日记中写道：“未能接受洗礼是极大的不幸，是上帝的怒火令人悲伤的暗示。”

谢泼德和他的妻子玛格丽特的感情和米切尔以及教会中的平信徒一样强烈。在 1635 年谢泼德夫妇启程前往新英格兰之前不久，玛格丽特刚刚生下他们的儿子托马斯。直到 1636 年 2 月教会成立，托马斯才接受了洗礼——时机正好，因为玛格丽特在死前能看到儿子受洗。在此前长时间的拖延中，她为没有受洗的婴儿“无数次地祈祷，暗地里洒下了许多眼泪”，谢泼德自传中有一段表明她如此担忧的原因可能包含在仪式本身的语言中。在这件事后几年，谢泼德提醒他的儿子，是通过“洗 167
礼……上帝成为了你的上帝，无论何时当你回到上帝身边，他总是预先准备好与你在一起，毫无疑问地接受你——这是最高、最幸福的特权，因此赞美上帝吧”。他也曾在别处说过，孩子有可能“因为原罪注定要承受上帝的怒火”，但是一旦接受了洗礼，就会变成“上帝允诺的他的子民”。

① Selement and Woolley, eds., *Shepard Confessions*, pp. 66, 140, 185.

其间的区别并不是罪被一扫而空，而是上帝成为孩子的救主（像小托马斯这种情况，经常生病）上帝也是他的保护人。作为家长和牧师，洗礼是谢泼德希望能给孩子的特权。[①]

因此他在一些小论文和其他文章中公开为洗礼辩护。在论文中，他直接向关心孩子精神福祉的父母呼吁，向他们保证说通过洗礼"上帝赐予父母一些安慰和希望，他们的孩子灵魂会得救，因为他们将在可见教会的范围之内；而如果处于可见教会的范围之外（那里只有普通的蒙恩之道）一般来说很难会得救"，而这种情况他认为是"非常困难，想起来很恐怖"。在另一篇文章中他重申了这个观点，这次他强调的是孩子接不接受洗礼的长期后果，不让孩子接受洗礼，他声称是"破坏万世万代孩子的所有希望"，子孙后代的时间范围很长，延伸至"所有信仰者的世世代代，没有限期"，这一论点在上帝与亚伯拉罕的圣约中可以找到证明（《创世纪》17:7）。[②]

他很了解他的听众。鉴于殖民地人普遍的宗教狂热，为子孙后代担心已经成为他们的第二天性了，男人和女人在临终时都精心地准备一份遗嘱，留给孩子一些东西，如果没有孩子，他们就留给兄弟、姊妹、侄子、侄女、表兄妹，有时候留给好朋友。而洗礼本身就是一份遗产，另一位第一代牧师曾经明确地把它比作像土地一样的遗产，谢泼德也向他的教区居民们保证，洗礼是一份对子子孙孙都有益的遗赠，[③] 因此，洗礼在教会

① Stephen Paschal Sharples, ed., *Records of the Church of Christ at Cambridge in New England, 1632—1830* (Boston, 1906), p. 10; Cotton Mather, *Magnalia Christi Americana*, 2 vols. (1702; reprinted, Hartford, 1853—1854), 2:111; McGiffert, *God's Plot*, p. 36; Thomas Shepard, *The Church-Membership of Children Cleared Up in a Letter in Answer to the Doubts of a Friend* (Cambridge, Mass., 1663), in Shepard, *Works*, 3:522—524, 536.

② Shepard, Works, 3:536; "Considerations Comended in a Brotherly Way to Those Brethren That Doe Scruple... the Seale of Baptisme to Theyr children," *Shepard Family Papers*, folder 2, American Antiquarian Society; Thomas Shepard, *Wine for Gospel Wantons* (Cambridge, Mass., 1668), p. 10.

③ Richard Mather, *A Farewel-Exhortation to the Church and People of Dorchester in New-England* (Cambridge, Mass., 1657), pp. 12—13. 公众对洗礼的宗教狂热详见 Anne S. Brown and David D. Hall, "Family Strategies and Religious Practice: Baptism and the Lord's Supper

和家庭中都产生了长期的影响。其中一点有些出人意料，一些坎布里奇 168
的孩子在成年以后不愿意站出来对他们的神恩经历做“陈述”。这种不情愿在埃德蒙·弗罗斯特长老的家里显得特别刺眼，他是一位模范基督徒，许多人在遗嘱中都会留赠东西给他，有时候他被称为“上帝神圣的仆人”，但是直到1668年，他的8个子女中没有一个对神恩经历做过公开陈述。①

教会和市镇从来不是一回事。是不是在谢泼德的布道中有什么内容，或是他对教会的理解妨碍了人们的加入呢？在英国的时候，他曾经教授过“实践神学”一个很勤勉的版本，其中清楚地阐明了通往“新生”的步骤或阶段以及获得新生之后的情况，这些都是为基督徒在此世的天路历程做下标记的不断的自我反省。在英国实行的是教区制度，没有有效的手段把不虔诚的人排除在外，他完全可以随他高兴把标准设定得很高而不会影响到那些实际上还是属于教会的人。他告诉人们在那些自称是基督徒的人中间也“只有很少的人可以获救”，他认为其比例是百分之一，但这并不会影响人们带他们的孩子来教会洗礼或参加圣餐。②但在新世界的坎布里奇，他的表演是镇上唯一的表演，他的布道、他的祈祷、他的教义问答书；而牧师的宗教咨询是成为教会成员以及此后经历的一系列阶段的最主要的途径，在实践神学的框架内，这些将构成恩典的降临。

谢泼德决心要实践该神学框架及其暗含的高标准，他利用其内在的含混对他的教众布道几个关键的教义。③其中一个主要的主题在唯

---

in Early New England," in *Lived Religion in America: Toward a History of Practice*, ed. David D. Hall (Princeton, N.J.: Princeton University Press, 1997), pp. 41—68。

① *NEHGR* 49 (1895): 146.

② Thomas Shepard, *The Sincere Convert* (London, 1640), in Shepard, *Works*, 1:57. 几页之后，他嘲讽教区模式的教会成员制度是九种“进入天堂的捷径”之一，但实际上却通向地狱（第65页）。谢泼德的百分之一获救论是一种修辞的说法，目的是强调一种假定“可能会发生”：如果一个未获神恩的罪人碰巧是教会成员，那么他实际上就是伪信者，而没有为神恩做准备，那么很可能基督会对他弃之不顾。

③ 几乎从他刚开始在新英格兰出任牧师开始，谢泼德就为教众的精神衰退和冷漠担忧，参见

信仰论论战的时候出现了，在约翰·科顿与其他马萨诸塞的神职人员的论战中，谢泼德在教义方面表现得咄咄逼人，他参与草拟了他和其他同事向科顿提出的16个问题。这些问题的核心是“不坚定”的基督徒不能获得得救的确据，像这样的人，神职人员又怎么能给他们忠告，给他们“安慰”呢？科顿认为，正确的答案是神职人员应该促使他们认识到“善功和责任”的虚妄性，并意识到得救的方法应该是“直接见证圣灵”。谢泼德则认为，看上去似乎同样有道理（而且在缺乏“明确”的来自圣灵的信号的情况下，更有效）神职人员应该依赖“成圣”，也就是体现在某人
169 行为中的“基督的救恩”。①

1636年谢泼德开始做有关童女比喻的系列布道，他为求助于“成圣”辩护，认为这样可以帮助那些“心存疑虑、无力自拔但诚心诚意的人，他们对基督对他们的爱没有把握”。谢泼德的声音、关心教众的牧师的声音反复回响在这些段落中，他敦促镇民们、教众们不要因为基督“藏起他的面容，有时候与你分离”就感到绝望，他向他们保证就算基督看上去不在大家的身边，但是他仍然是“心存仁慈”的。但这绝不是降低标准，因为谢泼德还是不断地斥责伪信仰者并坚持严格的自我反省。但他作为牧师的同情心却使得谢泼德的牧养事业走上了一条与约翰·惠尔赖特在1637年1月斋戒日布道中所暗示的方向不同的道路，在惠尔赖特的布道中，他使用了《启示录》式的场景，暗示着少数获救的人对抗大多数，但谢泼德却站在多数人这边，不论他们是信仰坚定还是心存疑虑。

Shepard, *Works*, 2:377, 169; 3:310。我在本章中的观点和莫兰的观点有些巧合，详见 Susan Drinker Moran, *Gathered in the Spirit: Beginnings of the First Church in Cambridge* (Cleveland: United Church Press, 1995)，尤其是第92—99页；另见 Selement and Woolley, “Introduction,” in *Shepard Confessions*, pp. 22—24, and George Selement, “The Meeting of Elite and Popular Minds at Cambridge, New England, 1638—1645,” *WMQ*, 3rd ser., 41 (1984): 32—48。

① Hall, *AC*, pp. 50—51. 这句话概括了一个范围很广的争论包括在科顿的书中［John Cotton, *Sixteene Questions of Serious and Necessary Consequence* (London, 1644)］以及两个后续的作品，牧师们的“回复”和科顿的“第二次反驳”，均见于 Hall, *AC*。谢泼德在击退唯信仰论时充任主导地位，详见 Michael P. Winship, *Making Heretics: Militant Protestantism and Free Grace in Massachusetts*, 1636—1641 (Princeton, N.J.: Princeton University Press, 2002)。

在关于童女比喻的布道中，他认为10个童女的故事指的是基督重临时的可见教会，教会中有的人为他的重临做好了准备，而其他人则没有（那些灯里没油的人），但是这两种人都会共同存在直到那一刻到来，“在最纯洁的教会中，都有而且一直都会有伪信仰者和明智的童女掺杂在一起”。谢泼德希望那些他认为是伪信仰者的人认清他们的位置，但是他也绝不会赞同一个少数人的教会，只包含那些确信自己获得了神恩眷顾的人。他很珍视教会与世俗社会分离的原则，因此他与圣徒之治的一个核心前提保持着距离，那就是可见教会必须实施更为严格的规范以接近于新耶路撒冷。①

和他的岳父康涅狄格的胡克一样，他以其广开教会牧养之门而著称，谢泼德也倾向于仁慈的判断，虽然他也督促“教会的守望者”要留神他们中的伪信仰者。一位女士在向他的教会陈述她的重生经历时，刚开始不久就支支吾吾，然后停了下来，谢泼德插话并告诉教众对她有利的“见证”可以“继续进行”。在67份保存下来的重生陈述中，只有一个人受到了拒绝，其他人都在现场成为了教会成员，有一个人曾被拒绝，但 170
也在几年后加入了教会。② 谢泼德担任牧师期间的教会成员名单未能存留下来，而且任何想要估算具体有多少人加入了教会的尝试都很难实现，因为当时人们从一个城镇迁进迁出十分频繁。尽管如此，有的家庭留了下来，乔纳森·米切尔保留了一份“目录”，其中记载了这些家庭的教会成员资格的历史——父母、孩子，到1660年代晚期，还有他们的孙子们的记录。如果我们从67份保存下来的重生陈述开始，再加上获得自由民资格的成年男性（这一资格只对教会成员开放），再计算米切尔目录中的第一代家庭的数目，最后得出的教会成员在该镇所占的比率最低

① Shepard, *Works*, 2:77, 83—84, 184. 在一次正面反驳惠尔赖特时，谢泼德坚持认为伪信仰者是躲藏在声明信仰圣灵的背后，而不是如惠尔赖特断言的那样，是躲藏在利用律法之后（同上，2:191）。

② Shepard and Allin, *Defence of the Answer*, p. 13; Shepard, *Works*, 2:188—189; McCarl, “Thomas Shepard's Record of Relations,” p. 434; Selement and Woolley, eds., *Shepard Confessions*, p. 118.

是 60%,很可能高达 80%。

我们不应该认为那些未能加入教会的人对教会所代表的价值怀有敌意。这也是为伊丽莎白·霍尔曼所做的见证提醒我们的,在她的许多邻居看来,她和他们一样是很好的基督徒,他们都定期参加教会活动,而且显然很虔诚。在坎布里奇的家庭中还出现了一些细微的差别,妻子们一般都比她们的丈夫更早加入教会(有时候是通过重申她们受洗时的圣约)。教会成员的这种性别倾向导致了一些紧张情绪,在一位女士加入教会的时候,她的丈夫开玩笑说教会的人"没看出她有什么特别好的地方,因此他们接受她成为会员不过是因为她的两三块头巾做得好",从这些话中透露出这种不友好的情绪。在这个案例和在其他案例中一样,坎布里奇的教会成员资格并不是拥有的人拥有一切,而没有的人一无所有的情况,对不同的人来说,加入教会的时间都不一样,而且在大部分家庭中都有一个家长是教会成员,不论是"完全"成员还是处于次一等的仅接受过洗礼的"部分"成员。[①]

因此谢泼德的牧养工作和布道稍有差异,他的许多同事的情况也是如此。由于他的牧养工作,他的教众逐渐变得在精神和社会氛围上都更多元化了,显然他很同意多切斯特的牧师理查德·马瑟,他建议教会同意那些小时候接受过洗礼的人带他们的孩子参加圣餐。这一提议被宗
171 教会议否决了,该次会议草拟了《教会纪律纲领》(1649),但在大约 14 年后由牧师的绝大多数同意采用,其中包括谢泼德的儿子托马斯·小谢泼德。[②] 虽然坎布里奇教会有别于坎布里奇城镇,但是因为教会决心实

---

① Roger F. Thompson, *Sex in Middlesex: Popular Mores in a Massachusetts County, 1649—1699* (Amherst: University ofMassachusetts Press, 1986), p. 121. 米切尔的目录印刷在 Sharples, *Records of the Church of Christ at Cambridge*。在该教会建立之后不久,妻子们比她们的丈夫更早加入教会,该模式的研究详见 Bruce Chapman Woolley,"Reverend Thomas Shepard's Cambridge Church Members 1636— 1649: A Socio-Economic Analysis"(Ph.D. diss., University of Rochester, 1973), pp. 52, 42; 我对米切尔目录的一项单独研究显示,在 1650 年代晚期和 1660 年代,妻子们很可能比她们的丈夫更早加入教会。

② Walker, *Creeds and Platforms*, chap. 11.

施婴儿洗礼又拉近了二者的距离。家族的连续性非常重要,以至于没有人在订立遗嘱和分配遗产的时候把加入了教会的孩子或亲属与还未加入教会的区别对待,也没有任何证据表明那些虔诚的信徒曾抛弃他们不太关心精神事务的伴侣。随着洗礼越来越成为家族连续性的纽带和象征,社会和宗教的世界也将逐渐融合。①

二者之间的另一座桥梁是道德秩序的规划,教会和世俗政府都要对此负责,谢泼德坚决支持正义作为圣徒之治的一个方面。因为教会记录缺失,我们不知道他的教会是什么时候、以什么方式来实施教会惩戒的,但是从一些其他的来源,我们知道他们在 1639 年把哈佛学院的第一任"校长"纳撒尼尔·伊顿逐出了教会。但谢泼德对于真正的宗教、礼仪和世俗社会的关联的看法却不是什么秘密,在他为儿子撰写的自传中,他讲述了一个在英国时候的故事,鲜明地表示了他的立场。在离开东安格利亚之后,他在约克郡一个富裕的家庭担任家庭牧师,他刚到这户人家就发现他住在一个"亵渎神圣的房子里,没有任何真正的美德",于是他把他的语言力量转向举行婚礼的人群。毫无疑问,人们本想来喝酒、跳舞、尽情作乐的,可是听了他的话,他们开始感受到"对罪恶的极大惊恐",谢泼德很诚恳地说他将"仔细查看他们",新郎原本是一个"最亵渎神明的年轻绅士",从那以后他"开始吃斋、祈祷、深自悔改";其他在场的许多人也是如此,包括谢泼德后来的妻子,当时在这户人家做女仆。②

---

① Gerald F. Moran, "Religious Renewal, Puritan Tribalism, and the Family in Seventeenth-Century Milford, Connecticut," *WMQ*, 3rd ser., 36 (1979): 236—254,在家庭生活策略的背景下解读洗礼的作用,该观点参见 Brown and Hall, "Family Strategies and Religious Practice," 以及我的序言, The Works of Jonathan Edwards, vol. 12, *Ecclesiastical Writings* (New Haven: Yale University Press, 1994)。在这三处文章中,清教的"部落文化"被认为是扩展教会成员的文化机制,详见 Brown and Hall, "Family Strategies," p. 65 n. 26。和英国的做法不同,坎布里奇的墓地不是被认为神圣的地方,所以任何人都可以安葬在此——教会成员、被驱逐出教会的人以及其他人。

② Winthrop, *Journal*, pp. 301—303; Samuel Eliot Morison, *The Founding of Harvard College* (Cambridge, Mass.: Harvard University Press, 1935), chap. 17; McGiffert, *God's Plot*, pp. 52—53. 伊顿在"寓言"系列布道和谢泼德的日记中都若隐若现,面目不清。

在新世界的坎布里奇镇没有发生过类似的戏剧性事件，这也不是一个他在约克郡遇到的“肮脏、邪恶的城镇”。来自坎布里奇的代表们赞同1641年制定的死刑，一年以后，哈佛校园里的印刷社把这些死刑规定印
172 刷出来，广为传播。谢泼德信任教会和虔诚的政府官员之间的联盟，这在马萨诸塞是官方政策。他听说英格兰一些公理宗信奉者在呼吁良知自由，他写信给休·彼得，一位回到英格兰的旧同事，在信中他表达了对有人想要背离权威的新教教义感到惊慌。[①] 当地人是否经常不守安息日或是否酗酒都无法判断，因为米德尔塞克斯县法院的记录开始于1649年。当然，这些记录显示坎布里奇的居民和他们的邻居一样都是普通人：有人惩罚仆人过度致其死亡；颇有身份的居民们为了走失的牲畜和篱笆打官司；兄弟姊妹为了遗嘱的内容争执不休——类似这样的行为发生在1650年代县法院成立之前，它们证实了谢泼德的话：“人心的野蛮、无耻和不负责任”证明他们“不仅需要法律，而且需要有人监督他们。”[②]

对于像谢泼德这样对他的教会的精神氛围和整个社区的道德氛围如此警觉的人来说，他对安宁的崇高期望和他在身边看到的现实之间总是会有差距的。怎么可能不是如此呢？他继承了从中世纪后期以来主导英国讲道的哀怨修辞，他对俗世的繁荣及其可能导致的干扰和分心感到焦虑。在听说了英格兰的反教权主义之后，也可能是对当地人对牧师权威的不满做出的反应，谢泼德写作了一篇论文来论证自由的正确含义——不是19世纪的自由主义意义上的自由，而是全心全意信奉基督而获得的自由，它的成果是体验到“安宁”，只要用心接受基督并且用圣约“约束自己”成为他的信徒。就像他高高地举着一面镜子照着殖民地的社会生活，谢泼德记下了坎布里奇日常生活的矛盾之处：人们不愿接受“教会的考验”，而这是对申请成为教会成员的人的基本要求；教会成

① *NEHGR* 39 (1885): 373. 谢泼德同意马萨诸塞圣徒之治的一个前提，那就是教会的福利有赖于把世俗统治的公民权限制在教会成员内部（“Thomas Shepard’s Election Sermon,” *NEHGR* 24 [1870]: 366）。

② Thompson, *Cambridge Cameos*, pp. 47—54, 67—73, 99—103; Shepard, *Works*, 3:289, 292.

员对教会惩戒的过程及其“对罪恶的警戒”漠不关心；民兵连的吵闹、粗暴；当镇民大会在“把猪关在玉米地外面”的措施方面意见不一时大叫“不公正”；“僵死的、吹毛求疵的、缺乏爱心的情绪”的毒害，这些都是自 173
由的堕落的阴暗面，是他引用圣保罗对以弗所人建议的《圣经》训谕的对立面，保罗劝诫人们要实行“彼此相助、便叫身体渐渐增长、在爱中建立自己”（《以弗所书》4:16）。[①]

谢泼德的社会伦理来自于保罗和重建早期教会几近完美的爱与兄弟情谊的前景，但是面临沙欣拨地就要被分配的时刻，土地分配方式如何才能符合这套价值原则呢？

二

在1636年与1650年间，好几百人在坎布里奇进进出出，有的是全家搬迁，后来就留在这里，落地生根，也有的家庭住了一阵子，过了几年又搬走了。有的是因为孩子长大了，结婚了，在别的城镇找到了伴侣然后搬走了，有的是因为经济原因搬走了。因为哈佛学院在坎布里奇镇，该校在1638年第一次大量招生，所以镇上总是有一群十多岁的男孩子和比他们略微年长的教师，还有他们的校长，1640年到1654年由亨利·邓斯特担任这个职务。全部算起来，在1640年代中期，坎布里奇镇大约住着600人。[②]

有的坎布里奇家庭在英格兰的时候就是有地位、有财产的人家，现在在他们的新社区还是如此。[③]镇上的“贵族”包括罗杰·哈拉肯顿，他

① Margaret Spufford, “Puritanism and Social Control?,” in *Order and Disorder in Early Modern England*, ed. Anthony Fletcher and John Stevenson (Cambridge: Cambridge University Press, 1985), pp. 41—57; Shepard, *Works*, 3:349—350, 325, 330, 354.

② Thompson, *Cambridge Cameos*, pp. 17—18.

③ 下文中的信息部分来自 Woolley, “Shepard's Cambridge Church Members,” 另见 Robert E. Wall, *The Membership of the Massachusetts General Court, 1630—1686* (New York: Garland, 1991)。 威廉·亨特在更广泛的背景下描述了哈拉肯顿的赞助，参见 The Puritan Moment;

的父亲理查德·哈拉肯顿曾经帮助谢泼德在艾塞克斯郡的厄尔斯科恩镇担任讲师。正是在那个牧师职位上，他的布道“激烈地”改变了理查德的长子罗杰，他在1635年和谢泼德乘坐同一艘船来到新英格兰。罗杰的另一个兄弟虽然留在了英格兰，但也给镇上投了资。在满26周岁时，罗杰被任命为马萨诸塞民兵连的陆军中校，1637年成为新成立的哈佛学院的学监，他于1638年11月去世。身份仅次于他的是赫伯特·佩勒姆，他母系方面的祖父和伯祖父相继担任过德拉沃尔男爵，他的叔叔
174 是伦敦一位成功商人。他在到达殖民地之后五年，于1643年被任命为哈佛的财务主管，并在1645年被选为马萨诸塞的地方法官，那一年他成为了自由民，并与哈伦·肯顿的遗孀伊丽莎白结婚；1647年，他返回英格兰，对镇上的事务没有多大影响。还有乔治·库克和约瑟夫·库克兄弟，他们是一位富裕的“乡村绅士”的孩子，他们在英格兰的时候就是谢泼德朋友圈里的人，在1635年和他一起来到新英格兰。两兄弟很快成为“积极活跃的公民”，担任了各种公职：行政委员、代表、镇书记、当地的法律官员、民兵队的指挥；二人都是成功的企业家和地主，他们也回到了英格兰，乔治于1645年，约瑟夫于1658年，乔治后来在奥利弗·克伦威尔手下做陆军中校。

其他处于中上层社会地位的人还包括埃德蒙·安吉尔，他的妻子是威廉·埃姆斯，知名清教神学家和辩论家的女儿，埃姆斯于1610年移民尼德兰，他打算移民到北美，但是在成行之前去世了。还有尼古拉斯·丹福思，他在英国的时候就是谢泼德的朋友，他是一位重要的自耕农，很快参与了镇上和共同体的事务直到他1638年去世。他的儿子托马斯将在镇上和殖民地的政治和经济领域逐渐上位，先是做治安官，1647年成为行政委员，他被连续选举担任该职务长达27年；1659年，他成为殖民地政府的一名行政官。爱德华·奥克斯和尼古拉斯·丹福思是同代人，是

The Coming of Revolution in an English County (Cambridge, Mass.: Harvard University Press, 1983)。

镇上最受信任的官员，29 年被选为行政委员，17 年被选为代表。谢泼德在自传中把爱德华·科林斯称为他特殊的朋友，在坎布里奇，他曾担任教会执事、行政委员和代表。爱德华·戈夫于 1635 与谢泼德一起到达新英格兰，他在 1640 年代是马萨诸塞的“测量总监”，被选为代表 16 年。爱德华·米切尔森也是 1635 年到达新英格兰，他在 1637 年被任命为殖民地的军队司令。这些人都对城镇有益，并且从谢泼德在自传中提到他们时的热情来看，对他个人的身份也有利。这些人的孩子很多都上了哈佛，好几个后来做了牧师：两个科林斯，一个奥克斯，一个安吉尔和两个
谢泼德自己的儿子。更重要的是，这些人出资兴建了桥梁和工厂，并借 175
钱给有需要的人。[1] 他们当中没有人在唯信仰论论战中产生过动摇，看上去也没有人对谢泼德在教会的领袖地位提出质疑。

坎布里奇的大部分家庭都处于中等社会地位。有的人靠技术维生（木匠、铁匠、建筑工）；有少数人是商人，在沿海岸航行运货的轮船上持有股份；还有一些人包括一位教会的执事，经营酒馆或酒店。哈佛学院雇佣一位管家和几位妇女，还有一个印刷工在新英格兰唯一的印刷所工作。但主要的活动还是务农，实际上对每个人来说主要从事畜牧业（猪、绵羊、奶牛、牛和公牛），多余的就出售给镇外的市场。1640 年代中期，经济加强了，坎布里奇的人们也可以开始分享爱德华·约翰逊在《锡安的神迹》中所欢庆的繁荣了。[2] 经济情况的好转也可以在 1649 年谢泼德去世时他的财产清单上体现出来，1630 年代末，他还负债累累，但是到 1649 年，他的家庭用品、银器、家畜和他拥有的土地被执行人估算为大约 700 英镑，另外还有价值上百英镑的书籍。但是水涨并没有使得所有的船都变高，有几个坎布里奇的家庭中的男性以做散工为生，他们只有很

---

① *Aspinwall Notarial Records* (Boston: Municipal Printing Office, 1903), pp. 32, 116, 163. 约翰·温斯洛普在 1643 年欠埃德蒙·安吉尔 140 英镑，谢泼德在去世时还有 14 个人欠他小笔借款（Winthrop Papers, 4:413; “Autobiography of Thomas Shepard,” in *Pub. CSM* 27 [1932]: 399）。

② Johnson, *Wonder-Working Providence*, pp. 246—248. 关于市镇的经济生活，参见 Thompson, *Cambridge Cameos*, pp. 22—24。

少的土地或牲畜，他们也比其他情况更好的邻居更多地卷入法律纠纷。与此同时，爱德华·戈夫正在成为镇上最大的地主。[①]

市镇政府的形成很容易。1636 年 11 月，镇民们任命了 7 位“镇民来管理全镇事务”，另外两个人做治安官，还有几个人做测量员和猪倌。两年以后，他们同意把管理镇民的代表数量减少为五个。1630 年代中期常常召开镇民大会，后来确定为每年的 3 月和 11 月，虽然随时可以召开特殊会议，这个镇民代表机构担负着非常重要的责任，他们要安排土地
176 分配或指导行政委员如何进行土地分配；监督修建道路和围栏；任命测量员划定边界；保护城镇不多的木材资源；鼓励人们建设工厂；坚持要求各家各户看好他们到处乱跑的猪和牛。在城镇大会上，镇民们还要全力应对土地和房屋买卖市场。和其他地方一样，最早定居的那些家庭想要在决定谁能来定居的问题上有发言权。在胡克和他的朋友们离开的前夜，镇上设立了一份名单包括“那些目前在镇上拥有房屋的人，他们的房屋是唯一被认定为镇上的房屋”，这一举措暗示着镇民们想要整顿迁出和迁入该社区的人的决心。1636 年 2 月，也就是新教会成立的同月，镇民们决定拒绝任何其他人有居住的“特权”，除非这个新来的人得到允许有建房的“自由”。房主不在当地却对房屋拥有所有权（也许因为这么多人要搬迁到康涅狄格去，这种情况恶化了）根据一项规定处理，即要承租该镇土地和房屋的人必须得到“镇民代表”的同意，但有一条有趣的例外：“除非他是教会成员。”显然，有的人比其他人更受欢迎，而教会成员是决定谁更合适的主要力量。镇民代表意识到这些限制条件可能会威胁到市场的运作，他们又增加了一项补充条款，如果没有人租住或购买，房主“可以自由出售或出租”他的财产给“任何其他人，只要镇民代表认为他们可以被接受”。1638 年的一项规定重申租户和买主必须是镇民代表“喜爱”的人，教会成员还是可以例外，但是到 1644 年镇上再次重申

① Rodgers, *Middlesex County*, pp. 7, 353—361; Thompson, *Cambridge Cameos*, pp. 111—115.

这些限制时，没有再提到教会。[①]

绝大部分坎布里奇的家庭接受的土地都是永久产权，有几户是从大地主手中租用土地，这些地主通常都是和马萨诸塞海湾公司有关系的人。因为当初的分配情况，坎布里奇镇对其境内的一些土地只有很少或没有控制权。在后来成为东坎布里奇的地方，一位富翁阿瑟顿·霍拥有大量地产和一栋房屋；他在波士顿还有一处房屋和其他财产，他偶然地 177
被选举为那里的政府官员。其他居民在附近的沃特敦，当然还有波士顿都有一些经济利益，商人赫齐卡亚·厄舍在坎布里奇住了几年之后也搬迁到了波士顿，因为坎布里奇镇从来不是一个自给自足的经济实体。到1650年代，有的家庭离开了他们最初的定居地，渡过查尔斯河到南边去了，或是搬迁到西北偏北被叫作阿灵顿的地方，在那里库克一家利用冰河堆石的边缘建起了一座磨坊。这里的树木比查尔斯河冲积平原沿岸的树木要茂盛，1650年代早期，居住在查尔斯河南边的居民开始筹建一所自己的教会，到1661年他们终于获得了这项特权。

对1640年代坎布里奇镇的经济、社会和政治力量的相互作用的一种描述方式是假定那些轮流担任行政委员、治安官和处理地方小事的官员（相当于太平绅士）以及常设法院的代表的16个人构成了某种寡头政治。如果寡头政治的意思是这些人比社区中的其他人拥有更多特权，那么这种说法有一定道理，因为镇上的领导的确比其他家庭拥有更多土地。其中一些拨地是符合土地分配的比例原则的，坎布里奇镇和其他周边的城镇一样，都按照比例原则分配土地；而其他一些拨地是奖励他们的方式，就像1648年邓斯特和爱德华·科林斯执事所说的，是奖励他们的“工作和他们的职务”，他们是通过公众投票得到这些特殊拨地的。[②]

但如果寡头政治指的是一个世袭的领导团体，就像在许多英国城镇那样，或是滥用职权通过收费和不公正的税收来谋取私利，这也发生在

---

① *Cambridge Records*, pp. 18, 17, 24, 32—33, 50.

② 同上，第75页。

英格兰;那么,坎布里奇的公务担任、选举和权利的结合方式和所谓的寡头政治的运作方式大不一样。有两个最重要的场合更大量的镇民分享某些权利,一是教会,一是镇民大会,在这些场合中前面提到的地方领导似乎就没那么显赫了。没有证据显示他们或是他们的家人更容易成为教会成员,并且虽然镇民们一次又一次地选举他们担任公职,但是没有哪个核心领导成员是不可撼动的。1640 年代大部分的选举都有一些人
178 落选,偶尔还会发生全部换人:1648 年,所有在任的行政委员全部落选;1652 年又发生了类似的事情。[①] 更重要的是,管理市镇事务以及在常设法院代表坎布里奇的人都会受到我们在第二章中讨论的政治参与文化的当地方式的制约,还要遵守第四章中描述的社会道德伦理。领导们必须尊重"公共利益",并且正如谢泼德在 1640 年代早期所强调的,他们要对镇民大会负责,特别是要在会上和所有人分享他们的决定。他是这样说明这项城镇管理规则的:"必须及明智的公开性,也就是所有人都应该知道市镇的规定,并把它们记录在案。"[②] 少数人的权威只是偶有发生或是间接性的,它所依赖的是相互信任和对互惠互利的期望,虽然社会地位或财富也起一定的作用。

镇民大会是数量最多的镇民聚集起来讨论、争论和决定政治事务的地方。城镇记录没有明确地说明那些"被允许居住的居民"(这个词组没有出现在记录中)是否可以参加会议及投票,但是记录中好几条的用语,包括 1651 年的一条,同意"召集居民们……考虑沙欣的拨地",说明此类事情时有发生。每年 11 月镇民大会提出一个完整的公务员名单——代表、行政委员、治安官(在坎布里奇是一个地位很高的职务)、公路测量员(同上);几个月之后,其他一些人被任命为猪倌、围栏视察员和牧场赶畜员(他负责在镇上的畜群去牧场的路上照料它们)。当地民

① Robert E. Wall, *Massachusetts Bay: The Crucial Decade, 1640—1650* (New Haven: Yale University Press, 1972), p. 25.

② Shepard, *Works*, 3:349, 345.

兵连单独选举他们的一些官员，每年自由民还要选举 3 个（或在 1640 年代是 2 个）代表并投票选出行政官、总督和副总督。1640 年代中期，成年男性中大约 55% 是自由民。镇上可能没有对投票过程进行严格监督，因为 1652 年县法院控告乔治·鲍尔斯擅自投票（他不是一个自由民）；在为自己进行辩护的时候，鲍尔斯说“自从他搬到这个地方来以后的每一年”，他一直是这样做的。[①] 在谢泼德担任牧师期间，两位管理长老弗罗斯特和理查德·钱普尼都推辞了代表或行政委员的职务，还有两位执 179
事纳撒尼尔·斯巴霍克和格雷戈里·斯通也是如此，到 1650 年代中期又出现了第 3 位，爱德华·科林斯。天长日久，大大小小的责任落在了镇上占半数的男人身上，这一过程因为一些主要的居民像库克一家的搬迁以及一些居民，包括一些富裕的居民，对公务不感兴趣而得到了加剧。

如果我们把选举问题放在一边，而且也暂不考虑土地的分配问题，坎布里奇的人们似乎非常一致地对社会安宁和相互关心的原则时而强调，时而漠视。不论是富人、穷人还是中等人家，坎布里奇的每家人都曾经在某种情况下对他们的猪和牛失去控制，这些牲畜立刻尽量破坏其他人家的花园和田地。人们也不能保持他们的围栏整整齐齐，要修建和维护的围栏数量巨大——在某一次事例中就有半英里的围栏被分配给库克家的某人。再加上不断需要的柴火、修建房屋、桥梁、偶尔还有船只所

① *Cambridge Records*, p. 92; *Recs. Mass.*, vol. 4, pt. 1: 93; Wall, *Massachusetts Bay*, p. 39; 沃尔的数据还显示米德尔塞克斯县最高的百分比是 65%。B. Katherine Brown, “Puritan Democracy: A Case Study,” *Mississippi Valley Historical Review* 50 (1963): 377—396，该书认为符合自由民资格的男性比例是 75%，考虑到有些人虽然有资格却不愿意登记为自由民，那么实际的自由民所占比例约为 50% 到 75%。她的计算方式（其核心的方法是决定哪些人可以被算为市镇的成年男性居民）受到沃尔的质疑。Robert E. Wall, “The Franchise in Seventeenth-Century Massachusetts: Dedham and Cambridge,” *WMQ* 34 (1977): 53—58. 根据沃尔对投票人的计算（21 岁及以上的男性），市镇里一半的男性并不纳税，这一发现与市镇会议及行政委员的记录都不一致。（在附近的查尔斯敦，只有很少的人家拖欠债务，我要感谢罗杰·F. 汤普森的研究。）要做到计算准确有两个难点，一是在某一确定的时间里究竟哪些人能算是坎布里奇的居民，第二是哪些人是教会成员。乔纳森·米切尔不可能知道哪些人只是在该镇短期居住，他们可能是教会成员，而沃尔算作居民的人也可能是短期居住，鉴于这些原因，并考虑到其他研究得出的百分比，我决定不深究沃尔和布朗之间的区别。

需的木材，围栏所用的木材使得市镇的木材供应短缺。约束猪和牛、限制使用木材、监管围栏系统是市镇和行政委员会议议事日程上的长期议题，而无效管理遗留的问题导致地方法院忙于处理邻居们之间的官司。常设法院已经放弃了尝试解决逃走的猪的问题，结果是"在这个镇上，猪造成了许多损失"，1639 年初的一次镇民大会决定："根据在场的绝大多数居民的一致同意"，在两个猪倌的评判之后每头猪都必须"好好地加轭并穿上鼻环"，任何违反该规定的人都要被罚款 2 先令。在这次镇民大会上还处理了已经隐约出现的木材短缺问题，决定在附近区域不许再砍伐任何树木"除非持有每月例会上所有市镇代表签署的同意书"，在更远一点的区域内也严禁砍伐，除非"持有大部分市镇代表同意签署的书面证明"，1640 年代还做出了许多类似的规定。[1]

人们都说"政治就是当地政治"。1639 年的坎布里奇镇也是如此，
180 关于猪的规定措辞繁复可为明证。镇上的每户人家都讨厌猪造成的危害，但其中一些人也许很有理由指责那些拥有大量牲畜的人，围绕着这种情况而积累起来的怨恨很可能导致市镇发布了相关的规定，特别指出任何人都不能"在公地上""蓄养"两头以上的猪，这条规定的意思也许要看它的附带说明更为清楚，那就是该规定适用于"富人"和"穷人"。"穷人们"在市镇议会的院外游说活动（在镇民大会中，他们当然在数量上大大超过富人）也很明显地影响了罚款制度的运作方式。违犯法律的人可以使用的一个借口是"出乎意料的天意（天灾人祸）"，因此可以减免罚款，"否则""没有任何理由"不交罚款。

显然，镇民们对于谁应该对逃走的动物以及它们造成的损害负责看法不一，常设法院也发现了这一点，因为镇民们的抗议迫使它放弃了任何企图对此做出的规定。同样很明显的是坎布里奇的社会名流们对这些规定嗤之以鼻，1646 爱德华·戈夫就被指出"破坏了养猪的规定"，"好几次"豢养了 10 头猪。到那时镇上已经采用了新的政策，允许之前穿鼻

① *Cambridge Records*, pp. 34—35.

环的猪可以放养，那些在他们的庄稼受到“很大程度损害”时“最不能”恢复他们损失的人受这个政策的负面影响最大，镇民们制定了一个补救措施，规定在玉米收割之前，每个人都必须把猪“关在家里”。几个月之后戈夫被追究责任这件事说明那些“最不能”应付猪的问题的人已经把他当作了他们怨恨的活靶子，事实上，他在1648年因此未能再次当选行政委员。①

城镇记录最突出的几页是关于那些因为让自家的猪或牛到处乱跑而被罚款的人的名单。仅1646年晚秋，就有33位男人和一位妇女以这种方式被罚，其中14个男人的称谓是“兄弟”而这位女士被称为“姊妹”，很可能说明他们是教会成员。这是否说明在镇民大会上人们爆发了一阵对他们的不满？在坎布里奇，不论贫富贵贱都一视同仁：虽然谢泼德不在该名单上，但是弗罗斯特长老、安吉尔和佩勒姆都在被罚之列。在超过本章时间段稍晚的时代，1657年的一份名单上包括了46个男人，
都是镇上名副其实的名流，都因为违反镇上的规定私自砍伐树木被罚 181
款。1666年，爱德华·温希普警官，他有时候被选为行政委员，而且曾连续两年担任常设法院的代表，他承认“把木材贩卖到镇外”，这是被绝对禁止的事情。②

每个人都要对镇民大会负责，就算是镇上的名流，如果蔑视关于社区福利的基本规定也会被惩罚，这些就对所谓寡头政治的说法提出了疑问。最起码，镇上的名流们的影响要受谢泼德一直向所有人灌输的社会道德伦理的约束，而这些伦理道德最基本的前提就是慈善或博爱，是照顾全体福利的责任和义务。对该伦理道德特别敏感的人应该是教会的平信徒工作人员了，教会的长老和执事都尽量不担任镇上或殖民地的公职，这是颇具重要性的社会现实，这样做可以加强他们的地位，而这个地位是属于另一个不同的等级制度的。与此同时，少数几个社会地位很高

① *Cambridge Recorde*, pp.34—35, 53, 52.

② 同上，第54—56，117—118，161页。

的有钱人,例如埃德蒙·安吉尔和赫伯特·佩勒姆却一直不被镇民大会承认。

在坎布里奇镇和在整个殖民地一样,社会安宁和有效的管理有赖于行政委员们愿意承认镇民大会是其上级权威,并且特别要承认镇民大会有权任命其他人来处理最重要的土地分配事务。因此,1645 年,另外 5 个人和行政委员们一起分配“麦罗泰蒙对岸土地”,大部分都是一些“小农场”,并且(再次往后看一点)在 1660 年,另外 7 个人被选派安排一处特别长的围栏的位置。行政委员和镇民们同意殖民地的命令对土地的出售和转让做好仔细的记录也很有帮助,当人们发现记录中“有多处涂改,好多数字……已经很难辨认了,这涉及到每个人的权利和利益”,因此指派了 5 个人,其中一个是邓斯特,另一个是管理长老来准备对原始记录做一份最新的副本。人们可以要求减少他们的税收、诉诸仲裁或是
182 寻求其他援助,这些都很有帮助。[①] 坎布里奇的公共管理是围绕着责任、义务、透明性和信任建构起来的,并且,虽然其原因不是很清楚,但公共管理必然还是会受教会执事和长老们愿意放弃任何竞争公职的机会的影响。

沙欣拨地把这套政治的复杂性充分地显示出来。从 1630 年代中期以来,市镇一直控制着当地政治的麻烦事,那就是土地分配。和其他地方一样,坎布里奇的镇民们按照三个原则或传统来分配土地。第一条原则是比例原则或“按比例分配”,也就是资源的分配应该和每个人的财富、地位以及提供的服务成正比。第二条原则是公正或“平等”,镇民们把这个词明确地和征税联系起来,意思是在税收问题上人人平等。和附近城镇的邻居一样,坎布里奇的镇民们也尝试遵守第三条原则,那就是要给每一位成年男性(还有少数寡妇)分配一部分城镇土地,不论这块地有多小,并且帮助那些有需要的人。[②]

---

① *Cambridge Records*, pp. 67, 85, 131, 79; *Coll. MHS*, 2nd ser., 10 (1843): 187.

② *Cambridge Records*, pp. 100, 75.

沙欣拨地的分配工作持续了4年才完成，并且在分配完成之后不少镇民都不满意，这些都说明要把握这些原则是很不容易的。在开始的时候，教会同意把沙欣土地的分配权转交给市镇，这扫除了该项工作的一个障碍。他们这么做是有条件的，虽然在记录中没有直接说明，但是1648年的一项可能是镇民大会的决议划拨出“一块1000英亩的……农场，用于公共目的以及促进教会的利益”。同时，城镇还分配给亨利·邓斯特、“爱德华·奥克斯兄弟”、爱德华·科林斯执事，还有另外两个重要的平信徒大量的土地，条件是他们必须继续在镇上居住。为了符合公正的原则，市镇和教会还把土地授予那些还未获得权利参与决议的人，并采取其他措施帮助那些“为了市镇的公共利益放弃了小块农场”的人，或是那些还未获得相应土地类型和数量的人。[①]

1651年5月城镇召开会议讨论沙欣土地的分配问题，1652年11月 183
又召开了一次，把土地分为115份。在此之前，新任城镇牧师（谢泼德于1649年去世）米切尔被授予一块500英亩的“牧师用地”，这显然是一种弥补，因为他没有权利获得将来的土地分配。爱德华·奥克斯和他的兄弟托马斯也在此前分别接受了300英亩和100英亩的土地。此后，整个土地分配过程按照比例原则进行。在115份土地中，有22份大小从1到49英亩不等，其中有5份是分给寡妇的；55份大小在50到99英亩的土地；有10人获得了从100到149英亩大小的土地；有12人获得的土地介于150英亩到249英亩之间；另有10人（不包括邓斯特，因为他在1649年已经获得了400英亩土地）获得了超过250英亩的土地。最大的一块地分给了爱德华·科林斯，可能是1648年投票决定授给他的同一块土地，现在再次确认。其他的长老和执事也都每人获得了至少200英亩的土地。总体来看，镇上半数以上的家庭获得了相当数量的土地，而其他35家人则得到的更多。[②]

---

① *Cambridge Records*，第74—75页。

② 同上，第96—98页。

这35个获得了上百英亩土地的人都是教会成员，大部分都在镇上担任一定的公职。而那些只获得了10到40英亩土地的人情况则很不一样，其中一人在米切尔的教会登记为正式成员，另外一个或两个是教会成员的儿子，而其他人在沙欣土地分配时都不是教会成员，虽然其中有几个人的妻子是教会成员或将要成为教会成员，在1652年之前，所有这些人都没有担任过公职，还有几个人未婚，城镇之前曾授予其中两人小块土地，几乎可以肯定是作为福利救济。威廉·克莱门茨和他的父亲名字相同，两个人都在该名单的尾部，他的婚姻不幸，没有孩子，1656年起诉离婚，未获批准。[①]

关于这次决策，镇民们颇有不满，因为在11月的第二次镇民大会中，当时在任的3位治安官和两位行政委员没能被选举连任。这并不是穷人要造富人的反，而是想要再次确认某些价值并使市镇政府的运作与
184 之一致。应镇民大会的要求，一个5人委员会制定了一套"给市镇代表的指令"，该委员会包括一位教会执事、一位管理长老以及3位曾任行政委员的人（但1652年不在任）。这些指令在12月的另一次"全体大会"通过，其中第一条要求市镇代表们制定的所有"工作或事务"都应该"有利于公共利益"。第二条要求市镇代表"要向居民们公开通知并召集会议"，所有命令"由市镇公开投票做出"并且"在执行中……不特殊照顾任何个人"，要根据公平或公正的道德传统以及透明的原则。人们特别强调不偏不倚的平等，其中一条指令要求以"平等的征税"来支付市镇开销。还有其他五项指令，其中一条要求在"每年一度的市镇代表选举之前"公布当年市镇"公共开销"的财政支出，这是一种促使其履行责任的方式，并且要求所有类似的开销都必须"在相应的记录簿中……仔细记录"。最后一条指令是关于公路建设用地的，镇民们要求"任何人……不得被不恰当地要求……多于他所应承担的分摊面积"，这句话把比例

① *Recs. Mass.*, 3:405.

原则转换成为一种更类似于公正的意义。[1]

一方面来讲，沙欣拨地的分配是很传统的，根据的是比例原则，各种等级身份都开始起作用，包括职务（世俗的和教会的）、财富、服务、年龄、家庭以及在该镇居住的时间长短。但是教会愿意放弃它对此次拨地的大部分要求仍然是十分引人注目的，不是每个社区的教会成员都会愿意放弃他们的地位或特权，但值得一提的是约翰·达文波特曾强调说纽黑文的每个家庭，不论教会成员与否，只要是涉及土地问题，都有同样的权利和特权。1652 年坎布里奇镇民大会采取的措施恢复了某些管理制度，这些措施符合达文波特的忠告以及谢泼德关于主动帮助他人的布道精神。“圣徒们”之间的兄弟情谊固然非常重要，但是由某些特定的社会价值和实践所支持的全社会更广泛的互助互爱也很重要。[2]

结果，只有少数接受沙欣土地的人搬到那里去居住了，因为附近城 185
镇的一些人购买了大部分的土地并在那里建起了比勒利卡镇。在坎布里奇下一次的大规模土地分配中，这次是在查尔斯河的南面，镇民大会明确制定了一整套规定，再次确认了要把比例原则和“公正的权利”（或公正）以及赠与“免费的礼物……给予其他……贫困的居民”相结合。[3]

三

谢泼德的坎布里奇是否是一个清教社群主义的样板呢？牧师、教会成员及其同盟掌握着社会和经济大权，这些人都决心要压制异见并实施一套道德纪律？还是权力其实是分散的，镇上的一些人依靠的是教会的

---

① *Cambridge Records*, pp. 99—100.

② 在整个新英格兰，总体而言，一个人如果是教会成员在土地分配中是否占优尚不明确，部分原因是教会成员资格可能要次于某些其他社会或政治因素，参见 John Frederick Martin, *Profits in the Wilderness: Entrepreneurship and the Founding of New England Towns* (Chapel Hill: University of North Carolina Press, 1991)。

③ Henry A. Hazen, *History of Billerica, Massachusetts, with a Genealogical Register* (Boston, 1883).

道德权威；而其他人靠的是他们的经济和社会地位；另一些人则用的是公共参与的可能性来投诉，并且在1652年那样的情况下，去和当地统治集团的权威抗争？

我们很可能会说不是以上的任何一种情况，因为所有这些可能性似乎都太明晰或是不够完整。最少而还算充分的一种阐释是“神权统治”，是一种自上而下、以宗教为中心的对社会和政治历史的解读。要理解其中的原因，我们最好是回到谢泼德以及他所推行的政策，神权统治的解读在一个重要方面很有用，因为它意识到谢泼德想要团结和安宁，并且为了要达到这一目的，呼吁镇上的每个人都要承诺服从神圣的法律。的确，谢泼德支持公理会方式的基本原则，那就是教会是由人们自愿组成，但把那些不符合标准的人排除在外。但他既不会像惠尔赖特那样呼吁“极少数”的圣徒从腐败的大多数人中离开，也不会像他亲身经历过的那样，像劳德大主教那样积极推进强制性的一致和统一。相反，谢泼德坚持神恩的允诺和罪的救赎是每个人通过他的牧师教育“方式”都可以得
186 到的，他也欢迎很多“信仰软弱”的人进入教会，他们从未能完全从悔改和尽责转变为得救的确据。他虽然期望甚高，但也勉强可以接受其次，这种勉强在一篇名为《新英格兰福音照耀印第安人》（伦敦，1648）的文章中一些题外话中表达出来，在文章中，他记录了他在传教士约翰·埃利奥特讲道所感动的印第安人中观察到的“几处上帝神恩的印迹”，他随之评论说“这真要使一些基督徒感到羞愧，他们应该很容易看出他们已经被这些赤身裸体的人超出了多远”。[①]

也许这有点自相矛盾，因为在他的日常牧养工作中，他拒绝把尘世的教会看作是由精神精英们组成的小团体，他特别强调要把新生儿包括进圣约，显示出一种超越教义抽象原则（尤其是拣选原则）的慷慨仁慈。他想要劝说镇上的每一位成年人申请加入教会，也劝说每个加入了教会的家长为他们的孩子洗礼。他在这方面的成功可以从教会成员的数量

① Shepard, *Works*, 3:486.

庞大看出;但是他也有失败,有的人不顾他的恳劝,或如他时常会抱怨的那样,放松他们的虔诚,变得还不如他提到的印第安人是更积极的基督徒。但他从未让那些不温不火的人离开教会,也没有动用教会惩戒机制来对付他们。

谢泼德也从未寻求世俗事务中的权力。除了两次接受土地分配,他
的名字从未出现在镇民大会的记录中,他也从未干涉一些重大措施,比
如土地分配或是实施法律改革使得当地人更容易接近他们很熟悉的地
方行政官和陪审团。虽然约翰·温斯洛普时常会征询谢泼德的意见,其
他行政官、代表和镇上的军官们也是如此,但他总是遵守牧师不能担任
政治职务的规定。他相信牧师职务是一项神圣规定的职务,在 1640 年
代他察觉到一些反对牧师的情绪的迹象时感到很悲哀,但他还是捍卫公
理会方式一个决定性的方面——平信徒掌权。他采用“混合”政府的用
词来描述公理会的管理方式:它的基础是“民主制和大众”,其方式是给 187
予平信徒教会成员许多决策权,而它的“贵族制”则体现在给予其神职
人员一部分特权,二者都以基督为王。他使用这种语言的目的是安抚批
评公理会方式的保守派,而不是对教会管理的客观描述,教会的管理实
际上更像是经由双方同意,共同进行的。[1]

在他们共同的社会生活中,谢泼德和镇民们都依赖一些做法例如做好记录来保持和平,一定的让步也会有所帮助。虽然在正义的规划大纲中有一条是呼吁对酒精的出售和消费都要严格控制,最好是要促进“公共福利”而不要颁发一项酿造啤酒的许可证给一位坎布里奇的妇女,但不少人,包括亨利·邓斯特都为她说情,他请求当地法院忽视“关于健康的条例和国家相关的谨慎法律”,允许他们的一位教会成员“布雷迪什姐妹”酿造啤酒。邓斯特坚持说,与谣言相反,布雷迪什从未迎合“学生们不合适的消磨他们的时间和花费他们父母的金钱”,他认为给她许可证可以帮助她烤面包的生意而且也有利于“去她那里”买啤酒的人,因为

① Shepard, *Works*, 3:332.

她比她的竞争对手收费低。就这样，当地情况延展了“公共福利”的意思或使得自由民的意思变得复杂，例如每次乔治·鲍尔斯投票的时候，镇民们都装作没看见。[①] 没有什么分类是严格而不可改变的，甚至教会成员的资格也是如此，人们对伊丽莎白·霍尔曼的同情就说明了这一点。各种联盟形成然后又重新结盟，当意见不一威胁到社会安宁的时候，最受信任和最有效的补救措施就是重新选举或是咨询教会的平信徒领导们，他们在其他情况下是不干涉市镇政治的。

谢泼德认同这些让步并引入其他一些连接教会和市镇、领导和民众之间的桥梁。他恳求教会成员认真对待那些需要帮助的人们的困境，鼓励市镇领导们要实行透明性和责任制，这也是 1652 年镇民大会采用的各项规定中很突出的一项原则。温斯洛普不愿意向英国的王公贵族们
188 卑躬屈膝，他的这种怨愤之情和谢泼德回忆其英国岁月时的感觉是一样的。既可以从英国国教会主教们不公正的权威下解放出来，又不用再做王室的专职牧师，服事那些社会地位比他高的人，他当然欢迎贵族们或名流们对教会生活的支配权完全消失，在新世界的坎布里奇，在整个殖民过程中都没有多少社会等级之分。如果说镇民们过于关心到处乱跑的猪、没修好的围栏和多出来的地块，这些的确让人恼火；但是比起他们获得的自由权利以及与之相关的纯洁教会和改良的社区来说，这个代价还是不算太高。

最后，他还向镇民们灌输了一个价值观念：要把集体利益放在个人利益之上。不论身份高低，人们总是以各种方式侵害公共利益，这就是啃咬社会安宁苹果的那只害虫。谢泼德总是对城镇和教会的道德下滑保持着警惕，他对胡克对 1640 年经济危机的反应很有同感。胡克在那一年的一封信中说：“共同体的教会……必须私下调查，究竟是什么带来并加剧了这个传染性的罪恶，它的过程和罪恶的载体；傲慢和懒惰；衣饰、住房、食物奢靡过度，不符合我们的出身或能力；容忍强取豪夺和压

① Paige, *History of Cambridge*, pp. 228—229 (undated).

迫，对其视而不见；商人情愿工人随意以什么方式取得他的工作报酬，他也可以用他的商品交换任何他想要的东西。”谢泼德在1640年代的布道中也表达了类似的对殖民地各个社区颇为担忧的看法，但如果把他的这种不满看作是道德水平下滑的标志（自私自利超越了宗教关怀，这是大部分现代历史学家对“衰退”描述的由来），那就忽略了教会和市镇平衡二者的能力，他们能同时实践二者而不让其中一个超过另一个，这种能力一直伴随着谢泼德的牧师生涯。①

如果把这些文本也考虑在内，那么坎布里奇所类似的“天堂”就变
成了这样一个地方：始终存在的贪婪和自私自利有时候受到伦理价值和
社会实践的约束和中和。同样，它也是一个圣徒角色变得模糊，各种版
本的身份、公众参与和社区相互碰撞、和平共存的地方：圣徒和陌路人； 189
“完全”教会成员和通过洗礼加入教会的人；和谢泼德一起移民来的核心
团队成员和那些没有关系就移民来的人；局外人和那些在历史中心地段
拥有房产的人；有钱人和那些需要经济援助的人；自由民和非自由民；男
人和女人；城镇居民和大学师生；教会工作人员和城镇工作人员；所有这
些人都想要公平和公正，虽然他们并不总是能遵守这些规则。难道这不
正是21世纪美国资本主义的运作方式和已经减弱的民主政治形式带给
我们的吗？ 190

① Albro, “Life of Shepard,” in Shepard, Works, 1:cxliv. 对于当地经济改善之后宗教分崩离析的说法，或者说得更明显，宗教让位于自私自利的说法受到了多方挑战，这些挑战都有充分的资料支持，参见 Philip H. Round, *By Nature and By Custom Cursed: Transatlantic Civil Discourse and New England Cultural Production, 1620—1660* (Hanover, N.H.: University Press of New England, 1999); Martin, *Profits in the Wilderness*;*The Price of Redemption: The Spiritual Economy of Puritan New England* Mark A. Peterson, (Stanford, Calif.: Stanford University Press, 1997); and Stephen Foster, *Their Solitary Way: The Puritan Social Ethic in the First Century of Settlement in New England* (New Haven: Yale University Press, 1971)。

结 论

查理二世派遣4位特派员到达殖民地造成了新英格兰政治史上一个紧张的时刻，他们要来终止殖民地对英格兰事实上的独立，1665年马萨诸塞哈德利镇的91位镇民向常设法院提出请愿，要求保留他们的权利或特权。其中第一条就是“以上帝赐与我们的权利选举我们自己的总督，创建并遵守我们自己的法律”。根据欧洲人文主义的一项基本常识——奴役和自由的区别，他们说这些“权利和特权”使得他们是“自由人而不是奴隶”，因此是合法而正当的。在此声明上他们还加上另一条理由：“我们在此作为基督徒的权利，事关我主上帝的国度、声名和荣耀，这比我们的生命更加珍贵。”在许多赞同哈德利人的新英格兰人看来，这些声明指向1630年代那些关于宗教和世俗政府的关键性决策——首先和最重要的决策是设置公众参与、公众同意以及处于世俗政府管理核心地位的“基本”法律；第二是创建纯洁教会的决策，那就是公理会方式。[①]

这两项决策在1660年代都处于危险状态，许多殖民地人并不喜欢这些决策，而这4位特使更是强烈地挑战它们，其中一位自从1646年起就一直呼吁要对教会和世俗政府管理进行重大改变，他和罗伯特·蔡尔

① Sylvester Judd, *History of Hadley* (Hadley, Mass., 1905), pp. 73—75.

德一起参加了那次“抗议和请愿”。塞缪尔·马弗里克认为马萨诸塞政府专制独裁、压迫人民，只有教会成员才有权参加殖民地的选举，他暗示 191
说俗众们受牧师的恐吓，他们本是很虔诚的人，应该得到更多的机会。1670 年代晚期，另一个英国官员爱德华·伦道夫调查了马萨诸塞的情况，他确信安立甘教会（英国国教）可以吸引大量心怀不满的殖民地人，并且，任何反对王室政策的人都在搞，按他的说法，分裂活动，没有什么团体能代表全体人民。①

再一次，关于新英格兰历史的两种不同版本相互冲突了，一个认为殖民地人是“自由人，不是奴隶”；另一个则与之相反，认定是专制的、从上而下的严密统治占主导地位。如果我们依靠数据来判断这个观念分歧，那么哈德利镇的人领先，因为殖民地人中的绝大多数都接受前一种观点，他们的行为也与之相应。1680 年后，安立甘教会在殖民地建立，宗教宽容也逐渐扩展至浸礼宗教会和贵格会，但也只有非常少的人离开公理宗教会去参加任何其他的教会。② 积极支持直接王室统治和王室指派顾问委员会的人（这是伦道夫所赞成的方案）是非常少的，只包括查尔斯顿的一个小圈子；康涅狄格一个易怒的人格尔肖姆·巴尔克利和波士顿的一些商人。显然，哈德利镇的人讲述的故事更为可信。

但是在 19 世纪和 20 世纪，马弗里克和伦道夫们得到了新的关注，不是因为他们个人，而是因为他们所代表的立场，作为局外人却声称揭秘了一个封闭社会的运作方式。任何 19 世纪的自由主义者，他们往往认定加尔文主义是一种愚昧的宗教形式，有一个恐怖的专制独裁的上帝

---

① Samuel Maverick, “A Briefe Discription of New England and the Severall Townes Therein, Together with the Present Government Thereof,” Proc. *MHS*, 2nd ser., 1 (1884—1885): 231—249; Edward Randolph, “An Answer to Severall Heads of Enquiry Concerning the Present State of New England,” in [Thomas Hutchinson], *A Collection of Original Papers* (Boston, 1767), pp. 477—503.

② 威廉·G. 麦克洛克林认为在 18 世纪的前 25 年里所有正统殖民地（不包括罗得岛）所有的浸礼宗教徒、贵格会信徒和安立甘教会信徒大概只占 1%。William G. McLoughlin (*New England Dissent, 1630—1833: The Baptists and the Separation of Church and State*, 2 vols. [Cambridge, Mass.: Harvard University Press, 1971], 1:121).

和对正义的道德伦理过分强调，他们很可能赞同这种阐释和解读。无论是当时还是现在，那些认为授权给虔诚的宗教人士会危及世俗社会的人也可能会赞同这种观点。因此，不少历史学家很轻易地使用了类似“专制主义”、“寡头政治”和“僵化的正统”等等词汇来描述新英格兰早期的政治和宗教文化。[①]

希望我们在努力理解殖民地人公共生活的运作方式时能够抵制这
192 种语言的诱惑。关于什么是好宗教和健全的神学的观点将会继续变化，在历史中找寻和我们类似的人群的企图也不会停止。但是任何带有自由主义观念的人要是认为他在17世纪找到了他的自由主义同道，那将是一种时代错误，因为没有任何看上去很像是自由主义者的人真正符合标准，甚至罗杰·威廉斯也不是。（在写这段话的时候，我想起了我曾评论过的一个关于安·哈钦森的电视剧剧本，其中有一个场景是她在和阿灵顿地区印第安酋长的妻子谈论草药疗法，多半还是用的阿尔贡金语，哈钦森被塑造成一位女权主义者而且还是和北美原住民颇有渊源的大地母亲。）

要在殖民地人中间找到独裁主义者或是极权主义（按我们对该词的理解）也是不容易的。首先我们要考虑殖民地人想要恢复早期教会制度的雄心，他们想要一个使徒们认可的教会，一个最早的基督徒社团曾实践过的教会。在当时的英格兰，许多人认为公理会方式是很冒险的实验，因为它的管理过于“民主化”，它的确在这方面与英国国教会以及长老会截然不同。我们还应考虑到其世俗政府的建构方式，地方代表与总督、行政官平起平坐，所有这些人都是每年通过选举产生，许多人还辩论说官员的权力都是通过人民的授权而来。还应考虑公众参与的各种可能性，尤其是请愿的做法。还应考虑法律的改革，法院的运作方式，以及虽

① 其中一些类似的断言参见 B. Katherine Brown, “The Controversy over the Franchise in Puritan Massachusetts, 1954 to 1974,” *WMQ*, 3rd ser., 33 (1976): 212—241。另见 Horace E. Ware, “Was the Government of the Massachusetts Bay Colony a Theocracy?,” in *Pub. CSM* 10 (1907): 151—180。

然有限但却是实实在在的对宗教信仰自由的支持。尤其要考虑人们对“暴政”和“专制”权力的敌意，几乎每一次布道和所有的政治声明都充满了这种敌意。在选择什么人可以享有自由民资格的时候，有两个殖民地切断了自由民资格和财富或财产的关系，选择了教会成员资格。但这一事实绝不可以被扭曲为一种不能变通的极权主义，把那些未获自由民资格的殖民地人限制在一个严格的规训政体之内，哪怕仅仅基于以下事实（我们也不能得出上面的结论）：民事法院不受自由民资格影响；在马萨诸塞和纽黑文，大部分成年男性都是自由民。这些自由民从未同意任何独裁主义的政策，相反，他们坚持不懈地为政府管理的问题进行斗争
（起码在马萨诸塞是如此）。他们没有实行少数自我选择的人的统治（无 193
论是社会地位和财富的贵族统治或是圣徒们的贵族统治）所有五个殖民地都按英国文化的传统设立了法制，这种法制因为他们对不受限制的权力的危险的强烈感觉而大大加强了，这也是约翰·科顿关于《启示录》系列布道的主题。同样明显的是，不论是地方政府还是殖民地政府都从未把圣徒变成一个专制的、自我维持的精英团体，从而垄断诸如土地这样的资源。我们也从托马斯·谢泼德的坎布里奇看到，“圣徒”这个范畴变得越来越有弹性，包含越来越广泛。殖民地人渴望改革世俗社会和教会，他们同样认识到社会安宁靠的是让步和调解。从 16 世纪中期清教运动在英格兰兴起之时开始，这样或那样的让步就是其标志之一，虽然有的殖民地人希望能够从头开始，但他们的大胆尝试是和务实的态度及实践同时共存的，这在谢泼德的坎布里奇随处可见。

清教主义总是具有双面性的。从 16 世纪中期以降，清教运动的目标就是接管一个国家教会然后对其进行改进。但同时，清教运动也受到深刻的感情驱使，他们想要服从“良知”和神圣的律法，就算这么做会导致他们和世俗统治者以及国家教会的关系很紧张。如果说在早期斯图亚特的英格兰做一个清教徒的技巧是把这两种可能性结合起来的话，那么在新英格兰做清教徒的技巧则在于把神圣的律法、蒙恩的方式以及圣

灵置于世俗和宗教社会的中心，而同时还要坚持各种共同的、综合性的新教教义的基本原理。1630和1640年代在新英格兰起作用的东西在内战时期的英格兰却没起作用。在英格兰，社会和宗教的状况见证了一种不稳定的综合体的崩解；创建"自由共同体"的希望破灭了，正如弥尔顿在王政复辟时代开始时所哀悼的那样。只有在殖民地才有可能以如此有限的行政权来维持一个公民国家，并且殖民地的清教运动把牧师工作的积极角色与授权给平信徒（以更有限的方式，也给女平信徒）结合起来
194 以抗衡通常的国家教会和世俗社会的等级制度。因此，在这些不同的压力和可能性之中产生了对"公众同意"和"自由权利"的高度重视，正如1665年哈德利镇的人们所表达出来的那样，这有什么令人意外的呢？[①]

我希望，本书已经充分承认了在殖民地人选择做出那些他们不得不做出的抉择时，在他们的政治文化中的确有不少紧张时刻。有一些等级制度保留了下来；印第安人被排斥在外，而且他们的自治被严重的侵害；有时候圣徒之治的文化威胁要创立严格的分类；所有这些都是整个故事的一部分。但如果和1650年之前任何一个英国在北美的殖民地，包括短期存在的普罗维登斯岛殖民地，与他们的行政管理相比，或是与英格兰自己的行政管理和社会实践相比，殖民地人的成就都可以当之无愧地被认为是领先于他们的时代。

《改革中的人民》的主旨也许说明我发现殖民地人所信奉的《新约》伦理道德以及他们衷心渴望安宁和相互关照很有吸引力，甚至是迷人的。的确如此，但是也像所有深入钻研原始资料的人一样，我也明白布道词和法院的记录显示出一种不同的情绪，他们意识到那些未能完全实现的可能性，那些未能达成的目标。很多人体验了私利与公共利益之间的矛盾，这种张力在谢泼德的坎布里奇镇很明显。从1640年代开始，之

① Stephen Foster, "New England and the Challenge of Heresy, 1630—1660: The Puritan Crisis in Transatlantic Perspective," *WMQ*, 3rd ser., 38 (1981): 626—629; John Milton, *The Readie & Easie Way to Establish a Free Commonwealth* (London, 1660).

后越发是如此，殖民地人开始比较在社区刚开始建立时近乎完美的情况和他们正在经历的冲突和矛盾，在市镇和殖民地的档案中清楚地记录了争斗造成的分裂，这些争斗都是关于谁能使用土地和其他一些重要资源的。[1] 亨利·韦恩在1654年初从英格兰写给普罗维登斯人的一封信中说：“亲爱的基督徒朋友们，为什么你们中间有这么多分歧、固执的吵闹、混乱和不公正？……难道基督之爱不是应该让你们对他人充满同情心，约束你们不要仅仅为自己活着，而要为了基督而活，他为了你们而死，又从死中复活？难道你们中间没有智者，没有公心来抵制私心，至少在公
共安全、公正和审慎的基础上可以找到一些方法来达成一致与和解？” 195
在类似的话语中产生了一种文学传统，这种传统塑造了威廉·布雷德福的《普利茅斯种植园记》，对1660年之后在新英格兰创作的作品影响更大。[2]

我们应该在其他时间重新考察这种文学传统。有一位历史学家曾提醒我们：“虽然在自觉性、深思熟虑的程度和表达的明确度方面程度不一，但是不论从传统上来看其当地的生活、家庭和农业耕作是怎么样的，所有的新英格兰人都有……企图要实行对英国社会、经济、政治和法律现状进行革命性挑战的明确目标。”[3] 在2010年读到这些话，在当下的美国政治历史中，每一项有益的改革企图都受到最恶劣的自私自利的阻挠；任何对“同情”的吁求都被误导，目的是保护腐败的现状；这种幻灭

① 在这个简短的结论中需要引用的太多了，市镇历史中包含了许多关于市镇经营者和其他人的严重冲突，其中的例子参见 Samuel Sewall, *The History of Woburn, Middlesex County, Massachusetts* (Boston, 1868), pp. 36—37; 另一方面是财富的日益不平均，参见 Andrew Raymond, “A New England Colonial Family: Four Generations of the Porters of Hadley, Massachusetts,” *NEHGR* 129 (1975): 198—220。

② Glenn W. LaFantasie, ed., *The Correspondence of Roger Williams*, 2 vols. (Hanover, N.H.: University Press of New England, 1988), 2:389; Michael Wigglesworth, “God’s Controversy with New-England” (1662), in *The Poems of Michael Wigglesworth*, ed. Ronald A. Bosco (Lanham, Md.: University Press of America, 1989), pp. 87—102.

③ G. B. Warden, “The Rhode Island Civil Code of 1647,” in *Saints and Revolutionaries: Essays on Early American History*, ed. David Hall et al. (New York: W. W. Norton, 1984), p. 150.

的体验和当时殖民地人可能有过的类似经历一样令人不安。他们也被他们的对手污蔑是搞分裂的、不爱国的，哪怕正是他们把正义和公正引入了社会、宗教和经济生活的组织结构之中。今天，公正何在？殖民地人有能力冲破 17 世纪早期英格兰社会对权力和语言的滥用，我们是否能够从中获得启发呢？

缩写对照表

Cambridge Records

The Records of the Town of Cambridge (Formerly Newtowne), Massachusetts, 1630—1703 (Cambridge, Mass.: City Council, 1901).

Coll. MHS

Collections of the Massachusetts Historical Society

CW Williams

The Complete Writings of Roger Williams, 7 vols (New York: Russell & Russell, 1963).

Gardiner, *Constitutional Documents*

Samuel Rawson Gardiner, *The Constitutional Documents of the Puritan Revolution, 1625—1660,* 3rd ed (Oxford: Clarendon, 1906).

Hall, *AC*

David D. Hall, *The Antinomian Controversy, 1636—1638: A Documentary History* (Middletown, Conn.: Wesleyan University Press, 1968).

Hall, *Faithful Shepherd*

David D. Hall, *The Faithful Shepherd: A History of the New England Ministry in the Seventeenth Century* (Chapel Hill: University of North Carolina Press, 1972).

Kenyon, *Stuart Constitution*

J. P. Kenyon, *The Stuart Constitution: Documents and Commentary,* 2nd ed (Cambridge: Cambridge University Press, 1986).

Lawes and Liberties

The Laws and Liberties of Massachusetts Reprinted from a Copy of the 1648 Edition in the Henry B. Huntington Library, ed. Max Farrand (Cambridge, Mass.: Harvard University Press, 1929).

NEHGR

New England Historic Genealogical Register

Proc. MHS

Proceedings of the Massachusetts Historical Society

Pub. CSM

Publications and Transactions of the Colonial Society of Massachusetts

Recs. Conn.

The Public Records of the Colony of Connecticut, 1636 to 1665, ed. J. Hammond Trumbull (Hartford, 1850).

Recs. Mass.

Records of the Governor and Company of the Massachusetts Bay in New- England, ed. N. B. Shurtleff, 5 vols (Boston, 1853—1854).

Recs. New Haven

Records of the Colony and Plantation of New Haven, ed. Charles J. Hoadly, 2 vols (Hartford, 1857—1858).

Recs. Plymouth

Records of the Colony of New Plymouth in New England, ed. Nathaniel B. Shurtleff and David Pulsifer, 11 vols (Boston, 1855—1861).

Recs. Southampton

The First Book of Records of the Town of Southampton with Other Ancient Documents of Historic Value (Sag Harbor, N.Y., 1874).

Shepard, *Works*
The Works of Thomas Shepard, ed. John A. Albro, 3 vols (Boston, 1853).

Walker, *Creeds and Platforms*
Williston Walker, *The Creeds and Platforms of Congregationalism* (New York, 1893).

Whitmore, *Colonial Laws*
William H. Whitmore, *The Colonial Laws of Massachusetts* (Boston, 1887).

Winthrop, *Journal*
The Journal of John Winthrop, ed. Richard S. Dunn, James Savage, and Laetitia Yeandle (Cambridge, Mass.: Harvard University Press, 1996).

Winthrop Papers
Winthrop Papers, 6 vols (Boston: Massachusetts Historical Society, 1929—).

WMQ
William and Mary Quarterly

索　引

（条目后的页码为原书页码，见本书边码）

Abstract of the Lawes of New-England, An (Cotton),《新英格兰法律摘要》（科顿）, 29, 99, 148, 149, 150, 152
Acadia, 阿卡迪亚, 83
accountability, 责任制, 29, 57, 179, 188; *see also* rotation in office; transparency, 另见职务轮换；透明性
Adams, John, 亚当斯，约翰, xi
admitted inhabitants, 被承认的居民, 60—61, 65, 68, 179, 212—13*n*20
and voting rights, 投票权, 93, 222—3*n*109
Admonition to the Parliament, an (Field and Wilcox),《对议会的告诫书》（菲尔德和威尔科特斯）, 103, 109, 110
adultery, 通奸, 86—87, 126, 153
Allen, David Grayson, 艾伦，戴维·格雷森, 70
Allin, John, 阿林，约翰, 62
American Revolution, 美国革命, xi
Ames, William, 埃姆斯，威廉, 175
Andover, Mass., 安多弗，马萨诸塞, 62
Angier, Edmund, 安吉尔，埃德蒙, 175, 182
Angier, Mary, 安吉尔，玛丽, 73
Antichrist, 敌基督, xii, 6, 96, 98, 100, 102, 103, 104, 106, 156, 238*n*72
Antinomian Controversy, 唯信仰论论战, 44, 74—75, 80—81, 92, 119—122, 134, 159, 169
antinomianism, 唯信仰论, 3, 12
anti-popery, 反教皇制度, 5, 15, 100, 122
Apocalypsis Apocalypseos (Brightman),《启示录注释》（布赖特曼）, 104
apocalypticism,《启示录》, 98, 99, 104, 105, 108, 121, 133, 205*n*5, 227*n*24
Apologie of the Churches in New-England (Mather),《为新英格兰教会的教会契约辩护》（马瑟）, 112
Aquidneck, R.I., 阿奎德内克，罗得岛, 119
arbitration, 仲裁, 137—138, 233*n*26
aristocracy, 贵族统治, 149
absent in New England, 新英格兰没有,

18—19,39,95,194
as category in mixed government,混合政府制中的分类,33—34
Aristotle,亚里士多德,14
Aspinwall, William,阿斯平沃尔,威廉,98,119,149
assistants,助理,25;*see also* magistrates,另见地方行政官
Astwood, James,阿斯特伍德,詹姆斯,137
authoritarianism of Puritans,清教的独裁主义,xiv,5—9,21,92,160
liberal assumption of,自由主义观念,192—193
authority,权威,xiii,9—12
mediated,调解,10,16
ministerial or delegated,行政权或授权,157
and obligation,义务,158—159,197
of saints,圣徒,107—108
as theological category,神学分类,155—158
within godly rule,圣徒之治内部,96,100
see also liberty; magisterial; ministerial authority,另见自由权利、真正权威、行政权力

Bacon, Francis,培根,弗朗西斯,149
Bale, John,贝尔,约翰,102,103
Ball, John,鲍尔,约翰,18
Bancroft, George,班克罗夫特,乔治,9
Baptism,洗礼
meanings of,洗礼的含义,166—169,241*n*27
practice of, as legacy,作为遗产的实践和做法,168
Baptists,浸礼宗教徒,5,8,89,192
laws against,反对浸礼宗的法律,122,166,244*n*3
Barebones Parliament,皮包骨国会,118,122,149,153
Bastwick, John,巴斯特维克,约翰,17
Bellingham, Richard,贝林厄姆,理查德,33,36,148
Bermuda,百慕大,123
Billerica, Mass.,比勒利卡,马萨诸塞,186
bishops (Church of England),主教(英国国教会),5,10,11,14,17,18,48,103,104,107,112,189
Bittlestone, Thomas,比托斯通,托马斯,164
blasphemy,亵渎神明,86,113
Bloudy Tenent of Persecution, The (Williams),《迫害的血腥信条》(威廉斯),45
Bloudy Tenent Yet More Bloudy, The (Williams),《血腥的信条更加血腥》(威廉斯),45—46
Body of Liberties,《自由权利法案》,xii,37,75,78,79,81,86,92,111,113,146,150,152,153,157,237*n*69
Book of Common Prayer,英国国教的祈祷书,128
Book of Orders,《制度汇编》,11
Boston,波士顿,3,36,52,53,79,89,121,143
church discipline in,教会惩戒,133—134
congregation in,教区会众,58,74
land distribution in,土地分配,65—66,214*n*34
Bowers, George,鲍尔斯,乔治,179,188
Bozeman, Theodore Dwight,博兹曼,西奥多·德怀特,225*n*15

Bradford, William, 布雷德福, 威廉, 54, 103, 144, 196, 235*n*40
Bradstreet, Anne, 布雷兹特里特, 安妮, 127
Braintree, Mass., 布伦特里, 马萨诸塞, 58
Branford church covenant, 布雷德福教会契约, 132
Brewster, William, 布鲁斯特, 威廉, 12, 131
Bridge, John, 布里奇, 约翰, 166
Brightman, Thomas, 布赖特曼, 托马斯, 104—105, 106, 108, 110, 225—6*n*15, 227nn25, 31
Briscoe, Nathaniel, 布里斯科, 纳撒尼尔, 84
Brock, John, 布罗克, 约翰, 73
Brown, John, 布朗, 约翰, xi
Bulkeley, Gershom, 巴尔克利, 格尔肖姆, 192
Bulkeley, Peter, 巴尔克利, 彼得, 88
Bullinger, Heinrich, 布林格, 海因里希, 228*n*41
Bunyan, John, 班杨, 约翰, 127
Burr, Jonathan, 伯尔, 乔纳森, 75
Burroughs, Jeremiah, 伯勒斯, 杰里迈亚, 224*n*6
Burton, Henry, 伯顿, 亨利, 17

Calvin, John, 加尔文, 约翰, 110
Calvinism, 加尔文主义, 8, 192
stigmatizing of, 贬低, 199*n*9
Cambridge, England, 剑桥, 英格兰, 74
Cambridge, Mass., 坎布里奇, 马萨诸塞, xvi, 3, 6, 20, 28, 36, 39, 53, 131, 134
community structure and values, 社区结构及其价值观, 159—190
congregation, 教会, 75, 124, 160—164, 177
franchise in, 公民权, 179, 242—3*n*41
Cambridge University, 剑桥大学, 73
Canons of 1604, 1604 年的教会法规, 12
capital laws, 死刑, 86—87, 147, 152, 172
and godly rule, 圣徒之治, 147
and two-witness rule, (死刑必须要有) 两位证人的规定, 151
Cartwright, Thomas, 卡特赖特, 托马斯, 112
Casco, Me., 卡斯科, 缅因, 83
Catholicism, 天主教, 4, 18, 72, 96, 101, 102, 103, 112, 129, 156
in England, 英格兰 (天主教) 11
censorship, 审查制度, 98
Champney, John, 钱普尼, 约翰, 166
Champney, Richard, 钱普尼, 理查德, 179
Chancery, Court of, 大法官法庭, 149, 150
Charles I, 查理一世, 3, 4, 5, 6, 11, 13, 17, 18, 20, 30, 33, 49, 66, 88, 89, 90, 97, 98, 101, 119, 130
theory of kingship, 君权理论, 23, 29
Charles II, 查理二世, 5, 9, 49, 191
Charlestown, Mass., 查尔斯敦, 马萨诸塞, 192
charter, Massachusetts Bay Company's, 马萨诸塞海湾公司的特许状, 18, 25—26, 32, 37
Child, Robert, 蔡尔德, 罗伯特, 91, 123, 191, 222*n*107, 230—1*n*73
Christian Commonwealth, The (Eliot), 《基督教共同体》(埃利奥特), 99, 100, 119—120
Christian prince, 基督教君主, 102, 104, 105, 110, 113, 114, 229*n*49
church and state, within godly rule, 圣徒之治中的教会与世俗政府, 110—114, 124—125

church discipline, 教 会 惩 戒,77,114,130,133—135,138—140,187
within Reformed tradition,宗教改革传统,220*n*89
Church-Government and Church- Covenant Discussed (Mather),《教会—政府以及教会契约论》(马瑟),99,109
church membership and Antinomian Controversy,教会成员资格和唯信仰论论战,119—121
and franchise, 公 民 权,115—116,222*n*106,225*n*13
gendered,性别问题,241*n*25
social power of,社会权力,178
within godly rule, 圣 徒 之 治 中,109—110,121
see also Congregational Way; franchise; saints; Church of England,另见公理会方式;公民权;圣徒;英国国教会, xiii,5,7,10,11,12,16,17,18,19,36,49,54,72,77,98,100,103,105,106,107,108,110,112,114,125,128,130,133,139,149,162,189,192,193
in New England,在新英格兰,244*n*3
Cicero,西塞罗,14
civil courts
penalties imposed by,民事法庭实施的处罚,85—87
as sites of participation,公众参与的地方,84—85
and social peace,社会安宁,141
Civil War, American,美国内战,5
Civil War, English,英国内战, xii,4,23,205*n*50
Clear Sun-shine of the Gospel Breaking Forth upon the Indians in New-England, The (Shepard),《新英格兰福音照耀印第安人》(谢泼德),187
Clements, William,克莱门茨,威廉,184
clergy, office of,神职人员的职务,37,42
political advice of, 政治建议,34—35
Coddington, William,科丁顿,威廉,119
Coke, Edward,科克,爱德华,13
Collins, Edward, 科林斯, 爱德华,175,178,180,183,184
Collinson, Patrick,柯林森,帕特里克,xv
commissioners, royal,王室特派员,191
communalism, 社群主义,128,130,160,179,186,210—11*n*2
Concord, Mass.,康科德,马萨诸塞,88
church covenant in,教会契约,132
confession, ritual of,忏悔的仪式,86,135
Congregational Way, 公 理 会 方 式,20,36,73—78,97,107—111,120,125,130,131,139,147,154,156,162,186,187,188,193,225*n*13
and participation, 公 众 参 与,74—75; *see also* church and state; saints; Connecticut,另见康涅狄格的教会与政府,圣徒,22,28,31
forming of civil government in,创建世俗政府,38—42,118,142
conscience,良知,39,14,162,229*n*47
and equity,公正,145—146
liberty of, 自 由,112—14,122,123,124
consent, 同 意,4,13,14—15,35—37,44,47,51,54,157
as basis of land grants,基于土地分配,27,32,39
Hooker's understanding of, 胡 克 的理解,41
and taxes,税收,27,51

Winthrop's understanding of,温斯洛普的看法,30,32,33,36—37,72,157,195
see also Petition of Right constable,另见《权利请愿书》治安官,67,81,179,215n40
Constantine,君士坦丁,96,103,110,114,229n50
conventicles, see private meetings,非国教教派的秘密集会,见私人聚会
Cooke, George,库克,乔治,175,178
Cooke, Joseph,库克,约瑟夫,175,178
Cotton, John,科顿,约翰,xii,8,18,24,29,37,38,72,74,80,82,96,97,99,104,106—115,131,134,137,140,148,149,150,152,154,157,194
as architect of godly rule,圣徒之治的创建者,106—110,206n14
see also *Abstract of the Lawes of New-England, An;* democracy,另见《新英格兰法律摘要》;民主
Council for Life,终身委员会,29
Council (Mass.), see magistrates,委员会(马萨诸塞),见地方行政官
Court of Assistants,助理法院,87
Court of Chancery,大法官法庭,19
Court of Wards,监护法院,152
covenant
church,教会契约,132—133,139,161
civil,民事契约,137—138
renewal of,重申契约,135
society-wide,全社会,144,157
town,市镇,137—138
Cromwell, Oliver,克伦威尔,奥利弗,xi,5,19,20,50,87,118,122,142,175,223n111
Crackbone, Mrs.,克拉克布恩夫人,167
Crosby, Simon,克罗斯比,西蒙,166
Cushman, Richard,库什曼,理查德,204n42
Danforth, Nicholas,丹福思,尼古拉斯,175
Danforth, Thomas,丹福思,托马斯,175
Danger of Desertion (Hooker),《逃亡的危险》(胡克),79
Davenport, John,达文波特,约翰,18,99,115—118,123,146,154,185
on land and church membership,论土地和教会成员资格,59,126
see also Discourse About Civil Government, A,另见《论宗教设计的新种植园中的世俗政府》
Day, Matthew,戴,马修,164
deacons,执事,61,65,74,135,136,137,154,165,180,184,185
declension,衰退,xv,131,189,234n29
Dedham, Mass.,戴德姆,马萨诸塞,53,59,61—62,64
congregation in,教区,74,106,145
town covenant,市镇契约,135—136
democracy,民主,8,14,19,23—24,39,52
as category in mixed government,在混合政府中的分类,14,33
as employed in Rhode Island,在罗得岛的实践,44
deputies,代表,47
in Connecticut,在康涅狄格,39—40
in Massachusetts,在马萨诸塞,24—28,31—34
in Plymouth,在普利茅斯,42—44
in Rhode Island,在罗得岛,44
Dillingham, Sarah,迪林厄姆,萨拉,134
Discourse About Civil Government in a

New Plantation Whose Design is Religion, A (Davenport),《论宗教设计的新种植园中的世俗政府》(达文波特),99,117—119,126
discretion, judicial,司法自由裁量权,29,30,41
Dissertation on the Canon and Feudal Law, A (Adams),《论宗教法规及封建法律》(亚当斯), xi
divorce,离婚,153
Dorchester, England, compared with Cambridge,英格兰的多切斯特与坎布里奇比较,239*n*4
Dorchester, Mass.,多切斯特,马萨诸塞,36,39,53,171,212*n*17
ministers' dispute in,牧师的争论,75
Dudley, Thomas,达德利,托马斯,25,26,27,29,83
Dunster, Henry,邓斯特,亨利,161,163,166,174,182,183,184,188
Duxbury, Mass.,达克斯伯里,马萨诸塞,54

Earle's Colne, Essex,厄尔斯科恩镇,艾塞克斯郡,174
Eaton, Nathaniel,伊顿,纳撒尼尔,172
Eaton, Theophilus,伊顿,西奥菲勒斯,143
Edwards, Thomas,爱德华,托马斯,155
election sermons,选举布道,40,140
ecclesiastical courts (England),教会法庭(英格兰),19,115,129,141,149,150,153,234*n*29
Edinburgh,爱丁堡,17
Edward VI,爱德华六世,101
elders,长老,61,65,82,136,137,145,165—166,179,182,184—185
elections,选举,24,25,42,43,47,50,49 193
see also franchise; voting,另见公民权,投票
Eliot, John,埃利奥特,约翰,82,99,100,115,134,187
and godly rule among Indians,印第安人中的圣徒之治,119—120
Elizabeth I,伊丽莎白一世,101,102,104,105,114
Endecott, John,恩迪科特,约翰,83,99
English Revolution,英国革命, xii, xv,4,19,20,49,101,102,204*n*49,205*n*50
equal, meanings of,平等的含义,64,65,67,131—132,146,153,183,185,210—11*n*2
equity,公正, xiv, xv,4,6,13,67,69,128,144—147,153,154,183,185,186,196
see also conscience,另见良知
Erastianism,政府管制教会论,229*n*52,231*n*75
Errington, Ann,埃林顿,安,167
Essex County, Mass.,埃塞克斯县,马萨诸塞,36,142
Eucharist, *see* Lord's Supper,圣餐
excommunication,逐出教会,79,123,134,139,152,172
and civil penalties,民事处罚,134,139—140
executions,执行死刑,152,220*nn*88,89
executors of wills,遗嘱执行人,136—137

fascism,法西斯主义,10
fast days,斋戒日,86,135,141
fathers, authority of,父亲的权威,220*n*90
felonies,重罪,151
fences,围栏,53,55,180,181; *see also* pigs,另见猪

Field, John, 菲尔德, 约翰, 103, 109
Fifth Monarchists, 第五王国信奉者, 98, 115, 118, 120, 149
Filmer, Robert, 菲尔默, 罗伯特, 146
Fiske, John, 菲斯克, 约翰, 77, 78, 134
Florence, 佛罗伦萨, 14, 24
Foster, Stephen, 福斯特, 斯蒂芬, xiv
Foxe, John, 福克斯, 约翰, 102, 104
France, 法国, 14, 24
franchise, 公民权, 26, 71, 191
and church membership, 教会成员资格, 193, 241—2*n*29
Levellers on, 平等派, 50
limited to saints, 限定在圣徒之内, 38, 46, 115—116, 118, 120, 123
linked to property, 与财产有关, 95, 223*n*112
percentages of, 百分比, 92—93
see also freemen; godly rule; saints; voting 另见自由民, 圣徒之治, 圣徒, 投票
freedom of speech, 言论自由, 78, 79
freemen, 自由民, 3, 25, 27, 28, 35, 39, 43, 78
see also admitted inhabitants; godly rule; voting, 另见被承认的居民, 圣徒之治, 投票
French, John, 弗伦奇, 约翰, 166
Frost, Edmund, 弗罗斯特, 埃德蒙, 160, 164, 166, 169, 179, 181—182
Fruitfull Meditation...on the Twentieth Chapter of Revelation (James VI),《对启示录第 20 章成果丰硕的沉思》(詹姆士六世), 102
Fundamental Orders of Connecticut, 康涅狄格的基本法令, 39—40
fundamentals, 基本原则, 25, 30, 31—32, 37, 47, 148
gender, and church membership, 性别与教会成员资格, 241*n*25
General Courts 常设法院
in Connecticut, 在康涅狄格, 39—40
in Massachusetts, 在马萨诸塞, 25—29
in New Haven, 在纽黑文, 46
in Plymouth, 在普利茅斯, 42—43
in Rhode Island, 在罗得岛, 44—45
Geneva Bible, 日内瓦圣经, 18, 102, 226*n*17
gentry, *see* aristocracy, 贵族, 见贵族统治
Germany, 德国, 10
Glimpse of Sions Glory, A,《圣城锡安的荣耀之一瞥》, 98, 109
authorship of, 其作者, 228*n*41
godly rule, 圣徒之治, xiv, 15—16, 19, 46, 96—126, 130, 147
in Cambridge, 在坎布里奇, 159—190
see also Congregational Way; saints; 另见公理会方式, 圣徒
social ethics, 社会道德伦理
Gods Promise to His Plantations (Cotton),《上帝应允他的种植园》(科顿) 106
Goffe, Edward, 戈夫, 爱德华, 175, 176, 181
Goodwin, Thomas, 古德温, 托马斯, 97, 109, 224*n*6
Good Work for a Good Magistrate (Peter),《一位好行政官的优秀工作》(彼得), 99
Gorton, Samuel, 戈顿·塞缪尔, 80, 81, 205*n*5
Gosse, Sarah, 戈斯·莎拉, 88
Grand Remonstrance,《大抗议书》, 15
Greensmith, Stephen, 格林史密斯, 斯蒂

芬，75
governor，powers of，总督的权力
in Connecticut，在康涅狄格，40
in Plymouth，在普利茅斯，43
in Rhode Island，在罗得岛，45
Grant，Matthew，格兰特，马修，143
Greece，希腊，14
Green，Samuel，格林，塞缪尔，167
Grindal，Edmund，格林德尔，埃德蒙，114
Guilford，Conn.，吉尔福德，康涅狄格，53，56，62，63，93，118，214*n*33
Gustavus Adolphus，古斯塔夫·阿道弗斯，97

Hadley，Mass.，哈德利，马萨诸塞，191，195
Hagborne，Samuel，海格伯恩，塞缪尔，137
Harlakenden，Richard，哈拉肯顿，理查德，174
Harlakenden，Roger，哈拉肯顿，罗杰，164，174
Hartford，Conn.，哈特福德，康涅狄格，39，56，59，62，64，93，136，137，159
congregation in，教会，78
Harvard College，哈佛学院，161，172，175，176
Hathorne，William，哈索恩，威廉，36
Haugh，Atherton，霍，阿瑟顿，177
Haverhill，Mass.，黑弗里尔，马萨诸塞，62
Hawthorne，Nathaniel，霍桑，纳撒尼尔，85
Haynes，John，海恩斯，约翰，39
Healing Question Propounded，*A* (Vane)，《一个可解决的问题的提议》(韦恩)，99
Henry VIII，亨利八世，101，102
Hill，Christopher，希尔，克里斯托弗，232*n*9
Hingham，Mass.，欣厄姆，马萨诸塞，35，36，51，221*n*107
Holman，Elizabeth，霍尔曼，伊丽莎白，165，171，188
Holy Spirit，圣灵，98，106，108—109，121，122，155，169，194，228*n*38
Hooker，Thomas，胡克，托马斯，159，160，170
election sermon of，选举布道，41
letter to John Winthrop，致温斯洛普的信，40—41，146
political ideas of，其政治思想，40—42，44，45，77，79，105，108，189
Hopkins，Edward，霍普金斯，爱德华，145
House of Commons，下议院，3，79，149，223*n*112
House of Lords，上议院，48，50
Huit，Ephraim，于特，伊弗雷姆，97，116，200*n*15
humanism，人文主义，10，14，24，129，191
Hutchinson，Anne，哈钦森，安，78，120，121—122，139，156，157，193
disciplined，受处罚，134—135，228*n*45
Hutchinson，William，哈钦森，威廉，119

idolatry，偶像崇拜，113
immigration，within New England，新英格兰内部迁移，58
Indians，印第安人，55，187，193
and godly rule，与圣徒之治，119—120
interest，利益，117，123
Ipswich，Mass.，伊普斯威奇，马萨诸塞，32，56，58，62，83，89，136，137，221*n*96

Ireland，爱尔兰，12
Italy，意大利，10

James I，詹姆士一世，11，13，30，51，87，101，112
as James VI，詹姆士六世，102
Jesuits，耶稣会，14
Jews，犹太人，120，230*n*68
Johnson，Edward，约翰逊·爱德华，63，69，99，176
juries，陪审团，46，72，82，86，87，129，151，187，219*n*84
justice，as ethical value，正义作为伦理价值，127，128，129，130，144—145，148—153
see also equity; law reform，另见公正，法律改革

Keayne，Robert，凯恩，罗伯特，82，83，88，136，137，139
Kniffin，William，尼芬，威廉，224*n*6

Lancaster，Mass.，兰开斯特，马萨诸塞，58，60，64
town covenant of，市镇契约，138
land，土地
in Cambridge，在坎布里奇，177—182，183
and church membership，与教会成员资格，59，65，185，210—11ns，212—13*n*20
distribution of，分配，6，19，53—55，56，59—66，212—13n20
issue in making of civil government，建立世俗政府的问题，43，55—57
see also market，land，另见土地市场
land corporations，土地公司，61，212—13*n*20
La Tour，Charles，拉·图尔，查尔斯，83
Laud，William，劳德，威廉，12，17，162，185，200*n*19
law French，法律法语，149，150
law reform，法律改革，19，50，147—154
Lawes and Liberties....of the Massachusetts，The，《马萨诸塞殖民地法律和自由权利》，82，148，150，156
laws，法律
circulation of，传播，81—82
published，出版，153
written code of，成文法，35，37，40，219*n*76
legacies，for poor，给穷人的遗产，135—137，163—165，233—4*n*28
Legislative Power Is Christ's Peculiar Prerogative，The (Aspinwall)，《立法权是基督特有的权利》(阿斯平沃尔)，99
Leiden，莱顿，12
Levellers，平等派，xvi，14，20，49—50，88，124—125，145，146，149，151
and equity，公正，152
and franchise，公民权，94
liberties，自由，3，4，191
as fundamental，基本原则，25，30，37，153
in organizing churches，组织教会，3，4
see also Body of Liberties，另见《自由权利法案》
liberty，自由权利，xii
meaning of，in seventeenth century，在17世纪的含义，xii，8，10，15，195 202—3n36
see also apocalypticism; Congregational Way，另见《启示录》，公理会方式

liberty of conscience，良知自由，18，46，50，142，156，173，193
licensing of publications，出版许可证，12，78，84
Lilburne，John，利尔伯恩，约翰，146
London，伦敦，3，11，12，45
Long Parliament，长期议会，xiii，5，14，19，23，44，48，49，50，71，84，98，114，123，124，148，204*n*49，209*n*58，231*n*75
Lord，Richard，洛德，理查德，143
Lord's Supper，圣餐，114，128，133，135，169
love as ethical principle，博爱作为伦理原则，127，128，131，133，135，142，163，165，182
Luther，Martin，路德，马丁，110
Lynn，Mass.，林恩，马萨诸塞，54

magisterial，真正权威
as theory of office or power，作为职务或权力理论，28，30—31，34，36，205—6*n*12
Vane on，韦恩的论点，30—31
Winthrop on，温斯洛普的论点，26—27，32
magistrates，地方行政官
office of，职务24，25，26，27
as gods，神圣的，30
Magna Carta，《大宪章》，6，25，31，42
maintenance of ministers，牧师薪金，109，140
majority rule，多数统治，24，28，40，44，48
Malden，Mass.，莫尔登，马萨诸塞，75—76，91
market，land，土地市场，57—60，177，212*n*17
marriage，secularized，婚姻世俗化，153
Martin，John Frederick，马丁，约翰·弗雷德里克，210—11*n*2
martyrs，殉道者，72，102，112，121
Mary Tudor，玛丽·都铎，72，103
Massachusetts，马萨诸塞，6，22
development of civil government in，建立世俗政府，24—38
Massachusetts Bay Company，马萨诸塞海湾公司，16，22，25，144，147，177
charter of，其特许状，18，25—26，27，32
Mather，Richard，马瑟，理查德，75，106，109，113，171
Matthews，Marmaduke，马修斯，马默杜克，74—75
Maverick，Samuel，马弗里克，塞缪尔，191
Mayflower Compact，五月花号公约，71，154
Menotomy，Mass.，麦罗泰蒙，马萨诸塞，178，182，193
Middlesex County，Mass.，米德尔塞克斯县，马萨诸塞，138
Middlesex County Court，米德尔塞克斯县法院，165，173
militias，民兵，35，54，55，93，179，221*n*107
millenarianism，千禧年理论，15，104，202—3*n*36，227*n*26
see also apocalypticism，另见《启示录》
Miller，Perry，米勒，佩里，8，222*n*106
Milton，John，弥尔顿，约翰，123，125，194
ministerial authority，牧师的权威，28，30，36，37，157，205—6*n*12
Mitchell，Jonathan，米切尔，乔纳森，132，167，184
Mitchelson，Edward，米切尔森，爱德华，

175
mixed government，混合政府，14，33，35，49，188—189
“Modell of Christian Charitie”(Winthrop)，《基督仁爱之典范》(温斯洛普)，17，128，132，157，164，225—6*n*15
“Model of Church and Civil Power，”《教会和世俗权力的典范》，99，111，116，140，225*n*15
monopolies，垄断，12，19，50，151
More，Thomas，摩尔，托马斯，127，149
Morrill，John，莫里尔，约翰，209*n*58
Morse，William，莫尔斯，威廉，135
Mosaic law，摩西律法，113，149，152；*see also* righteousness “Moses Judicialls，”另见“摩西的审判”的正义，149，236*n*55
mutuality，as ethical principle，相互照顾作为伦理原则，127，135，137，138，143，147，163，165，185；*see also* social ethics，另见社会道德伦理

Narragansetts，纳拉干塞特人，211*n*5
Natick，Mass.，纳蒂克，马萨诸塞，119—20
National Covenant (Scotland)，苏格兰国家公约，15，17，98
negative voice，否决权，24，25，28，29—30，33，35，36，48，70，205—6*n*11
New Haven，Conn. 纽黑文，康涅狄格，
　colony，殖民地，22，33，44，67，68，84，85
　forming of government in，建立政府，46—47
　godly rule in，圣徒之治，47，100，116—118
　town of，市镇，46，59，60，65
　see also Davenport，John; land，and church membership，另见达文波特，约翰；土地，教会成员制度
New-Haven's Settling in New-England and some Lawes for Government，《新英格兰纽黑文安置点及其部分行政法令》，82
New London，Conn.，新伦敦，康涅狄格，58，61，143
Netherlands，尼德兰，18，97，105，106，115
New Netherland，新尼德兰，69
Newport Island，R.I.，纽波特岛，罗得岛，43，44，45，134
news，新闻，71，74，79，80，82，83，84
Newtown，Mass.，*see* Cambridge，Mass. 纽镇，马萨诸塞，见坎布里奇，马萨诸塞
“Nineteen Propositions”(1642)，“19 条建议”(1642)，33，49
Norman Yoke，诺曼人的束缚，149
Northampton，Mass.，北安普顿，马萨诸塞，62
Norton，John，诺顿，约翰，137
Noyes，James，诺伊斯，詹姆斯，225*n*13

Oakes，Edward，奥克斯，爱德华，175，183，184
Oakes，Thomas，奥克斯，托马斯，184
oaths of loyalty，忠诚宣誓，16，71
Observations upon Some of His Majesties Late Answers and Expresses (Parker)，《对国王陛下最近的答复及陈述之观察评论》(帕克)，46
Of Plimoth Plantation (Bradford)，《关于普利茅斯殖民地》(布雷德福)，103，196
Old Planters，老种植者，144
oligarchy，寡头政治，8

in Cambridge，在坎布里奇，178—179

and franchise，公民权，92，95

Oliver，Mary，奥利弗，玛丽，77

Owen，John，欧文，约翰，109

Oxford University，牛津大学，73

Parable of the Ten Virgins Opened and Applied，*The* (Shepard)，《10个童女的比喻》(《马太福音》25:1—13) 系列布道，(谢泼德) 163

Parker，Henry，帕克，亨利，46，203—4*n*40

Parliament，议会，10，13，14，15，23，21，26

Parrington，Vernon Louis，帕林顿，弗农·路易斯，8

partible inheritance，可分割遗产，152，237*n*64

participation，参与，xiii，6，19，51，54，70—95，157，179

and democracy，民主，215*n*44

patriarchy，家长制，17，87，146，201*n*28

patronage，ecclesiastical，世俗贵族通过赞助和捐赠控制教会的"职位"，114

peace，*see* social peace，和平，另见社会安宁

Pelham，Herbert，佩勒姆，赫伯特，164，174—175，182

Pequot War，与佩科特人的战争，39，82，142

Perkins，William，珀金斯，威廉，144

Peter，Hugh，彼得，休，74，98，173，236*n*53

Peterson，Mark A.，彼得森，马克·A.，xv

Petition and Remonstrance (1637)，《劝谏请愿书》(1637)，89

Petition of Right，《权利请愿书》，3，13，23，32，45，89，198—9*n*1

petitions，请愿，xv，63，70，71，87—92，123，191，221*n*94

contested，争论，89—92

printed，印刷，88

and women's use of，女性请愿，76，216*n*48，217*n*57

pigs，关于猪，36，53，55，180—181，189

Pike，Robert，派克，罗伯特，76

Planters Plea，*The* (White)，《种植园主的辩护》(怀特) 17，130

Platforme of Church Discipline，*A*，《教会纪律征求意见稿》，77，114，122，135，172，229n52

Plymouth，colony of，普利茅斯殖民地，22，31，67，143

forming of civil government in，建立世俗政府，42—43，45，54

toleration in，宽容，123

town of，市镇，56，71，93，103，131

Polybius，波里比阿，14

poor relief，救济穷人，63，128，129，135—136

in Cambridge，在坎布里奇，164—165

and gifts，礼物，遗赠，138，141

and land distribution，土地分配，214*nn*29，44

Portsmouth，R.I.，朴茨茅斯，罗得岛，56，57

Powell，Michael，鲍威尔，迈克尔，76，91

power of the keys，权力的钥匙，107

practical divinity，实践神学，169

Presbyterians，长老会，12，51，108，110，114，123，125，155，193

prerogative，特权，xiii，3，23，33，36，153

primitivism，Christian，基督教原初状态，104，109，128

primogeniture，长子继承制，149，152

printing and publishing，印刷和出版，12，172
see also scribal publication，另见手抄本出版物
private meetings，私人聚会，73，79，157，165，228*n*45
proportionality，比例原则，60—62，145，183—185
Providence，R.I.，普罗维登斯，罗得岛，4，54，56，60，138，195，212—13*n*20
Providence Island，普罗维登斯岛，38，48，195
Prynne，William，普林，威廉，17
public sphere，公共范围，215*n*44
Puritanism，清教主义，xiv，5，21
interpretations of，阐释，7—9
nature of，性质，194
Pym，John，皮姆，约翰，48，49，209n58
Pynchon，William，平琼，威廉，80

Quakers，贵格会信徒，5，8，135，192，244*n*3

Randolph，Edward，伦道夫，爱德华，192
reading，阅读，134
reconciliation，和解，126，134
record keeping，by towns，市镇记录，57，141，147，182，188
reform，goals of colonists，殖民地人的改革目标，xi，xiii—xiv，4，6，19，48，127—128，196
see also godly rule，另见圣徒之治，
Reformed tradition，宗教改革的传统，11，13，111，144，205—6*n*12
regionalism，of immigrants，移民的地区性，60，213*n*22
"Remonstrance and Petition，A" (1646)，《劝谏请愿书》(1646)，91
Republicanism，共和制，13—14，15，119，202*n*35
resistance theory，抵抗理论，228—9*n*46
restitution，赔偿，151，153
Restoration of Charles II，查理二世复辟，9，194
revisionism，修正派，xiii，201*n*29
Rhode Island and Providence Plantations，罗得岛和普罗维登斯种植园，22，72，118，140，141
charter for，特许状，23，43
forming of civil government in，建立世俗政府，43—46
righteousness，正义，86，87，106，117，122，124，127，142，143，152，172，188
rights，and Reformed tradition，权利，改革传统，199*n*13
Robinson，John，鲁宾逊，约翰，205—6*n*12，208*n*39
Rogers，Ezekiel，罗杰斯，伊齐基尔，62，140，145
Rome，罗马，14
rotation in office，职位轮换，25，40，46，47—48，140
Round，Philip，朗德，菲利普，78
Rowley，Mass.，罗利，马萨诸塞，61，140，145，221*n*96
royalists，in New England，新英格兰的保皇党，192
Roxbury，Mass.，罗克斯伯里，马萨诸塞，82，133，134，137，221—2*n*105
rule of law，法治，13，31，154
rumor，*see* news，谣言，见新闻
Rump Parliament，尾闾议会，86，149

Sabbath，observance of，遵守安息日，87，130，173
saints，圣徒，98，142，147，161，189，194

as basis of godly rule，圣徒之治的基础，19，100—101，147
empowered by Congregational Way 公理会方式授权，107—108
and franchise，公民权，125—126
imagined by John Wheelwright，约翰·惠尔赖特的构想，121，130，142
at war and persecuted，战争和迫害，102，104，110
salus populi suprema les，人民利益是最高的法律，14，41，108，207*n*29
Salem，Mass.，塞勒姆，马萨诸塞
congregation in，教会，74，75，77，107
town of，市镇，54，62，67，75，136
witch hunt in，驱巫案，8
Salem sermon，of John Cotton，约翰·科顿的塞勒姆布道，106，121
Salisbury，Mass.，索尔兹伯里，马萨诸塞，76
Saltonstall，Richard，索顿斯托尔·理查德，32，36
sanctification，成圣，20，121，170
Sandwich，Mass.，桑威奇，54
Saugus，Mass.，索格斯，马萨诸塞，151
Saye and Sele，Lord，萨伊和塞莱勋爵，8，38，95，112，116
Saybrook，Conn.，塞布鲁克，康涅狄格，46
Scarlet Letter，*The* (Hawthorne)，《红字》(霍桑)，85
Scituate，Mass.，斯基尤特，马萨诸塞，54
congregation in，教会，77，80
Scotland，苏格兰，12，17，98，102，105
Scottow，Joshua，思科图，乔舒亚，214*n*34
scribal publication，手抄本出版物，70，75，79，80，82，201—2*n*30，219*n*76
Second Church，Boston，波士顿第二教会，76
sedition，暴乱，79，90，91，113
selectmen，office of，行政委员职务，56—57
Separatists，英国教会分离派，xiv，103，105，115，205—6*n*12，227*n*24
Shakespeare，William，莎士比亚，威廉，127
Shawsheen grant，沙欣拨地，159—160，174，183—184，238—9*n*3
Shepard，Margaret，谢泼德，玛格丽特，162，167
Shepard，Thomas，谢泼德，托马斯，6，73—74，131，132，134，194
estate of，财产，176
as minister of Cambridge，坎布里奇的牧师，159—190
preaching message of，讲道精神，169—170，203*n*38，240*n*20
Shepard，Thomas，Jr.，小谢泼德，托马斯，167，172
Sherman，Elizabeth，舍曼，伊丽莎白，82
Simple Cobler of Aggawam，*The* (Ward)，《阿格瓦姆纯朴的补鞋匠》(沃德)，146
Short Story of the Rise，*reign*，*and ruine of the Antinomians*，*Familists and Libertines A*，《唯信仰论者、家庭主义者和自由放任者的出现、盛行和毁灭的小故事》，155，156
Skinner，Robert，斯金纳，罗伯特，164
Smith，Adam，斯密，亚当，xiii
Smith，Henry，史密斯，亨利，84
social ethics，社会伦理道德，6，127—158，232*n*9
and colonization，殖民，129—130
see also equal，meanings of; equity; justice，as ethical value; love as ethi-

cal principle; mutuality, as ethical principle; righteousness; social peace 另见平等的含义;公正;正义作为伦理价值;博爱作为伦理原则;相互照顾作为伦理原则;正当;社会和平
social peace,社会安宁,130,133,138—139,142,163,182,188—189,195
and law reform,法律改革,130
see also record keeping, by towns; social ethics,另见市镇记录;社会伦理道德
Southampton, Long Island,南安普顿,长岛,54,141
sovereignty,主权,13,24,29,30,31,33,36,48,49
in Congregational Way,公理会方式中的主权,107
Hooker on,胡克论主权,41
Levellers on,平等派论主权,50
sovereignty (continued)
Williams on,威廉斯论主权,44—45
*see also*Winthrop, John,另见温斯洛普,约翰
sow case,猪的案子,32—33,35,82—83,136; *see also* Keayne, Robert,另见凯恩,罗伯特
Sparhawk, Mary,斯巴霍克,玛丽,166
Sparhawk, Nathaniel,斯巴霍克,纳撒尼尔,180
Sparks, Jared,斯帕克斯,贾里德,199*n*8
speech, *see* news,演讲,见新闻
Springfield, Mass.,斯普林菲尔德,马萨诸塞,57,59,62,63,85,142
Squaw Sachem,印第安酋长的妻子,193
Stamford, Conn.,斯坦福德,康涅狄格,69
Standing Council (Mass.),常设委员会,(马萨诸塞),25,29,32,35,36,37
Star Chamber,星法院,149,150
Stone, Gregory,斯通,格雷戈里,180
Stone, Samuel,斯通,塞缪尔,78
Stoughton, Israel,斯托顿,伊斯雷尔,28—30,36,70
Stoughton, Thomas,斯托顿,托马斯,75
Stour Valley, England,斯陶尔河谷,英格兰,73
Sudbury, Mass.,萨德伯里,马萨诸塞,54,56,62
Suffolk County, Mass.,萨福克县,马萨诸塞,138
county court,县法院,76
suicide,自杀,151
Survey of the Summe of Church- Discipline, A (Hooker),《教会纪律总览》(胡克),108,114,112
synod of 1637,1637 年宗教会议,80—81
taxes,税收,25,26,36,54,55,64,66—69
and consent,同意,23
Ten Commandments,《十诫》,128
Thoreau, Henry David,梭罗,亨利·戴维,xi
timber,木材,55,59,180,182
tithes,什一税,109,115,143
Tocqueville, Alexis de,托克维尔,阿列克西·德·xii,8
toleration,宽容,122—124,192
towns, governance of,市镇管理,56—61,69—70,178—183
transparency,透明度,57,81,153,179,182,183,185,188
Triennial Act,《三年法案》,48
True Constitution of a Particular Visible Church, The (Cotton),《一个特定的可见教会的真实构造》(科顿),107,109

Trumbull, John, 特朗布尔, 约翰, 73

unicameral legislature, 单议院制的立法机构, 43, 45, 50
Unitarianism, 唯一神教, 85, 199*n*9
Usher, Hezekiah, 厄舍, 赫齐卡亚, 178
Utopia (More), 《乌托邦》(摩尔), 127

Vane, Henry, Jr., 小韦恩, 亨利, 29, 30, 36, 81, 99, 148, 195
Venice, 威尼斯, 14, 24
"Verses upon the Burning of our House" (Bradstreet), 《我们的房屋被焚毁》(布雷兹特里特) 127
Virginia, 弗吉尼亚, 16
voluntary religion, 宗教自愿, 72, 228*n*45
voting 投票
  meaning of, 其含义, 94—95
  in towns, 市镇投票, 60, 70, 93, 222*n*108
  see also franchise, 另见公民权,

Waldensians, 瓦勒度派, 105
Wallington, Nehemiah, 沃林顿, 尼赫迈亚, 74
Walsham, Alexandra, 沃尔沙姆, 亚历山德拉, xv
Walzer thesis, 沃尔泽论文, 203*n*37
Ward, Nathaniel, 沃德, 纳撒尼尔, 82, 136, 146—147, 148
wars of religion, 宗教战争, 14, 24
Watertown, Mass., 沃特敦, 马萨诸塞, 16, 54, 61, 62, 65, 84, 88, 214*n*34
Weld, Thomas, 韦尔德, 托马斯, 79, 155, 156
Wenham, Mass., 温汉姆, 马萨诸塞, 77—78, 134
Wentworth, Thomas (Earl of Strafford), 温特沃斯, 托马斯, (特拉福德伯爵), 3
West Indies, 西印度群岛, 123
Westminster Assembly, 威斯敏斯特会议, 19, 114, 123
Westminster Confession, 《威斯敏斯特信纲》, 77
Wethersfield, Conn., 韦琴斯菲尔德, 康涅狄格, 39, 59, 84, 91, 137, 138, 143
  disputes within congregation, 教会内部争端, 75
Wheelwright, John, 惠尔赖特, 约翰, 81, 92, 119, 121, 220*n*87
  fast day sermon of, 斋戒日布道, 121—122, 130, 170, 186
Whig history, 辉格派历史观, xiii
White, John, 怀特, 约翰, 17, 130, 202*n*32
Whitfield, Henry, 惠特菲尔德, 亨利, 118
Wilcox, Thomas, 威尔科克斯, 托马斯, 103, 109
Williams, Roger, 威廉斯, 罗杰, 43, 44, 60, 64, 74, 75, 80, 100, 105, 112, 113, 193
  political thought of, 其政治思想, 45—46, 209*n*51
Wilson, John, 威尔逊, 约翰, 74, 198—9*n*1
Windsor, Conn., 温莎, 康涅狄格, 39, 69, 75, 133, 136, 143
Winslow, Edward, 温斯洛, 爱德华, 123, 222*n*107
Winthrop, John, 温斯洛普, 约翰, 8, 17, 52, 60, 65, 66, 68, 73, 81, 82, 83, 116, 120, 122, 123, 128, 130, 131, 132, 140, 142, 143, 146, 156, 157, 159, 163, 187, 188
  image of the people, 人民的形象, 37
  "little speech" on liberty, 关于自由

的“小演讲”，10，81，200*n*15
role in forming civil government，在建立世俗政府中的作用，24—38
understanding of authority，对权威的理解，24，26—31，33—37
see also magisterial；“Modell of Christian Charitie”，另见真正权威；“基督仁爱之典范”
Winthrop，John，Jr.，小温斯洛普，约翰，89
witchcraft，巫 术，85，86，135，152，165，219*n*84
Woburn，Mass.，沃本，马萨诸塞，57，61，63，69，132
Wonder-Working Providence of Sions Saviour in New England，The (Johnson)，《新英格兰的神迹》(约翰逊)，63，99，176
women，and participation，女性和公众参与，71—72，79，216*n*48
see also petitions，另见请愿
Wyllys，George，威利斯，乔治，136，137

Yarmouth，Mass.，雅茅斯，54
Yorkshire，约克郡，172

译后记

2011年，在哈佛大学的美国文明研究中心，如果你提及清教研究，每一个人都会告诉你："去找霍尔教授"。我是在一次学术研讨会上见到霍尔教授的，在反复听人告诉我"去找霍尔教授"之后，我有些好奇，在牛人云集的哈佛校园，要做到让同行异口同声地推崇殊为不易。霍尔当时正被一群人围在中间，神学院的汉普顿教授指给我看："那个高个子就是霍尔。"一头银发的霍尔身板挺拔，但为了和人说话，头微微地低下来，身体往前倾着，一派的温雅谦逊。知道我是来自中国的学者，霍尔问了我好些问题，这似乎是他的习惯，很随和地问，然后很认真地听。此后交往逐渐多起来，但印象中，一直都是他在问问题，而我则浪费了许多可以问他问题的机会，以致关于他的基本信息还是来自于维基百科。

戴维·D. 霍尔（1936— ）被认为是清教研究的活字典，哈佛大学巴特利特研究教授，1989年开始在哈佛大学神学院任教至今。霍尔以其渊博的知识和严谨的文风知名，在清教研究界，继佩里·米勒深邃的思想史研究和萨克凡·伯克维奇极富创意的文化史研究之后，霍尔的"亲历的宗教"（lived religion）社会文化史研究开创了清教研究的另一个方向和时代。霍尔笔耕不辍，至今仍有十本书在版，其中以《忠实的牧羊人：17世纪新英格兰教会史》（*The Faithful Shepherd: A History of the New England Ministry in the Seventeenth Century*）和《奇迹的世界，审判日：新英格兰早期大众宗教信仰》（*Worlds of Wonder, Days of Judgment: Popular Religious Belief in Early New England*）最为著名，后者获得了1991年度美国历史学家组织的大奖"默尔·柯蒂奖"（The Merle Curti Award）。他主编的论文集《美国活宗教：宗教实践史》（*Lived Religion In America: Toward a History Of Practice*）是"活的宗教"社会文化史研究的基础文献。霍尔对文献特别重视，他主张让读者自己去判断，而不是过早地把观点灌输给读者，他本人编撰的两本文献是研究17世纪的清教社会生活实践和神学论争的必读书：《1636—1638年反律法主义论争之文献史》（*The Antinomian Controversy of 1636–1638: A Documentary History*）和《新英格兰17世纪驱巫之文献史：1638—1693》（*Witch-Hunting in Seventeenth-Century New England: A Documentary History, 1638—1693*）。霍尔的另一个研究兴趣是"书写的历史"，他主编的五卷本《大西洋世界之殖民地书籍》（*The Colonial Book in the Atlantic World*）透露了霍尔清教研究的一个基本视角：大西洋两岸历史的对比研究，而这也正是米勒当年企图去做但还没真正做到的一点。霍尔目前正在撰写一本英格兰、苏格兰和新英格兰清教历史的著作（1550—1700），将由普林斯顿大学出版社出版。

霍尔教授为人温文雅正，但《改革中的人民：清教与新英格兰公共生活的转型》（以下简称《改革中的人民》）却是一时激愤的产物。2008年，因为美国两大次贷金融公司的破产而引发的全球性金融危机引起了美国智识界的普遍关注，反思美国价值和美国现实成为一股强劲的浪潮，其中不少人为美国现行制度辩护。霍尔不能置身事外，他在接受《纽约时报》采访时说："我们是否正确地理解了清教徒为什么如此重要？一个简单的答案是：它很重要，是因为我们的公民社会和他们的公共生活一样，有赖于把权力的使用和公益道德联系起来。在我们这个社会，自由已经出现了很大的问题：人们过于关注权利而忽视了对整个社会的义务和责任。权力被滥用、公益缺乏的现象随处可见。正确理解清教徒不会改变我们在感恩节吃什么，但是可能会改变我们感恩的对象和内容，可能改变我们想象更好的美国的方式。”（Hall，2010）实际上，这正是《改革中的人民》的创作缘起，霍尔要做的是重新清算清教遗产，以之为镜，照亮美国现实。

清教在美国是一个矛盾的存在。一般的美国人听说我研究的是清教，第一个问题是：“你认为清教是好还是坏？”这对我来说是很难想象的问题，因为学界对清教的评价都很高，就算是有争议的部分也不可能用“坏”来形容。但是在普通美国人的印象中，和清教相关的联想有几个：第一，屠杀印第安人。早期移民和印第安人的关系很复杂，与其说是屠杀当地土著人，还不如说是相互竞争，有相对和平的时期，也有战争。但当时的清教移民在人数和武装上都不占有绝对优势，“屠杀”是说不上的。美国人历史学得不好，把西进运动时期对印第安人的迫害也安到清教徒头上，这实在是无妄之灾。第二，寡头政治，集权。美国人最引以自豪的是他们的民主制度，他们对各种形式的独裁和集权都很厌恶。进步主义历史学家曾经认为清教徒在新英格兰建立的清教神权是一种寡头政治，是少数人对多数人的统治。这种观点流传甚广，以帕灵顿的《美国思想史：1620—1920》（Vernon Louis Parrington, *Main Currents in American Thought*）最为知名。此后的清教研究都多多少少受到影响，要么修正他的观点，要么驳斥他的观点，但其影响在民间要远远高于学界。第三，禁欲、无情。清教在许多人的理解中基本等于禁欲，而霍桑的名著《红字》简直就是给清教徒们定罪，没有人读完《红字》还能对清教徒保有好感。实际上，清教徒是一群很实际，也很正常的人，他们也喝酒、跳舞，穿各种颜色的衣服，鼓励多生孩子。但坏印象就是坏印象，没有哪个群体需要向人解释说：“我们也穿红衣服，我们也做爱”，但清教徒就是这么倒霉的一群人。

直到1920年代，一个叫做佩里·米勒的人开始改变清教的形象。霍尔高度评价米勒的贡献："仅凭一人之力，米勒重新把清教主义写入了美国文化历史。"（Hall，2012）要理解米勒的成就，必须了解他的研究所处的背景。米勒出生于美国的中西部，成长于1920年代，1933年在芝加哥大学获得了博士学位。对很多美国知识分子而言，1920年代是一个祛魅的时代，他们认为美国文化道德僵化、反智、为资本主义个人主义所主导。一些人离开了美国，到巴黎和伦敦等地去追寻他们在美国无法找到的自由，如马尔科姆·考利（Malcolm Cowley）在《流放者归来》中所讲述的故事。而当时的美国在辛克莱尔·刘易斯（Sinclair Lewis）的笔下是令人窒息的小镇《大街》（1920）和沾沾自喜的中产阶级《巴比特》（1922）。尤其是H. L. 门肯（H. L. Mencken）在他的文化批评中猛烈抨击美国现实，特别是他的文章"清教作为一种文学力量"更是使得普通读者对清教心生厌恶和偏见。简·道森（Jan Dawson）干脆写了一本书，名为《无用的过去：1830—1930年的美国清教传统》。但同时也有一批艺术家和知识分子希望能发现一种不同的文学和文化传统，一种"有用的过去"，一种可以滋养现当代作家和艺术家的传统。到1930年代初，这些期望已经产生了康斯坦斯·鲁尔克（Constance Rourke）的《美国性格》（1931）和刘易斯·芒福德（Lewis Mumford）的《金色年华》（1926）以及其他研究成果。而在清教研究方面，是佩里·米勒接受了发现一个"有用的过去"的挑战。"他决定要返回17世纪，追溯一个他的同时代人，尤其是门肯，认为应对美国文化糟糕状况负责的那个运动——清教运动。《新英格兰思想》以及此前一年与托马斯·H. 约翰森共同主编的文集《清教徒》力排众议，公然主张清教思想的丰富亦即美国文化传统的富饶。"（Hall，2012）

米勒的研究成果激发了一批富于创意的学者的想象和进一步研究的空间。其中，伯克维奇对清教文学与历史的文化史解读影响深远，而霍尔也差不多是在同一时期开始了他对"亲历的宗教"的社会文化史研究。“亲历的宗教”一词来自于宗教社会学的法语传统“la religion vecue”（Hall, 1997: vii）。罗伯特 · A. 奥尔斯认为亲历的宗教包括“社会成员对他们自己的经历和历史的讲述和阐释（及再阐释），必须承认，我们讲述的有关他人的故事是与他们自己的各种不同版本的讲述同时共存的”（Orsi, 2002: xxxix）。奥尔斯认为亲历的宗教居于一个虔诚的教徒日常行为和个人阐释的中心，而这也是霍尔清教研究的核心和独特之处。和米勒专注于清教领袖不同，霍尔更关注普通清教徒的日常生活方式，他也很少纠结于清教的理论和概念，而更多地致力于还原清教社会构成的方式和过程。在霍尔的书中，我们可以读到清教徒们是如何交换礼物、如何安葬亲人、在不同的时期流行哪些赞美诗，总之，正如他的德国同行温弗里德 · 赫哥特（Winfried Herget）所说：“这个人（霍尔）了解有关清教的所有事情。”（Herget，2012）

但是在清教研究变得更专业和更深入的同时，清教研究本身得到的关注却越来越少。新批评、女权主义、解构主义、族裔文学研究、亚文化群体研究、文化生态学……一波又一波的新术语和新浪潮吸引着年轻学者的注意力，而在普通读者的理解中，“清教徒”还是和《红字》中面目可憎的黑衣人是同义词，甚至不少人认为清教徒在美国历史上是以“印第安人的屠杀者”著称的。从 1980 年代开始，每年都到哈佛工作一段时间的赫哥特教授也不无感叹地说：“真难以置信，现在哈佛的学生对清教的了解如此之少。”（Herget，2012）但赫哥特也许没有想到的是，清教的影响既然早已深植于美国文明的基因，那么在每一个社会危机的时刻，美国人总是会回溯到清教主义也就不足为奇了。在 2008 年金融海啸之后，经济持续低迷，人们对华尔街的贪婪终于失去了耐心，美国社会强烈要求“改变”，霍尔的新书《改革中的人民》于 2011 年出版，第二年，伯克维奇的《美国哀诉》出了纪念版，清教研究再一次成为学界焦点。

刚刚为奥巴马写作了传记的哈佛同仁詹姆斯 · T. 克劳彭贝格最好地理解了霍尔的新书，他说：“该书是戴维 · 霍尔毕生研究的成果，在书中，霍尔令人信服地展示了“参与文化”与社会道德正义是如何打破了专制的硬壳，使法律机构以及调解和折中的实践作为美国民主制度的前提成为可能。”（Kloppenberg, 2011）“参与文化”、“社会正义”和“民主实践”正是这本书的核心关键词。

霍尔在导论中坦承：“这是一本关于政治的书，最广义的政治，一种关于什么是正确、什么是美好的强烈情感所激发的政治。……是关于公正的强烈情感所激发的政治。”（Hall, 2011: 6）霍尔认为这种情感深植于基督教伦理内部：“希望日常生活能符合一套爱（慈善）、和平与公正的伦理，这种想法与基督教的历史一样悠久，也和我们21世纪教会里上个礼拜日的布道一样新鲜。”（Hall, 2011:127）在所有这些基督教伦理中，霍尔特别强调“公正”[①] 一词，毫无疑问是和该书的写作背景和写作目的有关的。

> 公正（equity）这个词起源于希腊和拉丁词的混合体，在《圣经》中也出现过少数几次，当它在16、17世纪重新出现的时候，在当时的宗教改革决疑论中扮演了重要角色，公正这一概念在殖民地人当中广为流传，却未受到当代历史学界的重视。要重现这个词的历史，第一步是要知道这个词的使用已经脱离了其最初的法律含义——那就是，法官们有权修正或否决成文法以促进达成正义的目标。虽然这部分的词义还在殖民地人中继续沿用，但是在当时其最主要的用法还是新教的决疑论。伊丽莎白时代的神学家威廉·珀金斯就是把公正一词转向基督教伦理方面的人之一。在其著作《论基督教公正》中，他认为公正的特点是“只要用心实践，公正是非常好的，因此它是一个共同体的精华和力量所在；只要保持公正，则一定会

① 在翻译该书的时候，笔者曾经特意请教霍尔教授，在中文中，“equity”既可以被译为“公平”，也可以被译为“公正”；“公平”一词重心在于“平等对待”，而“公正”一词更多地强调“正义”的体现。霍尔在考量二者之间的区别之后，觉得“公正”的译文更贴近他所要表达的含义，但同时他提醒我一定要在脚注中写明，“equity”一词兼有二者之意。

带来和平与满足”。在他看来，公正作为道德行为原则的前提是要有一个调整得当的良知，而公正更超越良知指向圣约的最基本的性质，正如《圣经·诗篇》第72章所示，上帝与他的选民订立的圣约是达成公正的手段。的确如此，整个道德律法都只是一项工具，它约束基督徒就像当年约束以色列人民，是因为其永恒的“公正”。（Hall, 2011:144）

显然，霍尔认为当代美国的诸多乱象的根源之一，就是违背了当年清教徒在创建北美殖民地之时所牢牢依靠的基本伦理“公正”。而霍尔的这种看法显然得到了美国大众的普遍认同，2011年该书出版之际，正值“占领华尔街”运动开展得如火如荼之时，走在每一个美国的主要城市，都能看到人们高举着“公正”二字的牌子，控诉美国现实脱离了美国的核心价值和道德传统。

霍尔的力量不仅仅在于其敏锐，更在于他的结论得自于严密的学术研究。“和殖民地人的许多其他重要的道德伦理词汇一样，‘公正’一词远不止一个含义。国王用这个词证明皇家职务的合法性，而每当人们认为统治者违背了道德律法之时，他们就用这个相同的词来质疑他们的权威。为了掌握在殖民地人中‘正义’一词的各种词义，我们必须找出它在新英格兰使用的各种语境。”（Hall, 2011:145）在下文中，于是我们看到霍尔通过无可辩驳的文献史料，历数了在财产权、土地分配方式、税收制度、立法程序、行政权限、司法体系等殖民地日常生活的方方面面的实际例证，来论证清教徒们是如何一步步通过追求“公正”而在殖民地实际上创立了一种新的生活方式。从研究方法上讲，霍尔仍然秉承了“亲历的宗教”以及大西洋两岸对比研究的视角：首先，他关注的是普通信众的日常生活，通过历史文献记录来说明“公正”是如何指引了清教徒的宗教和社会实践，从而塑造了美国价值和道德传统；第二，通过关注同一政治、宗教、道德伦理诉求在大西洋两岸的不同发展来指出清教徒所创建的社会的革命性和先进性。

《改革中的人民》颇为吸引人眼球的一章，是之前的清教研究所没有，而正是霍尔"亲历的宗教"所着力最多的地方，即第二章中的"公众参与"部分。霍尔非常谨慎地拒绝使用"民主"二字，这是因为十七世纪的清教社会和我们理解中的"民主"的确有颇多不同，而霍尔也希望能在明辨当年的"公众参与"与当代的美国民主的实际操作的差异之时，能更突显清教遗产中的民主成分与美国现实中背离民主精神的地方。

> 在早期新英格兰，公众参与的途径是多方面的，其中不少做法正是公众参与的特权、权利和义务得以实践的方式。在公众参与受鼓励和被期待的地方中，最活跃的是教区集会、镇民大会、法庭以及常设法院的会议。政府授权人民可以为了某个人的利益或是为了某项政策请愿，殖民地人经常请愿，他们利用请愿来表达当地的不满，在争论中表达立场，寻求个人利益，以及各种其他情况。手写文本是另一种表达宗教和政治观点的方式；1634 年伊斯雷尔·斯托顿写"书"批评否决权，之后出现了很多类似的文本，教会、城镇和人民都用这种方式来表达他们的意见，每个地方人们都在传递着国内外政治事务的消息甚或流言。在某些时刻，选举投票的权利固然很重要，但它在公众参与的历史上的地位要排在言论、手抄出版物、请愿和现场公开讨论之后。（Hall, 2011:70）

选举投票一向被认为是"民主"的代表方式，甚至是决定性的方式，但霍尔却更有见地地指出：权威的日常体验，它无所不在的影响下的实际生活方式才是衡量一个社会民主程度的真正标准。所以，在全书的结构上，霍尔在四个方面对比了大西洋两岸的社会生活：

> 我们要同时看到 17 世纪早期英格兰政治文化和实践的四个方

面，而这四个方面，虽然有的部分稍有改动，但都在大西洋的另一边被复制出来。

1. 四个中的第一个就是日常体验，你必须接受那些比你地位高的人的权威。

2. 但是，在17世纪的英格兰，权力总是，而且是在任何地方，都受到限制，它影响或控制人们思考或行动的能力的确受到结构、实践和设想的损害。

3. 地方代理人、不同的利益集团和分裂的英国国教会，这些都使中央权力受限，而一个不统一的出版界也是被种种原则制约的权威。

4. 在这样的政治文化中没有什么空间来探讨明确的主权理论和理想的政府形式。（2011: 9—13）

而对比的结果一目了然："在新英格兰发生了如此多的变化，而在英国变化却很少。"（Hall, 2011:4）不得不承认："该书对新英格兰最早的一段历史进行了出色的重新评价，揭示出殖民地人是他们时代最有力、最大胆的改革者。"而这个，也仅仅是这本书所传递的诸多信息中的一部分，在当代美国读者中，有多少人会因此改变对清教徒的印象？又有多少人会从根本上反思美国社会的核心价值和道德伦理？而在中国读者中，是否有人会体味民主制度的建成是一个全民参与，积极而渐进的过程？社会正义必须通过制度保障来实现，但它的基础却深深根植在每一个负责任的公民的心中和行为中？

在全书的翻译过程中，霍尔教授一直提供慷慨的帮助，原文中引用的法语和拉丁文引语对译者来说是个大难题，也都是直接去信问他。这种待遇不是每个译者都能有幸碰到的，如果译文有任何的问题，都是译者的责任，与原文作者没有任何关系。在全书付印之前，我忍不住还是问了霍尔一些问题，补偿我当年的愚蠢。

译者（以下简称“张”）：佩里·米勒教授是您的导师吗？您为何选择清教为您的研究对象？

霍尔：我在哈佛就读本科的时间是1954年至1958年，米勒是1963年11月去世的，所以，是的，我选修了好几门他的课程。但他的清教研究对我产生影响是我在耶鲁攻读博士期间，我的老师埃德蒙·S. 摩根（Edmund S. Morgan）非常崇拜米勒，推荐我们读了不少他的著作，到二年级开始博士论文写作的时候，这种影响就更明显了。后来的研究也就自然延续了这个方向。

张：是什么促使您写作了《改革中的人民》？您认为美国读者甚至美国政府可以从中获益吗？

霍尔：我写作的原因：基本上，我觉得非常兴奋能找到那么多证据来证明所谓“寡头政治”是无稽之谈。当然，我的信仰也影响了我的写作（霍尔教授是基督教徒），我相信基督教伦理中那些最好、人们最应该学习和分享的内容。关于美国人能受益的部分，我有两个基本观点：一、四百年前的历史需要花力气去学习，四百年的时间是一个长久的影响。大部分美国人都认为美国革命时期是美国民主的源头，但我认为清教徒们的影响确实存在。第二，我确信，这本书就像是一面镜子，它可以照见我们，尤其是我们当前不那么好的一面。

张：美国今日的民主制度与清教徒们当年的实验颇有不同，您似乎很赞赏清教徒的宗教伦理和社会实践，那么，您是否认为如今的制度比起当年的期望，是一种令人失望的结果？

霍尔：失望是肯定有的，我的失望，还有其他人也失望。但我不是很确定失望是不是更具建设性的政治的基础——或者，失望的性质也很重要。在目前美国的舆论环境下，要想让领导者们负起责任来是越来越困难了。

张：不同的移民为美国带来了不同的文化。如果说清教传统是美国文化的主流，您认为后来的移民文化对美国精神和美国价值起到了破坏作用吗？

霍尔：不，我不认为移民们破坏了什么。有些移民为美国文化贡献了很好的东西，比如说某些天主教团体（尤其是德国的天主教移民），还有一些犹太移民（尤其是19世纪来自德国的犹太移民）。当然还有其他一些移民。很多移民的确会觉得他们进入的是一种强大的新教文化，这部分要归因于清教长期的影响。

张：中国经历了30年经济快速发展，也必须应对这一发展所带来的种种后果，其中之一就是巨大的贫富差距。“公正”是一个很敏感的词。您对中国读者有什么要说的吗？

霍尔：我希望“公正”能够成为伦理正义的考量和实践，无论何处。它是一个好词，应该坚持。